KB058431

마음으로부터
일곱 발자국

마음으로부터 일곱 발자국

내 감정을 똑바로 보기 위한
신경인류학 에세이

박한선

arte

연약한 마음을 똑바로 볼 수 있다면

인간의 마음은 아주 연약합니다. 그런데도 우리는 인간의 지능·언어·사회성·문화 등에 지나치게 높은 점수를 주는 경향이 있습니다. 사실 이러한 능력은 우월한 능력이라기보다는 취약한 조건에서 살아남기 위한 어쩔 수 없는 적응 전략이었는지도 모릅니다. 지능이 높다고 하지만 대단히 편향되어 있습니다. 기억은 불확실하고 판단은 믿을 수 없습니다. 편견에 시달리면서도 자신의 결정을 믿어 의심치 않는 오만함도 가지고 있습니다. 언어는 생각을 담는 그릇이지만 동시에 생각을 지배하는 감옥이기도 합니다. 거짓말과 유언비어는 언어가 시작된 시점부터 있었거나, 그 자체가 언어를 만든 선택압이었는지도 모릅니다. 사회성도 마찬가지입니다. 높은 사회성은 도리어 인간의 삶을 지옥으로 만듭니다. 서로 고통을 주고받는가 하면 끼리끼리 뭉치고 편을 가릅니다. 역사책을 조금만 들여다보아도 인간 문화의 처참한 지경을 잘 알 수 있을 것입니다.

특히 '마음'은 마음대로 되지 않습니다. 우리는 과도하게 걱정하고 넘치게 자만합니다. 공연한 일에 슬퍼하지만 터무니없는 일에 의기양양하기도 합니다. 오늘 아침 사용한 칫솔 색도 기억하지 못하면서 자신의 기억력을 과신합니다. 골백번도 넘게 외우고 사용한 근의 공식도 가물가물하지만, 세상을 논하고 역사를 평합니다. 가혹한 잣대로 타인의 잘못을 비판하면서, 왜 세상은 자신을 이해해 주지 않느냐며 억울해합니다. 그렇게 서로 상처 주고, 미워하고, 질투하고, 때리고, 죽이고, 죽습니다. 우리의 뇌는 이런 '황당한 일'을 하기 위해서 지금처럼 커졌습니다. 걱정하고, 슬퍼하고, 고민하고, 미워하기 위해서입니다.

우리는 흔히 마음이 약한 사람을 깔보고, 연약한 정도가 어느 선을 넘으면 정신장애라고 이름을 붙입니다. 물론 누구나 슬플 때가 있고 의기소침한 기분을 느끼기도 합니다. 그러나 어떤 사람은 정말 마음의 문제로 고통스러워하고 힘들어합니다. 그들에겐 약도 필요하고 상담도 필요합니다. 아주 심하면 병원에 입원해야 하기도 하죠. 일상생활을 하지 못하고, 심지어 스스로 목숨을 끊는 사람도 있습니다. 우리는 이들을 부적응자라고 말하며, '정상'적인 우리의 슬픔과는 뭔가 다른 것으로 생각하고 싶어 합니다. 하지만 그들은 우리와 다른 사람이 아니라, 어떤 면에서 가장 중요한 인간성의 모습을 거울처럼 비춰 주는 위대한 성인인지도 모릅니다.

분명 우울은 '좋지 않은 상태'입니다. 공중보건을 연구하는 사람은 질병으로 인한 손해를 '장애보정손실년수'라는 숫자로 계산합니다. 질병으로 인해서 전체 인생에서 '손해' 본 기간을 말합니다. 한국에서 정신장애로 인한 평균 장애보정손실년수는 얼마나 될까요? 예상치입니다만, 2020년에는 전 세계 2위에 오를 것으로 추정됩니다. 사실 우울장애를 포함한 정신장애와 신경장애를 모두 합하면 이미 2010년에 1위를 차지했습니다(미국 통계 기준). 심혈관장애나 암을 가볍게 제쳤습니다. 지난 50년간 다양한 약물치료와 정신 치료 방법이 개발되고 정신보건 체계가 확충되었지만 노력도 무색하게 점점 더 문제가 커지고 있습니다. 우울장애를 비롯한 마음의 질병은 단 한 번도 그 기세가 꺾이지 않았습니다. 끊임없이 우상향 곡선을 그리고 있습니다.

어떤 사람은 주장합니다. 현대 문명의 위기가 사람들의 마음을 점점 더 아프게 하고 있다고요. 경쟁적인 문화, 무분별한 세계화, 환경오염, 도시화, 가족 붕괴, 전통적 윤리 파괴 등이 주범으로 종종 지목됩니다. 물론 그런 면도 있을 것입니다. 하지만 정말 그럴까요? 태곳적 인류는 늘 행복하고 평안한 마음으로 살았을까요? 항상 옳은 말만 하는 진실한 태도로 서로를 존중하며 평화롭게 살았을까요? 모든 조건을 찬찬히 고민하여 인지적 한계가 허락하는 최선의 합리적 선택을 내리며 살았을까요?

우리 마음에 존재하는 비합리성과 변덕스러움은 인간성의 본질인지도 모릅니다. 부적응적이고 역기능적인 인간의 마음이야말로 인간을 인간답게 만든 '적응적 부적응성'일 수도 있습니다. 물론 아직 '그럴 수도 있지 않을까?' 하는 가설 몇 개가 시험적으로 제시되는 초보적인 수준입니다. 전 세계에서 신경인류학이나 진화정신의학을 연구하는 학자를 모두 모아 봐도, 버스한 대에 다 탈 수 있을 정도로 적습니다. 갈 길이 멀죠.

과학적인 증거는 아직 미약하지만, 과거에도 부적응의 적응성을 이야기한 사람이 없지는 않았습니다. 수천 년 전에 아리스토텔레스는 이렇게 말했습니다. '어떤 이유로 인해서 철학과 정치학 및 시나 예술과 관련하여 예외적 인물이었던 사람들은 눈에 띄게 우울하고 그중 어떤 이들은 흑담즙으로 인한 고통에 사로잡힐 정도가 된단 말인가?' 물론 천재성과 광기가 비슷하다는 진부한 이야기를 하려는 것은 아닙니다. 그러나 인간성의 가장 깊은 곳에 '우울과 몽상'이라는 비정상적인 속성이 숨어 있다는 것을 수많은 철학자와 시인이 이야기하고 있습니다.

인간은 아주 독특한 진화적 여정을 밟아 왔습니다. 두발걷기를 하고 고기를 먹고 장기간의 성장기를 거치며 짝 동맹을 맺고 친족과 사회를 이루어 살면서 큰 뇌를 가지게 되었습니다. 다른 동물보다 더 복잡하고 다양한 정서·감정·사고·판단·언어 등 능력을 갖추게 되었습니다. 정교한 전자 제품일수록 고장도 자주 일어납니다. 작은 충격에서 오류가 발생하죠. 더구나 인간 마음엔 설계도도 없고 설명서도 없습니다. 진화라는 설계자가 그때그때 임시변통으로 기능을 덧붙이고 맞춰 나갔죠. 저를 포함한 수많은 신경인류학자와 정신의학자가 열심히 설계도를 다시 그려 보고 있지만, 아직 개발새발입니다.

하지만 확실한 것은, 우리가 고장이라고 생각하는 것 대부분은 사실 고장이 아닐지도 모른다는 사실입니다. 약하고, 변덕스럽고, 종종 추악하기도 한 우리 마음은 사실 어떤 의미에서 마음이 잘 돌아가고 있다는 뜻입니다. 당신이 오늘 느낀 마음의 고통은, 아마도 고장이 나서 그런 것이 아니라 당신의 마음이 튼튼하게 작동하고 있다는 증거입니다.

인간이 만물의 영장이라는 말에 동의하기는 어렵지만, 그래도 만약 인간이 다른 동물보다 우월한 면이 있다면 그것은 바로 연약함입니다. 인간의 뇌는 어떤 어려움에도 굴하지 않는 강한 의지를 갖추기 위해서 지금처럼 커진 것이 아닙니다. 무조건 강한 원초적 신념을 위해서라면 아마 호두 정도 크기의 뇌로도 충분했을 것입니다. 좌고우면 걱정하고, 고민하고, 슬퍼하고, 기뻐하고, 갈등하고, 미워하고, 싸우고, 후회하고, 좌절하는 기능. 언뜻 보면 왜 있는지 모르겠는 그런 기능을 하기 위해서 지금처럼 엄청나게 커진 것입니다.

이 책에 담은 이야기는 이렇게 연약하고 부족한 우리 마음에 관한 이야기입니다. 속 시원한 정답은 없습니다. 달달한 위로도 아닙니다. 하지만 여러분이 지금 겪고 있는 마음의 고통과 슬픔이 바로 인간을 인간답게 만든 요인이었다는 것을 이해하면 조금은 힘이 날지도 모르겠습니다.

감정과 이성, 공감, 그리고 삶의 시간. 이 책에서 이야기하는 네 가지 삶의 키워드입니다. 봄바람을 만난 망아지처럼 날뛰는 감정, 자성을 잃은 나침반처럼 엉뚱한 곳을 가리키는 이성, 돌개바람처럼 무리를 휘감아 버리는 잘못된 공감, 그리고 필연적으로 맞이하는 삶의 여러 단계입니다. 우리는 종종 끓어오르는 용암처럼, 살을 에는 삭풍처럼 감정적으로 행동합니다. 집단의 분위기에 휩쓸려 죄 없는 사람을 비난하고, 사기꾼을 믿고 따르기도 합니다. 이렇게 이리저리 넘어지고 부딪히다 보면 한 번뿐인 삶이 훌쩍 지나가 버립니다. 아이는 어른이 되고, 어른은 노인이 됩니다.

　어떻게 하면 좋을까요? 감정과 이성이라는 두 마리 말의 고삐를 잡고, 세상의 이야기에 휩쓸리지 않으며 삶이라는 소중한 시간을 가치 있게 쓰는 방법은 어디에 있을까요? 저도 모릅니다. 이 책은 해결책을 제시하지 않습니다. 저는 그저 진화인류학 이야기, 정신의학·심리학 이야기, 생물학에 가까운 이야기, 사회나 문화에 대한 이야기를 들려줄 것입니다. 여기엔 가벼운 이야기, 무거운 이야기, (최소한 제 의도로는) 재미있는 이야기, 밋밋한 이야기 등 다양합니다. 이제는 정설로 굳어진 이야기도 있고, 아직 논란이 분분한 이야기도 있습니다. 다만, 긴 진화사를 통해 만물의 영장이 되었다고 스스로 믿고 있는 인간이 사실은 얼마나 치명적인 결함이 많은 존재인지 느낄 수 있다면, 이 책의 목적은 이루었다고 생각합니다.

이 책을 내기까지 많은 분의 도움을 받았습니다. 항상 따뜻한 배려와 피드백으로 더 나은 글을 쓸 수 있도록 도와주신 《동아사이언스》의 김규태 전 편집장님, 그리고 윤신영, 한세희, 남혜정, 권예슬 기자님께 깊이 감사드립니다. 처음부터 적극적으로 책을 제안해 주시고, 결국 이렇게 멋진 책으로 만들어 주신 ㈜북이십일 장미희, 전민지 선생님 및 인문교양팀 전 직원께 감사드립니다. 특히 책임편집자 전민지 선생님과는 수십 차례 연락을 주고받으며 책을 함께 만들어 나갔습니다. 이 책의 히든 오서스Hidden Authors라고 생각합니다. 고맙습니다. 또한 신경인류학이라는 미개척지에서 헤맬 때마다 지혜로운 통찰을 주시는 서울대학교 인류학과 박순영 교수님께 깊이 감사드립니다. 끝으로 늘 제 글의 첫 독자가 되어 주는 아내, 그리고 눈앞에서 알짱대는 사언, 수언에게 사랑을 전합니다.

1 헤아릴 수 없이 많은 감정

2 가끔 터무니없이 이상한 이성

3 생존을 위해 만들어진 공감

4 불완전하기에 기대되는 삶

헤아릴 수 없이 많은

감정

하루에도 여러 번 슬프고 괴롭고 우울하고 속상하고 미안해서 눈물이 납니다. 불안하고 초조하고 무섭고 두려워 가슴이 뜁니다. 화나고 짜증 나고 밉고 때려 주고 싶어 머리끝까지 혈압이 오릅니다. 부럽고 욕심나고 질투 나서 눈이 이글거립니다. 더럽고 추하고 냄새나고 싫어서 얼굴이 찌푸려집니다.

아! 감정이야말로 불행의 근원인지도 모릅니다. 그래서 옛 현자는 칠정七情을 다스리라 했는지 모릅니다. 예기禮記 예운禮運편에는 기쁨喜, 노여움怒, 슬픔哀, 두려움懼, 사랑愛, 싫음惡, 욕심欲의 일곱 가지 감정을 이야기한 바 있습니다. 일곱 가지 감정과 열 가지 의를 지키며 자신을 닦아야 한다는 것이죠. 불교에도 비슷한 개념이 있습니다. 두려움이 즐거움樂으로 바뀌기고 슬픔이 근심憂으로 바뀐다는 것이 다릅니다.

서양은 어떨까요? 놀랍게도 기독교에도 비슷한 개념이 있습니다. 수도자 카시아누스와 교황 그레고리오 1세는 인간의 일곱 가지 대죄septem peccata capitals를 교만superbia, 탐욕avaritia, 질투Invidia, 분노ira, 욕정luxuria, 폭식gula, 우울(acedia, pirgritia)이라고 했습니다. 시대에 따라 조금씩 달라졌지만 큰 차이는 없습니다.

불행이 감정에서 시작되는 것이라면 감정을 없애 버리는 것이 해결책입니다. 어지러운 칠정에서 벗어나 다시는 영혼의 죄를 지을 일도 없습니다. 불교에서는 탐욕스러운 자가 칼로 만들어진 다리를 맨발로 건너게 된다고 했고, 분노하여 남을 해한 자는 독사에 물리는 지옥에 간다고 했죠. 가톨릭에서는 시기의 죄를 지으면 얼음물에 몸이 담기고, 우울과 나태의 죄를 저지르면 뱀 구덩이에 던져진다고 했습니다.

당신의 하루를 한번 헤아려 볼까요? 오늘 하루 얼마나 많은 감정이 널뛰면서 당신의 마음을 흩트려 놓았을까요. 작은 일로 남과 욕심을 다투면서 맨발로 칼 위를 걸었고, 남에게 성을 내고는 독사에 물린 듯 후회하기도 했습니다. 다른 이를 질투하며 마음이 얼음처럼 차가워졌고, 무기력하게 삶을 허비하며 뱀 구덩이에 빠졌습니다. 복잡하고 어지러운 감정에 시달리는 우리는 이미 지옥 같은 삶을 살고 있는지도 모릅니다.

10년을 작정하고 토굴에 들어가 수행을 할까요? 이마에 전극을 달아 감정이 생길 때마다 전기 자극을 주는 것도 좋겠습니다. 특별한 약을 먹어서 감정을 없애 버리는 것도 좋겠죠. 아니면 아예 메스를 들어 감정을 일으키는 뇌 부분을 절제해 원인부터 제거해 버리는 것도 좋겠습니다. 드디어 불행과 고통에서 벗어나 평안을 찾을 수 있을지도 모릅니다. 터무니없는 말이라고요? 그런데 사실 이 모든 방법은 과거에, 그리고 일부는 지금도 시행되고 있는 방법입니다.

감정에서 해방되면 정말 행복해질 수 있을까요? 알츠하이머 치매에 걸린 환자의 상당수는 감정이 메말라 갑니다. 전두엽이 손상될 뿐 아니라 알츠하이머 치매와 관련된 병태생리적pathophysiological 기전이 감정 둔마와 관련되기 때문입니다. 흔히 치매 때문에 우울증이 왔다는 식으로 설명하지만 사실 전형적인 우울증과는 양상이 아주 다릅니다. 마치 감정이 없는 사람처럼 밋밋하게 지냅니다. 기쁜 감정도 없지만 슬픈 감정도 없습니다. 욕심내는 일도 없지만, 사랑의 감정도 식어 버립니다.

뇌신경과학자 야크 판크세프Jaak Panksepp는 인간이 일곱 가지 정동 체계를 가진다고 했습니다. 탐색·분노·공포·공황·유희·욕정·보살핌입니다. 칠정이나 칠죄와 상당히 비슷합니다. 왠지 동서양의 오랜 지혜를 현대 신경과학으로 다시 풀어낸 것 같습니다. 판크세프는 이러한 정동 체계가 포유류 전반에서 광범위하게 나타나며, 일부 감정은 조류나 파충류에서도 관찰된다고 했습니다. 수억 년 이상의 역사를 가지고 있다는 것이죠. 아마 쥐라기를 살던 티라노사우루스도 매일매일 분노하고 또 두려워하며 괴성을 질렀을 것입니다. 트리케라톱스도 질투와 슬픔에 괴로워하며 세 개의 뿔을 나무에 들이받았을 것입니다.

우리 인간은 그 어떤 동물보다도 복잡하고 정교한 감정 체계를 가지고 있습니다. 원래 기본적인 감정은 세 가지, 다섯 가지 혹은 일곱 가지나 여덟 가지로 나눕니다. 그러나 인간 사회의 다양한 상황과 맥락과 관련되면서 감정의 숫자는 폭발적으로 늘어납니다. 티에라델푸에고제도에 사는 야간 족의 말에는 '마밀라피나타파이Mamihlapinatapai'라는 단어가 있습니다. '서로에게 꼭 필요하면서도 자신이 먼저 하고 싶지 않은 어떤 일에 대해 상대방이 먼저 해 주기를 바라며 망설이는 두 사람이 서로에게 보내는 간절한 느낌이나 눈빛'을 뜻하는 말입니다. 『맹자』에 나오는 불감청고소원不敢請固所願이라는 말과 비슷하다고 할까요? 감정을 나타내는 단어는 수천 가지가 넘는데도 우리는 종종 '내 기분은 말로 설명하기 어려워'라고 합니다.

앞서 말한 대로 감정의 상당수는 '부정적' 감정, 불행한 감정입니다. 감정과 관련된 한국어의 단어 중 72퍼센트가 불쾌한 감정과 관련됩니다. 칠정 중에서 군이 '긍정적'인 감정을 들자면, 기쁨과 사랑 정도입니다. 그런데 기쁨과 사랑도 긍정적인 것만은 아닙니다. 사랑에 울고 기쁨에 속은 분이라면 군이 설명하지 않아도 알 것입니다. 인간의 감정은 점점 복잡해졌고, 우리는 점점 '고도로 복잡하고 정교하게 발전한' 불행에 시달리게 되었습니다. 도대체 우리는 왜 이렇게 고통스러운 감정, 헤아릴 수 없이 많은 불행에 시달리는 것일까요? 어쩌면 인류에게 주어진 가장 오래된 질문일지도 모릅니다.

이런저런 불안으로 밤잠을 자기 어렵습니다. 하루 종일 머릿속을 가득 채우고 있는 불안감. 그러나 사실 불안의 이유는 대개 하잘것없습니다. 일어나지도 않을 일들, 혹은 이미 일어나서 어찌할 수도 없는 일들. 불안만 잡을 수 있다면 행복해질 것 같습니다. 불안해서 너무 괴롭습니다.

두근거리는 불안

인간을 지배하는 감정, 불안

키르케고르Søren Aabye Kierkegaard는 이렇게 말했습니다.

"만일 인간이 동물이나 천사라고 한 것 같으면 불안에 빠지지는 않을 것이다. …… 인간은 불안을 가지는 자요, 그가 가지는 불안이 깊으면 깊을수록 그만큼 그 인간은 위대한 것이다."

하지만 그의 말과 달리 불안은 인간뿐 아니라, 모든 포유류가 공유하는 가장 기본적인 감정입니다(천사는 모르겠습니다만). 불안하지 않은 사람은 단 한 명도 없습니다. 불안을 담당하는 중추는 뇌의 아주 깊은 심부에 자리하고 있어 불안을 의식으로 통제하기 어렵습니다. 사실상 모든 정신적 고통은 불안과 관련된다고 해도 과언이 아닙니다.

만약 다양한 감정 중에서 '프라임 감정'을 꼽는다면 불안을 들고 싶습니다. 여러 가지 감정 중에서도 이성적 판단에 큰 영향을 끼칠 뿐 아니라 인간의 생존과 안위에 유리하도록 진화해 온 감정이 바로 불안과 공포이기 때문입니다. 불안과 공포는 생존과 안전이 위협받을 때 느껴지는 핵심적인 감정이죠. 그래서 인간의 감정 중 가장 강력하고 원초적인 힘을 발휘합니다.

불안은 뇌의 안쪽에 위치한 아몬드 크기의 편도핵amydgala에서 관장합니다. 다른 부분도 관여를 하지만, 가장 중요한 부분은 바로 이 편도핵입니다. 불안 외에도 분노와 기쁨 등 다양한 정서 반응을 담당하고 있습니다. 심각한 간질을 앓던 사람을 치료하기 위해 하는 수 없이 이 편도핵을 제거하는 일이 있었습니다. 그런데 그 환자는 간질 증상이 호전되었을 뿐 아니라, 불안과 두려움을 더 이상 느끼지 않게 되었고 이 발견으로 편도핵의 역할을 알 수 있게 된 거죠.

이를 '클뤼버-부시 증후군Kluver-Bucy syndrome'이라고 합니다. 이 이름은 환자 이름이 아니라 이 병을 처음 발견한 사람의 이름을 딴 것입니다. 편도핵을 잘라 낸 사람은 불안을 느끼지 않게 됐을 뿐만 아니라 아주 양순해졌습니다. 폭력적인 범죄자에게 편도핵을 잘라 내는 수술을 한 적도 있습니다. 그 효과는 아주 좋아서 공격성이 줄어들었죠. 하지만 성욕과 식욕이 너무 증가해서 주체할 수 없었습니다. 그래서 이 수술은 더 이상 하지 않습니다. 윤리적인 문제도 있지만, 불안이 없어지면 마냥 좋을 것 같았는데 전혀 그렇지 않았던 거죠.

불안은 다가오는 상황을 미리 준비하게 하는 효과를 가지고 있습니다. 내일이 시험인데도 불안을 느끼지 않는 사람은 아마 낙방할 것입니다. 불안은 아주 원초적인 감정이기 때문에 신체적 반응과 아주 깊이 연결되어 있습니다. 혈압을 높이고 맥박을 빠르게 해 뇌에 혈액을 보내 줍니다. 정확하고 신속한 판단을 하도록 돕는 것이죠. 또한 근육에도 혈액을 보내 줍니다. 특정 상황에 재빨리 대처하도록 하는 것이죠. 현실에서 보면 주로 빠르게 도망가는 반응이겠지만요.

또한 불안은 전염력이 강합니다. 금세 사람들에게 퍼져서 집단적인 불안이 나타납니다. 이러한 집단 공황이 현대사회에서 문제가 되곤 하지만 과거에는 아주 유리한 기능이었습니다. 집단 내에서 가장 불안을 많이 느끼는 사람이 주변 사람에게 신호signal를 보내는 것입니다. 사자 무리가 다가오면 가장 먼저 눈치챈 누군가가 불안해합니다. 이 불안은 곧 주변에 퍼집니다. 아마 주변 분위기와 상관없이 혼자 태평한 사람은 사자 밥이 되었을 것입니다.

공포도 불안의 일종입니다. 공포가 너무 심해지면 이것을 공포증이라고 합니다. 그런데 재미있게도 개공포증보다 고양이공포증 환자가 훨씬 흔합니다. 우리 주변에는 맹견이 더 많고 '맹묘'라는 말은 있지도 않는데, 왜 고양이공포증 환자가 더 많을까요? 이는 우리의 선조들이 사바나를 누비면서 만나던 포식

●

불안은 약으로 해결될 일이 아닙니다.
음식을 먹지 않으면 죽기 때문에 허기감이 진화한 것처럼
미리 위험한 상황을 예상하고 이를 대비하기 위해서
불안감이 진화한 것입니다.

자들이 주로 고양이과 동물이었다는 것과 관련이 있을지도 모릅니다.

불안은 분명 유익한 감정입니다. 그러나 최소 6000만 년 전에 진화한 너무 오래된 감정이고, 뇌 깊은 곳에 프로그래밍되어 있어서 종종 큰 문제가 됩니다. 의지와 노력으로 조절할 수 없는 불안증으로 병원을 찾는 사람들이 아주 많습니다. 불안증이 없으면 정신과 의사들은 밥을 굶을지도 모른다는 생각에 불안해질 정도입니다. 공포증·공황장애·범불안장애·광장공포증·분리장애·사회공포증 등이 다 이러한 불안장애의 일종입니다.

그렇다면 불안을 적당하게 유지하기 위해서 할 수 있는 일은 무엇일까요? 일단 건강하지 못한 불안의 원인과 그 반응의 수준을 스스로 조절하는 연습이 필요합니다. 불안장애 시 흔히 하는 인지행동요법은, 불안을 느끼지 않는 치료가 아니라 불안에 압도되지 않고 스스로 통제하는 치료입니다. 내적 불안의 원인과 그 자동적인 과정을 이해할 수 있으면, 불안이 비합리적인 수준으로 심해지는 것을 스스로 조절할 수 있습니다.

그렇다면 '적절한 불안'의 수준을 어떻게 결정할까요? 정신의학적인 면에서 자신이 경험하는 불안이 과연 건강한 삶에 도움을 주고 있는지 평가하는 것입니다. 시험을 앞두고 책을 붙잡게 하는 수준의 불안이나 운전을 하면서 전방 주시를 게을리

하지 않게 하는 불안은, 비록 그 불안 때문에 힘이 든다고 하더라도 건강한 불안이라고 할 수 있습니다. 결혼식을 앞두고 있거나, 회사 면접을 받는 중이라면 더 높은 수준의 불안이 필요하겠죠. 그래서 어느 정도의 불안이 가장 좋은 결과를 가져오는지 스스로 모니터링해야 합니다. 불안과 싸우지 않고, 불안을 자유자재로 이용할 수 있게 길들이는 것이죠.

─────── 감정을 길들이는 연습

불안을 조절하는 것은 말처럼 쉽지 않습니다. 특히 심한 불안장애 환자인 경우에는 집중적인 인지행동요법 혹은 심층적인 정신분석이 필요할 수도 있죠. 적절하게 약도 같이 복용해야 합니다. 하지만 일반인의 불안이라면 조금 다릅니다. 대개의 경우 불안감을 견디기 어려운 것이 아니라, 불안을 유발하는 상황이 불쾌하고 불편해서 힘든 경우가 많습니다.

그러나 불안을 피할 수 없는 것처럼 불안한 상황도 피할 수는 없습니다. 마치 배고픔과 음식 간 관계와 비슷합니다. 허기는 그리 유쾌한 경험이 아닙니다. 아마 2~3일 정도 굶어 본 분은 잘 아실 것입니다. 정말 '눈에 뵈는 게 없죠.' 괴롭고 고통스럽습니다. 그러나 우리는 대부분 그렇게 고통스러운 허기를 경험하지 않습니다. 규칙적으로 식사를 할 뿐 아니라 허기 징조가 오면 바로 음식을 먹기 때문입니다.

불안도 마찬가지입니다. 수험생이라면, 약간 불안해지기 시작할 때 공부해야 합니다. 불안하지 않더라도 규칙적으로 공부를 하면 더 좋습니다. 하루 세 끼 밥 먹는 것처럼 말이죠. 직장인이라면 업무를 미리미리 처리해야겠죠. 평소에 공부는 하나도 하지 않고, 시험 전날 극도의 불안감을 느낀다면서 약을 달라고 병원을 찾는 분이 간혹 있습니다. 이러한 불안은 약으로 해결될 일이 아닙니다. 음식을 먹지 않으면 죽기 때문에 허기감이 진화한 것처럼 미리 위험한 상황을 예상하고 이를 대비하기 위해서 불안감이 진화한 것입니다.

불안은 감정 중에 가장 강력한 감정입니다. 하지만 강력한 만큼 잘 길들이면 유용하게 사용할 수 있습니다. 아주 거친 야생마일수록 길들이기만 하면 훌륭한 명마가 될 수 있습니다.

불안은 개인적인 것이지만, 또한 사회적인 것입니다. 미래를 예측할 수 없는 불안정한 사회에서는 불안감을 많이 느끼는 사람이 더 유리할지도 모릅니다. 텔레비전만 틀면 끊이지 않는 한심한 뉴스, 한 치 앞을 내다보기 어려운 미래, 각종 재난과 전염병, 테러까지……. 이런 상황이라면 불안을 느끼지 않는 것이 오히려 비정상일지도 모르겠다는 발칙한(!) 생각을 합니다.

왜 이렇게 마음이 약한지 모르겠습니다. 정말 사소한 일이라는 것을 알지만 슬픈 이야기를 들으면 눈물부터 왈칵 쏟아져 나옵니다. 제 처지를 생각해도 눈물이 나고, 다른 사람 이야기를 들어도 눈물이 납니다. 눈물이 헤프면 안 된다는데, 허무함과 슬픔을 감출 수 없습니다. 세상은 왜 이렇게 슬프고 괴로운 이야기로 가득한 것일까요?

멈추지 않는 눈물

_____ 동물도 느끼는 슬픔

언젠가부터 우울이라는 말을 많이 씁니다만, 사실 슬픔이라는 더 좋은 말이 있습니다. 우울은 생물학적으로 저조한 상태를 일컫는 임상 용어입니다. 많은 우울증에서 슬픔이 관찰되지만, 완전히 동일하지는 않죠. 흔히 구분 없이 쓰곤 하지만 사실 둘은 상당한 차이가 있습니다. 정신분석학자이자 사회심리학자 에리히 프롬 Erich Pinchas Fromm 은 이렇게 말했습니다.

"우울이란 무엇인가? 그것은 감각에 대한 무능력이며, 우리의 육체가 살아 있음에도 불구하고 죽은 느낌을 가지는 것이다. 그것은 슬픔을 경험하는 능력이 없는 것일 뿐만 아니라 기쁨을 경험할 능력도 없는 것을 말한다. 우울한 사람은 만일 그가 슬픔을 느낄 수만 있어도 크게 구원을 받을 것이다."

- 에리히 프롬, 『건전한 사회』

아마 강아지나 고양이를 키워 봤다면 잘 알고 있을 것입니다. 이들도 슬픔을 느끼고, 또 그 감정을 표현합니다. 동물은 사람처럼 말을 하지는 못하지만 행동·표정·울음소리로 그들의 감정을 충분히 느낄 수 있죠. 사람은 하루에도 몇 번씩 슬픔을 느낍니다. 자신에게 속상한 일이 있을 때도 슬프지만, 때로는 드라마를 보거나 소설을 읽으면서도 슬픔을 느낍니다. 많은 사람들이 우울증으로 병원을 찾는 반면, 훨씬 더 많은 사람들이 '슬픔'을 느끼려고 영화관을 찾습니다.

가장 흔한 정신장애 중의 하나가 바로 우울증입니다. 전체 인구 중 30퍼센트에 달한다고 합니다. 그러나 또한 우울증만큼 그 사회적 정의가 애매한 장애도 없습니다. 어느 정도의 우울증이 문제가 되는지에 대한 합의는 거의 불가능하다고 생각합니다. 사회·문화적 논란은 둘째 치고, 같은 정신의학계 내에서도 이에 대한 의견이 아주 다릅니다. 심지어 과연 슬픔이 '병든' 것으로 취급되어야 하는지, 단순히 '기쁨'은 좋은 것이고 '슬픔'은 나쁜 것인지 등 논란에 대해서 누구도 쉽게 결론을 내릴 수 없습니다.

주인을 잃은 개는 깊은 슬픔에 빠지기도 합니다. 이제 먹이를 줄 사람이 없어졌기 때문에 걱정이 되어서 이 개가 슬픔에 빠진 걸까요? 개의 마음에 대해서는 알 도리가 없지만, 단지 '먹이를 줄 사람이 없어서 막막하다'라는 감정이 아닌 것은 분명합니다. 많은 사람과 동물이 느끼는 '슬픔'이라는 감정은 어떻게 진화했을까요?

좀 오래된 진화심리학 이론에 의하면, 우울감을 '도움 요청'의 신호로 보는 가설이 있습니다. 가까운 가족이 죽었다고 해보죠. 그러면 가능한 한 주변에 도움을 청해서 위기를 넘겨야합니다. 원시사회에서는 가족을 잃는다는 것은 대단히 위험한일이었습니다. 전쟁이나 기아 혹은 포식자의 습격과 같은 위험한 일이 있었다는 뜻이고, 노동력 한 명이 사라지면 그만큼 생계가 막막해지기도 하기 때문이죠. 그러니 엉엉 울면서 주변에도와 달라고 한다는 것이죠.

그러나 이러한 이론은 설득력이 약합니다. 실제로 슬픔을 느끼는 사람은 오히려 생존력이 많이 떨어지는 데다가, 심각해지면 자살을 하기도 합니다. 게다가 인간은 언어로 생각을 전달할 수 있는데 굳이 '우울증'이라는 방법을 통해서 온몸으로 도움을 요청할 필요가 있을 리 없습니다. 도움이 필요하면 그저'이러저러해서 사정이 어려우니 도와 달라'고 하면 그만입니다.물론 슬픔에 가득 차 있으면 좀 더 호소력이 있겠지만, 이득보다 손해가 너무 큽니다.

이른바 사회적 경쟁 가설이라는 것도 있습니다. 위계질서가뚜렷한 영장류 사회에서는 지위가 높은 개체의 공격을 피하기위해서 일부러 복종한다는 것이죠. 우울감은 그 복종심이 내재

화된 것입니다. 쉽게 말해서 '들뜬 기분으로 여기저기 나서면' 공격을 당할 위험이 높아지고, '조신하게 시키는 대로 자신을 낮추면' 안전하다는 것이죠. 일리가 있지만 인간 사회에 적용이 되는지 의문입니다. 또한 이러한 조심스러운 행동을 '슬픔'과 동일시할 수 있을지 모르겠습니다.

이 밖에도 여러 진화 이론이 있지만 명쾌한 것은 없습니다. 그런데 이러한 이론들이 가지는 공통점은 바로 '슬픔'을 건강하지 않은 상태, 즉 부정적 감정이라고 간주한다는 것입니다. 유사 과학에서는 이러한 주장을 보다 본격적으로 펼칩니다. 심리학자 바버라 프레드릭슨Barbara Fredrickson 은 심지어 '긍정적 감정과 부정적 감정의 완벽한 비율은 2.9'라고 주장한 적도 있습니다. 기쁨이 슬픔의 2.9배일 때 생존율이 최대화된다는 것이죠.

────── 슬픔을 받아들여야 하는 이유

하지만 '슬픔'이라는 감정 그 자체를 '부정적'으로 봐야 하는지는 모르겠습니다. 그러면 굳이 돈을 내고 슬픈 영화를 보며 눈물을 흘리는 사람들은 부정적 감정을 추구하는 이상한 사람이라고 해야 할까요? 기쁨과 슬픔이 상반된 감정 반응이긴 하지만, 기쁨은 바람직하고 슬픔은 가능한 한 피해야 하는 것으로 단정할 수 없습니다.

결혼을 할 때나 자신의 아기가 태어날 때, 어른이 되어 원하는 직장에 들어갔을 때 우리는 기쁨을 느낍니다. 그러나 가족

언젠가부터 우울이라는 말을 많이 씁니다만,
사실 슬픔이라는 더 좋은 말이 있습니다.

'슬픔'은 우리에게 큰 삶의 의미를 줍니다.
마음이 깨끗하게 정화될 뿐 아니라
삶의 목적과 방향이 재설정되며
모든 관계를 다시 생각해 볼 수 있는 기회를 제공합니다.
'기쁨'이 주지 못하는 것들이죠.

중 누군가가 죽거나 배우자와 헤어졌을 때, 늙고 병들어 퇴직을 하게 되면 슬픔을 느낍니다. 무언가를 잃었을 때 느끼는 감정이 슬픔입니다. 지그문트 프로이트Sigmund Freud는 『집단심리학과 자아분석』이라는 책에서 우울이 바로 '대상의 상실'에서 유발된다고 했습니다. 물론 모든 슬픔이 상실된 대상을 전제로 하는 것은 아니지만 의미 있는 대상을 잃게 되면 슬퍼지는 것은 어느 정도 맞는 것 같습니다.

슬픔이 주는 진화적 의미에 대해서는 아직 확실히 알 수 없습니다. 불안이나 분노와 같은 감정과 달리 슬픔이 주는 생존상의 이득이 확실하지 않기 때문입니다. 분명 진화한 감정이니 적합성을 높이는 어떤 이득이 있었음에 분명합니다. 지금까지의 연구는 주로 '슬픔에도 불구하고, 어떤 이득을 주었을 것이다'라는 데 초점이 맞춰져 있었습니다. 하지만 기쁨의 이득에 대해서는 연구 자체가 별로 없습니다. '기쁨'은 좋은 것이고, '슬픔'은 나쁜 것이라는 기본 전제에서 시작했기 때문이죠.

슬픔은 기쁨과 마찬가지로 하나의 심리적 경험입니다. 슬픔이 심해지면 우울증이라고 하지만 기쁨이 심해지면 조증이라고 하죠. 즉 특정한 감정의 수준이 너무 심해지면 기쁨이든 슬픔이든 정신장애라고 할 수 있지만, 단지 '슬픈' 것이 더 '나쁜' 것이라고 속단할 이유는 없습니다.

주변에 슬퍼하는 사람을 보면서 냉담한 표정을 짓는 분들이 있습니다. 굳이 '부정적'인 슬픔을 나누어 받고 싶지 않다는 마음이죠. 같이 공감하며 슬퍼하는 사람을 이상하게 쳐다보기도 합니다. 기쁜 일만 해도 인생이 짧은데 굳이 남의 슬픔까지 겪으려고 하냐며 핀잔을 줍니다. 그러나 기쁜 일이 있을 때 같이 기뻐하지 못하는 것처럼, 슬픈 일이 있을 때 같이 슬퍼하지 못하는 것도 이상한 일입니다.

'슬픔'은 우리에게 큰 삶의 의미를 줍니다. 마음이 깨끗하게 정화될 뿐 아니라, 삶의 목적과 방향이 재설정되며, 모든 관계를 다시 생각해 볼 수 있는 기회를 제공합니다. '기쁨'이 주지 못하는 것들이죠. 어린 시절에는 '맛있는' 초콜릿을 좋아하지만, 어른이 되면 '맛없는' 인삼도 좋아하게 됩니다. 인삼이 몸에 좋다는 것을 알고 있기 때문에 '맛없는' 인삼을 '맛있게' 먹는 것입니다. '슬픔'에 대해서도 '기쁘게' 받아들일 수 있다면, 정신적으로 성숙했다고 할 수 있을 것입니다. 슬픔을 껴안아야 합니다.

종종 수치심으로 인한 고통을 호소하는 분들이 있습니다.

"자다가도 이불을 뻥뻥 찹니다. 낮 동안에 있었던 부끄러운 일을 생각하면 혼자 있을 때도 얼굴이 화끈 달아오릅니다. 최근 일도 있지만, 어떤 것은 이미 십여 년이나 지난 일입니다. 갑자기 그 기억이 떠오르면 부끄러워서 견딜 수 없습니다. 수치스러운 일들을 기억에서 싹싹 지우고 싶습니다."

견딜 수 없는 부끄러움

인간만의 감정, 수치심

부끄러움, 즉 수치심이란 인간이라면 누구나 느끼는 감정입니다. 조지 버나드 쇼George Bernard Shaw 는 부끄러움에 대해서 이렇게 말한 바 있습니다.

"우리들은 부끄럽다는 기분 속에 살아간다. 우리들이 우리들의 벌거벗은 피부를 부끄러워하듯이, 우리들은 자신에 대해서, 친척에 대해서, 수입에 대해서, 의견에 대해서, 경험에 대해서 부끄러워한다."

많은 사람들이 모여 있는 강당 혹은 교실에서 다른 사람들은 모두 멀쩡히 옷을 입고 있는데 자신만 발가벗고 있다면 정말 부끄러울 것입니다. 모든 사람이 한 번쯤은 꿔 본 적이 있는 악몽이죠. 사실 성경에는 인류가 부끄러움을 알게 되면서 에덴동산에서 쫓겨났다고 되어 있습니다. 여러 가지 신학적 의미가 있겠지만, 진화인류학적으로도 인간은 부끄러움을 느끼는 유일한 동물입니다.

종종 부끄러움과 죄책감은 혼동되어 쓰입니다. 가끔은 비슷한 의미로 쓰이기도 합니다. 어린 시절 부모님 지갑에 손을 댔다가 들켰을 때의 감정. 이러한 감정은 죄책감인 동시에 수치심이죠. 하지만 마음에 두고 있던 이성에게 고백을 했다가 거절당했을 때의 감정은 죄책감이라고 하지 않습니다. 과연 이 둘은 어떤 차이가 있을까요?

_____ 죄책감과 수치심

지그문트 프로이트는 『토템과 터부』에서 이렇게 말했습니다. "우리에게 터부시되는 것은 신성하면서 불결한 것이고, 더러우면서 순결한 것이다." 정신분석학적인 의미에서 우리가 욕망하는 것은 동시에 우리에게 금지된 것입니다. 인간은 이러한 대상에 대해서 이중적인 감정을 가지게 됩니다. 우리는 무엇을 욕망할까요? 혹은 무엇을 욕망해서는 안 되는 걸까요? 참 어렵죠. 상당수의 수치심과 죄책감이 성적인 내용과 연관되는 이유입니다. 물론 성적인 내용 외에도 우리는 다양한 대상에 대해서 비슷한 감정을 느끼곤 합니다.

인류는 진화 초기부터 사회적 집단을 이루고 살았습니다. 그러면서 다양한 제도·질서·전통·관습이 생겨났죠. 따라서 개인의 욕망은 다양한 방식으로 통제되고 이러한 규제는 점점 사회

안에서 굳어집니다. 다른 이의 재물을 허락 없이 가져오면 안 된다든가 혹은 사회적 규율에 어긋난 복장을 하면 안 된다는 식의 규칙들이죠.

이런 규칙들은 오랜 시간 내려오면서 우리 마음속에 내재되어 스스로 욕망을 제어하는, 이른바 '양심'으로 작용합니다. 다시 말해서 죄책감은 이 양심의 활동입니다. 양심은 규칙(터부)을 어긴 자신을 비난하게 하고, 사회적인 불안과 두려움을 야기합니다.

그런데 부끄러움, 즉 수치심은 죄책감보다 더 원초적인 편입니다. 죄책감은 내적인 양심에 의해서 규제되지만, 부끄러움은 외부의 시선에 의해서 더 많이 좌우됩니다. 예를 들어 아무도 모르게 다른 사람의 답을 베껴서 좋은 성적을 받았다고 해 봅시다. 정말 아무도 모릅니다. 해서는 안 되는 행동을 했다는 죄책감은 있지만, 다른 사람이 나를 어떻게 볼 것인지에 대한 두려움, 즉 부끄러움은 없는 상태라고 할 수 있습니다. 물론 내적 죄책감도 '스스로에게 부끄럽다'는 식으로 표현하기 때문에 구분이 쉬운 것은 아닙니다. 만약 전혀 들키지 않고 커닝을 성공한 경우에 전혀 감정적인 괴로움이 없다면, 수치심은 발달했지만 아직 죄책감은 미숙한 사람이라고 할 수 있습니다. 남에게 들키지만 않으면 편안하게 두 발 뻗고 잘 수 있는 사람들이죠.

수치심과 죄책감은 문화에 따라서 다르게 나타납니다. 종종 서양 사람들의 옷차림이나 언어, 삶의 방식을 보면서 놀라는 경우가 있습니다. 우리 기준으로는 정말 창피한 수준으로 아무렇게나 사는 것 같아 보이죠. 그들의 자유분방함에 감탄하기도 하고 혹은 '야만인'이 아니냐며 깎아내리기도 합니다. 이에 대해서 인류학자 루스 베네딕트Ruth Benedict는, 서양은 죄의 문화를 가지고 있고 동양은 수치의 문화를 가지고 있다고 한 바 있습니다. 물론 베네딕트의 주장은 너무 이분법적이고, 특히 일본을 동양 전체의 문화와 동일시했다는 비판을 받기도 합니다.

그녀는 『국화와 칼』이라는 책에서 일본 사회의 수치はじ에 대해서 이야기합니다. 다른 사람에게 내가 어떻게 보일 것인가에 대한 걱정과 두려움이 일본 사회를 움직이는 보이지 않는 힘이라고 말합니다. 그에 반해 서양 사회는 죄의 문화, 즉 다른 사람의 시선보다는 종교적 죄악이 더 중요한 수치심의 기준이라는 것이죠. 이런 기준으로 보면 죄책감은 죄의식에서 시작하는 부끄러움, 그리고 수치심은 당혹스러움에서 시작하는 부끄러움이라고 할 수 있을지도 모릅니다.

인격장애 환자의 일부는 죄책감을 느끼지 못한다고 알려져 있습니다. 흔히 '사이코패스Psychopath'라고 하는데, 사이코패스

건강한 삶을 위해서는 불필요한 타인의 시선으로부터
어느 정도 거리를 두어야 합니다.
사람들의 시선으로 너무 힘들다면, 내면에서 들려오는
양심의 소리에 귀를 기울이는 것이 좋겠습니다.
자신의 양심에 비추어 떳떳하다면
사람들 시선을 견딜 수 있다는 마음가짐을 갖는 것이죠.

외에도 다양한 인격장애 환자와 일부 정상인에게서 관찰되는 현상입니다. 자신이 한 행동이 다른 사람에게 어떻게 평가될 것인지에 대해서는 잘 알고 있습니다. 그래서 언뜻 보면 행동도 바르고 예의범절도 잘 지킵니다. 하지만 남들이 보지 않는 상황이라면 다르죠. 부끄러움이 수치심, 즉 타인의 시선에 의해서만 좌우되기 때문입니다.

반대로 불필요한 부끄러움으로 힘들어하는 환자들도 있습니다. 종종 사회공포증이나 회피성 인격장애 환자로 분류되지만, 사실 정상인 중에도 심하게 부끄러워하는 사람들이 있습니다. 도무지 다른 사람 앞에 나서지 못하고 사람들의 주목을 받는 상황을 극도로 피합니다. 그리고 누군가 부정적인 평가를 내리면 도덕적인 옳고 그름과 무관하게 아주 힘들어합니다. 어렵게 용기를 내서 발표를 해도, 청중 중 일부가 딴청을 피우면 자신의 실력을 탓하며 몹시 부끄러워합니다. 심해지면 공황 증상도 경험합니다.

어떤 경우에는 이런 상태가 반전되어 나타나기도 합니다. 부끄러움, 즉 망신과 수치를 갈망하는 것이죠. 이러한 피학증은 일종의 마조히즘입니다. 마조히즘은 독일의 정신의학자 그라프트 에빙Richard Freiherr von Kraft-Ebing이 처음으로 이름 붙인 정신 질환인데, 프로이트는 이것을 성애 발생적 마조히즘, 여성적 마조히즘, 도덕적 마조히즘으로 구분했습니다. 수치심을 추구하는 마조히즘은 이 중 도덕적 마조히즘이라고 할 수 있습니다. 도덕적 마조히즘이란 무의식 속의 죄책감 때문에 불필요한 벌을 스스로 받고 싶어 하는 심리적 경향입니다.

######### 타인의 시선에서 자유로워지기

부끄러움으로 인해서 병원을 찾는 분이 많습니다. 그러나 죄책감으로 병원을 찾는 분은 그리 많지 않습니다. 죄책감이 클 땐 정신과 의사보다는 성직자를 더 많이 찾아서 그런 걸까요? 루스 베네딕트의 말처럼 한국 사회는 타인의 시선이 더욱 중요하게 작용하는 사회인지도 모르겠습니다. 일본에는 세켄테(世間体, せけんてい)라는 말이 있다고 합니다. '세간의 인식', 즉 세상 사람들이 나를 어떻게 보는지에 대한 생각이죠.

건강한 삶을 위해서는 불필요한 타인의 시선으로부터 어느 정도 거리를 두어야 합니다. 세상 사람들의 평판이나 인식도 중요하지만, 세간의 평가에만 맞추며 살아서는 행복할 수 없습니다. 만약에 사람들의 시선으로 너무 힘들다면, 내면에서 들려오는 양심의 소리에 귀를 기울이는 것이 좋겠습니다. 자신의 양심에 비추어 떳떳하다면 사람들 시선은 견딜 수 있다는 마음가짐을 갖는 것이죠. 『미움받을 용기』와 같은 책이 현대 한국 사회에 큰 공명을 울리는 이유가 여기에 있다고 생각합니다.

1999년 미군 해병이었던 스무 살의 조셉 딕은 버지니아주 노펙에서 저지른 강간·살인 혐의로 기소됩니다. 조셉 딕은 자신의 강간과 살인에 대해서 피해자의 가족 그리고 국민에게 사죄했습니다. 자신의 행동이 수치스럽고 부끄럽다고 했죠. 지당한 일입니다.

자신의 죄를 자백한 딕은 가석방 없는 종신형을 선고받았습니다. 딕 외에도 대릭 타이스, 대니얼 윌리엄스, 에릭 윌슨이 공범으로 중형을 선고받았습니다. 이들을 이른바 '노펙의 네 남자Norfolk Four'라고 합니다.

결백한 자의 죄책감

1997년 8월 어느 날, 미셸 보스코라는 여성이 죽은 채 발견 됩니다. 자신의 집에서 강간을 당하고 칼에 찔린 후 목이 졸려 살해된 것이죠. 집에 돌아온 남편은 이미 참혹하게 죽어 있는 아내를 발견합니다. 수사를 담당한 로버트 글렌 포드 형사는 탐문 조사를 시작합니다. 그리고 대니얼 윌리엄스가 평소 미셸 에게 집착했다는 주변 이웃의 증언을 듣습니다. 형사는 곧 윌리 엄스를 체포합니다.

그런데 딕은 윌리엄스의 룸메이트였습니다. 형사는 딕도 체 포합니다. 윌리엄스는 자신의 죄를 자백합니다. 그러면서도 딕 은 잘못이 없다고 했죠. 하지만 놀랍게도 딕은 자신이 범행을 저질렀다고 고백합니다. 이어서 경찰은 데릭 타이스와 에릭 윌 슨도 공범으로 추가 기소합니다.

결국 1999년 윌리엄스는 종신형을 피하기 위해서 모든 죄를 자백하고 8년 6개월 형을 선고받습니다. 윌슨은 종신형을 두 번(!)이나 선고받습니다. 죄인 네 명 모두 자신이 저지른 죄에 응당한 벌을 받는 것으로 사건이 마무리되었습니다. 경찰은 신속하게 범인을 잡았고, 범인은 자신의 죄를 가슴 깊이 사죄하였습니다. 법원은 인면수심의 죄인에게 엄벌을 내렸습니다. 이 사건은 있어서는 안 될 끔찍한 범죄였지만, 일단 깔끔하고 정의롭게 해결된 것 같았습니다.

다만 한 가지 '아주 사소한' 문제가 있었습니다. 이들이 모두 무죄였다는 것입니다.

새로운 증거와 재평결

사건 현장의 증거와 정황은 여러 가지로 석연치 않았습니다. 딕은 저녁 9시부터 11시 사이에 범죄를 저질렀다고 했는데, 그는 같은 시간에 군함에 승선하고 있었습니다. 분신술이라도 쓴 것일까요? 경찰은 딕이 근무하던 배에서 몰래 빠져나와 다른 공범 세 명과 함께 미셸의 집에 들어가 강간과 살인을 저지르고, 다시 살금살금 배로 돌아왔다고 했습니다. 도무지 있을 법한 일이 아니었습니다.

이외에도 이상한 법의학적 증거가 많았지만, 가장 결정적인 증거는 DNA였습니다. 사건 현장에서 나온 DNA는 '노픽의 네 남자' 중 어느 누구의 DNA와도 일치하지 않았습니다. 그런데도 이들은 자신들이 강간을 했다고 자백했습니다.

한편 1998년 1월 오마르 발라드라는 남자가 14세 소녀를 강간한 혐의로 붙잡힙니다. 그런데 이 남자는 수감되어 있던 중에 어떤 여인에게 사실 자신이 미셸을 죽였다는 편지를 보냈죠. 이 편지의 내용이 세상에 드러나게 됩니다. 사건 현장에서 발견된 DNA도 발라드의 DAN와 일치했습니다.

처음부터 발라드는 혼자 범죄를 저질렀다고 주장했습니다. 그런데도 경찰은 노퍽의 네 남자를 공범으로 엮고 싶어 했습니다. 발라드에게 강압적으로 공범을 자백하라고 종용하기도 했습니다. 하지만 발라드가 끝까지 아니라고 했죠. 그러자 경찰은, 발라드가 '배신자'라는 말을 듣기 싫어서 단독범이라고 주장한다고 생각합니다. 경찰은 그렇게 보고서를 썼고 배심원은 그 보고 내용을 믿었습니다.

_____ 결백한 사람이 왜 죄를 고백할까?

미국 버지니아주 경찰의 부실한 수사 능력과 배심원 재판의 편향성에 대한 이야기는 일단 접어 두죠. 아마 여러분은 왜 전도양양한 스무 살 조셉 딕이 순순히 자신의 죄를 고백했는지 의아할 것입니다. 짓지도 않은 죄를 말이죠. 실제로 하지도 않은 강간과 살인을 자백하고, 진심으로 사죄하기도 했습니다. 결백한 사람이 도대체 왜 죄를 고백한 것일까요?

귀인 이론attributional theory에 의하면, 수치심은 이상적인 자신의 표상과 불일치하는 일을 겪을 때, 그리고 그러한 일이 자신의 문제에서 비롯한다고 생각할 때 생겨납니다. 예를 들어, 자기 정도면 괜찮은 남자라고 생각하고 있는 사람이 있다고 해 보죠. 그런데 평소 예상과 달리 맞선에서 퇴짜를 맞았다고 합시다. 그 결과 남자는 퇴짜 맞은 이유가 자신의 무능력 때문이라고 생각합니다. 그 결과 부끄러움과 수치심을 느끼게 된다는 것입니다. 하지만 맞선을 본 여자가 퇴짜를 놓은 이유는 완전히 다른 데 있는지도 모릅니다.

이러한 귀인 이론은 인간이 느끼는 수치심과 죄책감을 잘 설명해 줍니다. 수치심은 안정적이고 전반적인 자아상의 손상과 관련되고 죄책감은 불안정하고 세부적인 자아상의 손상과 관련된다는 보다 구체적인 주장도 있지만, 큰 맥락에서 이 두 가지 감정은 서로 엇비슷합니다. 뭔가 자신에게 결함이 있으니 창피하고 부끄럽다는 것입니다.

그런데 귀인 이론은 조셉 딕의 죄책감을 설명해 주지 못합니다. 왜냐하면 딕은 전혀 잘못한 것이 없었기 때문이죠. 귀인 이론이 가진 한계입니다.

────────── 정보 위협 이론

귀인 이론의 한계에 답답해하던 학자들은 다른 이론을 들고 나옵니다. 이른바 정보 위협 이론information threat theory입니다. 이 이론에 의하면, 수치심은 다른 사람이 자신에 대한 부정적인 정보를 가지고 있을 때 일어납니다. 즉 어떤 일이 실제로 있었던

지 여부와는 상관없이, 세상 사람이 자신을 부정적으로 생각한다고 믿으면 수치심이 일어난다는 것이죠. 딕 주변에 있는 경찰·배심원·판사 그리고 대중들은 모두 딕이 천하의 악당이라고 생각했습니다. 그러한 위협적 정보에 노출될 경우 죄가 없는 사람도 스스로 수치심을 느끼게 되고, 급기야는 하지도 않은 죄를 자백하게 되는 것입니다.

우리는 실제로 부족한 것이 있을 때 부끄러움을 느낄까요(귀인 이론)? 아니면 다른 사람이 나를 못마땅하게 생각하면 부끄러움을 느낄까요(정보 위협 이론)?

2017년 스토니 브룩 대학의 테레사 로버트슨Theresa Robertson 등은 이에 관한 흥미로운 연구를 시행했습니다.

─────── 죄책감을 느끼는 결백한 인간

예를 들어 우리가 음식점 웨이터라고 가정해 보죠. 웨이터는 모두 다섯 명입니다. 팁을 받으면 모두 상자에 넣고, 일이 끝날 때 똑같이 나누어 가집니다. 그런데 어느 날 갑자기 당신은 잔돈이 필요했습니다. 그래서 상자에 오만 원을 넣고 만 원짜리 다섯 장을 꺼냈죠. 그런데 돈을 꺼내는 순간 동료 웨이터가 옆을 지나갔습니다. 동료가 그 장면을 보았는지 못 보았는지는 잘 모르겠습니다. 그는 그냥 아무 말 하지 않고 옆을 지나갔습니다.

사실 당신은 전혀 잘못한 것이 없습니다. 돈을 거슬렀을 뿐입니다. 하지만 그 장면을 목격한 동료는 그렇게 생각하지 않을지도 모르죠. 이럴 때 당신의 기분은 어떻게 변할까요?

연구에 따르면 다른 동료가 자신의 행동을 보았다고 느낄수록 죄책감이 더 심해졌습니다. 당연히 동료가 보지 못한 경우에는 죄책감을 느끼지 않았지만, 동료가 물끄러미 보고 있었다고 하면 죄책감이 상당히 심해졌습니다. 비록 죄는 없지만, 그래도 죄책감을 느끼는 것입니다.

사실 이런 경우는 종종 있습니다. 그렇다고 뭐라고 묻지도 않는 동료에게, '내가 지금 돈을 거스르기 위해서 그런 것이니 혹시 내가 돈을 훔친다는 오해를 하지는 말아 주게.'라고 이야기하기도 어렵습니다. 도둑이 제 발 저린 것 같거든요. 자신의 말을 증명할 방법도 없습니다. 변명이 아니라 진실이지만, 점점 변명처럼 되어 갑니다.

연구자는 이어서 다른 실험을 했습니다. 연구 참여자를 모아서 일종의 게임을 했는데, 무작위로 피험자를 배제하거나 혹은 끼워 준 것입니다. 예를 들면, 5만 원을 거스르던 장면이 '아마도 발각'되었을지도 모르는데, 그날 우연히 다른 동료 웨이터 네 명이 당신만 빼놓고 맥주를 마시러 갔다고 해 보죠. 어쩌다 넷이 같이 퇴근하다가 맥주 한 잔 하게 됐는데, 우연히 당신이 그 자리에 없었던 것입니다.

하지만 동료로부터 배제를 당한 피험자의 수치심은 배가되었습니다. 자신이 돈을 거스르던 상황이 동료에게 발각되었다고 느끼는지도 모릅니다. 아무 잘못도 없지만 죄책감과 수치심은 상당한 수준으로 높아졌습니다. 타인의 부정적 평가와 사회적 배제가 결합하면, 누군가는 짓지도 않은 죄를 자백하고 하지도 않은 일로 부끄러워하게 됩니다. 심지어 종신형도 달게 받습니다.

타인의 부정적인 평가와 집단에서의 고립은, 깊은 수치심과 죄책감을 유발합니다. 죄가 없더라도 말이죠. 조셉 딕은 지푸라기라도 잡는 심정으로 '없는 죄'를 고백했습니다. 결백을 끝까지 주장한다면 '죄를 저지르고도 반성조차 모르는 불한당'이 됩니다. 하지만 없는 죄라도 진심으로 고백하면 '죄는 저질렀지만 반성할 줄 아는 사람'이 됩니다. 갓 스무 살이 된 철없는 조셉 딕이 빠진 함정이었죠.

여론 재판이 한번 일어나면 진실은 두 번째 문제가 됩니다. 여론 재판의 '용의자'가 결백을 주장하면 대중은 더욱 괘씸하게 여깁니다. 모두들 '뻔뻔하도다. 네 죄를 네가 알렸다!'를 외칩니다. 마음이 약한 사람은 그냥 자신이 잘못했다고 받아들이는 편을 택하게 됩니다. 그래야 어떻게든 견딜 수 있기 때문이죠. 하지만 한 번 더 생각해 보기 바랍니다. 대중이 당신을 오해하고 집단에서 배제한다고 해서, 짓지도 않은 죄를 스스로 인정하고 수치스러워해서는 곤란합니다. '예' 할 것은 '예' 하고 '아니요' 할 것은 '아니요' 해야 합니다.

요즘 여자는 너무 힘듭니다. 남자 친구가 떠나 버렸기 때문이죠. 영영 헤어진 것일까요? 아닙니다. 고작 2주간 미국 출장을 다녀올 뿐인데, 여자는 견디기 어려울 정도로 불안하고 불편합니다. 아무것도 할 수 없을 것 같은 느낌입니다. 여자는 망설이다 미국으로 전화합니다.

"미안한데 얼른 돌아오면 안 될까? 나 너무 힘들어."

"어? 무슨 일 있어? 지금 새벽 4시야. 왜 그러는데?"

"아, 미안해……. 오후에 친구와 영화를 보려는데, 뭘 봐야 할지 모르겠길래. 정말 미안해."

기대고 싶은 마음

─────────── 다른 사람의 의견을 잘 수용하는 사람

의존성은 어떤 면에서 보면, '착함'입니다. 의존적인 사람은 자신의 주장을 먼저 내세우는 법이 없습니다. 다른 사람의 주장을 따르고 순종합니다. 아주 사소한 것부터 중요한 인생사까지 주변 사람에게 묻고 그 결정에 따르려고 합니다. 무엇을 먹을지, 어떤 머리 모양을 할지, 어떤 옷을 입을지 결정을 위임합니다. 심지어 대학에 진학하거나 전공을 선택할 때도 주변 사람이 대신 결정해 주기를 원합니다.

이런 사람은 언뜻 보면 아주 착한 사람입니다. 타인의 주장에 고분고분 따르기 때문이죠. 어린 시절에는 부모님 말씀에 순종하고, 결혼을 하면 배우자의 말을 따르며, 나이가 들면 자식에게 모든 것을 맡기는 사람입니다. 종종 직장에서도 위에서 시키는 대로 무조건 복종합니다. 하지만 정말 착해서 그런 것이 아닙니다. 그렇게 하는 것이 마음 편하기 때문입니다.

그냥 의존적인 것입니다. 보살핌을 받고 싶어 하는 마음이 너무 큰 나머지, 자신의 모든 것을 타인에게 의지하려는 것입니다. 이는 주변 사람의 주장을 배려하는 것도 아니고, 타인의 의견을 유심히 경청하려는 것도 아닙니다. 그저 모든 것을 남에게 내맡기는 것입니다.

나를 보살펴 줘

의존성은 사실 다른 사람의 돌봄을 받으려는 의도에서 시작합니다. 다만 겉으로 복종하는 척 꾸미는 것이 아니라, 정말 마음 깊은 곳에서부터 '나는 스스로 할 수 없어.'라고 믿는다는 것이 특징이죠.

어떤 옷을 입을지 대신 골라 달라는 연인. 사실 예쁜 옷을 골라 입혀 달라는 말입니다. 누구를 만나는 것이 좋은지, 어떤 공부를 하는 것이 좋은지, 쉬는 날에는 뭘 하며 여가를 보낼지를 알려 달라고 합니다. 주로 부모가 어린아이에게 해 주는 것입니다. 이런 사람들은 영원히 보호받는 어린이로 머물러 있고 싶어 합니다.

종종 보살핌에 대한 강력한 희망은, 착취적인 대상에게 이끌리는 원인이 됩니다. 시키는 대로 다 따르기 때문에 사기꾼이 이용해 먹기 딱 좋은 사람입니다. 심지어 자신을 이용하고 있다는 것을 알고 있으면서도 순순히 하라는 대로 따릅니다. 불쾌하고 불합리한 일이라고 해도 관계를 유지하기 위해서 어쩔 수 없이 따르는 유형이죠.

이러한 심리는 충성심이나 순애보와는 아주 다릅니다. 의존성 성격을 가진 사람은 종종 대상에게 더 이상 의존할 수 없게 되면 두말없이 획 돌아섭니다. 그리고 의존할 수 있는 다른 사람을 곧 찾아냅니다. 상대를 존경하거나 연모하여 순종하는 것이 아니라, 그저 자신을 보살피고 일상의 결정을 대신 내려 줄 사람을 원하는 것입니다. 의존성 성격을 가진 사람이 유일하게 적극적인 순간이 있다면, 바로 의존할 대상을 열심히 찾아다닐 때입니다.

─────── 의존, 성공적인 생존 전략

흔히 의존성은 여성에게 더 많다고 생각합니다. 그러나 연구에 따르면 남녀의 비율이 비슷합니다. 사회적인 성 역할에 따른 결과가 아니라, 진화적인 행동 전략 중 하나라고 보는 것이 옳습니다. 의존성은 기본적으로 적극적 생존 전략입니다. 의존성이 적극적인 것이라면 좀 이상하게 들리겠지만, 사실 의존성을 가진 사람은 위험을 회피하거나 안전한 삶을 희망하는 것이 아닙니다. 종종 아주 위험한 행동을 하거나 터무니없이 무모한 결정을 내립니다. 다만 그 판단을 타인에게 맡긴다는 것이 다릅니다. 적극적으로 쾌락을 추구하지만 그 결정은 다른 사람에게 넘기는 전략입니다.

이들은 타인 지향적인 태도를 취합니다. 진화적 관점에서

조언자를 찾는 것도 방법입니다.
그 조언자가 누굴까요? 배우자? 친구? 아닙니다.
바로 그 대상은 바로 자신의 지난 경험입니다.
의사 결정을 내리는 몇 가지 경험적 원칙을 세우고,
그러한 결정을 내린 과거의 자신에게 의존하는 것입니다.
타인의 결정이 나 자신의 결정보다 옳을 이유가 없습니다.

K−선택(예측 가능하고 안정된 환경에서 작동하는 전략)에 따른 파생 전략입니다. 일상적인 행동을 할 때 이들은 모두 타인에 초점을 맞춥니다. 무리한 일이나 불편한 행동도 자처합니다. 타인의 의견에 반대하는 일도 드뭅니다. 자신의 의견이라는 것 자체가 없거나 혹은 있더라도 확신을 하지 못합니다. 누군가의 '승인'을 받아야만 안심합니다.

생태적 환경을 능동적으로 유연하게 바꾸는 스타일이 아니라 수동적으로 받아들이는 스타일입니다. 어떨 때는 아주 완고해 보이는데, 그러다가 갑자기 의견을 바꾸는 경우가 있습니다. 주변의 조언자가 그렇게 지시했기 때문이죠. 환경을 바꾸기보다는 자신을 바꾸려고 하기 때문에, 종종 자기희생적인 사람처럼 보입니다. 심해지면 학대를 감수합니다. 나를 버리지만 않는다면 어떤 수모라도 달게 받아들이겠다는 것이죠.

_____ 의존의 보편성

사실 우리는 모두 조금씩 의존적입니다. 예측할 수 없는 환경과 치열한 경쟁 속에서 모든 결정을 자기 주도적으로 내린다는 것은 쉬운 일이 아닙니다. 우리는 매일매일 수많은 결정을 외부에 위임합니다. 학계의 권위자를 찾고, 외국의 모범 사례를 찾고, 일반 여론에 따릅니다. 명망가 편향과 유행 순응 전략은 잠재적인 위험을 줄이고 확실한 보상을 약속해 주는 추단적 경험칙입니다.

자유의지로 살아간다며 호언장담하는 사람들도 알고 보면 의존적일 수 있습니다. 긴 세월 동안 사람들은 터무니없는 점괘로 운수를 점치며 자기 운명을 걸기도 했습니다. 자신의 선호는 무시한 채 가장 많이 팔린 제품을 고르고, 유명 연예인이 입은 옷을 고릅니다. 인간의 의사 결정은 상당 부분 그런 식으로 이루어집니다.

물론 정보를 얻는 행동과 의존할 대상을 찾는 행동은 다릅니다. 원시시대에는 아마 강력한 권위자를 찾아 그에게 모든 결정을 위임하고 보살핌을 청하는 것이 상당히 유익한 전략이었을 것입니다. 지식은 오로지 경험을 통해 얻던 시대였죠. 시행착오를 직접 감수하는 전략보다, 이미 경험을 축적한 이를 무조건 따르는 것이 유리했습니다.

_____ 건강하게 의존하려면

매일매일 노심초사 고민하며 자신의 일을 대신 결정해 줄 사람을 찾고 있나요? 의존적인 마음을 정 버릴 수 없다면, 차라리 확실하게 믿을 수 있는 조언자를 찾는 것도 방법입니다. 그 조언자가 누굴까요? 배우자? 친구? 아닙니다. 그 대상은 바로 자신의 지난 경험입니다. 의사 결정을 내리는 몇 가지 경험적 원칙을 세우고, 그러한 결정을 내린 과거의 자신에게 의존하는 것입니다.

타인의 결정이 나 자신의 결정보다 옳을 이유가 없습니다. 근거 없는 자신감이 넘치는 것도 곤란하지만, 매양 두려움에 떨며 나 대신 살아 줄 사람을 찾는 것도 이상합니다. 어렵더라도 스스로 결정을 내려 보고, 한번 결정을 내린 후에는 그 결정에 대해서 마치 다른 사람의 의견처럼 순종하는 연습을 해 보는 것입니다. 순종하는 태도는 이미 타의 추종을 불허하니, 뜻밖의 잠재력이 터질 수도 있습니다.

물론 태어날 때부터 가진 의존성이 쉽사리 없어지진 않을 것입니다. 모든 대소사를 주도적으로 처리하는 성격이 되긴 어렵습니다. 사실 의존적인 성향이 무조건 나쁜 것은 아닙니다. 타인의 마음을 상하게 하는 일이 적고, '모난 돌이 정 맞는다'는 식의 역공을 당하는 일은 더더욱 없습니다.

늘 착하고 순종적인 당신. 그러면서도 중요한 결정은 단호하게 스스로 결정할 수 있다면 얼마나 좋을까요? 요즘 시대에는 정확하고 권위 있는 정보를 쉽게 얻을 수 있습니다. 모두가 읽고 쓸 수 있고, 좋은 책도 얼마든지 구할 수 있습니다. 특히 인터넷은 아주 훌륭한 조언자입니다. 적절하게 조화를 이뤄 가다 보면, 곧 당신의 결정에 '의존'하는 사람이 생길지도 모릅니다.

영화 속 대사처럼, 사랑은 바람 같아서 그 실체를 볼 수는 없지만 느낄 수는 있습니다. 행복도 마찬가지입니다. 과연 인류에게 두 감정의 연결 고리는 어떻게 이어져 왔을까요?

사랑을 하면 왜 행복할까?

_____ 사랑하면 과연 행복할까?

사랑하면 왜 행복할까요? 이상한 질문이죠. 이는 누구나 알고 있는 아주 당연한 사실이라고 여겨지니까요. 뇌과학의 엄청난 발전 속도를 감안하면 이미 사랑과 행복 간 관련성에 관해 완벽한 과학적 증명이 이루어졌을 법합니다. 복잡한 사랑 방정식에 여러 변수를 넣으면, '72.54퍼센트 행복함' 등의 결과가 튀어나오는 식이죠.

하지만 아쉽게도 그런 방정식은 없습니다. 연인의 머리에 전극을 붙여 사랑과 행복 수준을 측정할 수도 없습니다. 불행인지 다행인지 모르겠지만, 과학자들도 사랑에 빠지면 행복한 이유를 아직 제대로 밝혀내지 못했습니다. 최소한 과학적으로는 말이죠. 이 문제는 심리학자나 신경과학자보다는 시인에게 묻는 편이 더 현명한 것일지도 모르겠습니다.

사랑에 관한 뇌과학 연구가 더딘 이유는 바로 사랑이나 행복이라는 개념 자체가 너무 애매하기 때문입니다. 최근까지 심리학을 지배하던 행동주의 전통에서, 사랑이라는 개념은 연구 대상에 오르지도 못했습니다. 실증할 수 없으니 연구할 수도 없었던 것이죠. 물론 사랑 점수나 행복 수치 같은 것이 있기는 합니다. 하지만 적당한 설문지를 만들어 각각 점수를 매겨 합산하는 방식입니다. 결과가 숫자로 나오니 객관적인 것 같지만 사실 애매한 주관적 느낌에 적당한 점수를 붙인 것에 불과합니다.

정신의학에서는 사랑에 관한 경험적인 연구가 제법 이루어졌는데, 특히 지그문트 프로이트의 심리학은 사랑에 관한 이야기로 가득합니다. 그는 어린 시절 어머니와 나눈 사랑의 경험이 여러 단계를 거쳐 성인기의 사랑으로 빚어진다고 주장했습니다. 물론 사랑은 다양한 갈등과 고통을 일으킬 수 있습니다. 하지만 고통이 무서워 사랑을 피하는 것도 답이 아닙니다. 사랑할 대상을 찾지 못할 때 멜랑콜리아melancholia, 즉 우울증에 빠지기 때문입니다.

프로이트의 주장은 다양한 학설로 발전했는데, 그중 대표적인 것이 '애착 이론'입니다. 정신과 의사 존 볼비John Bowlby에 의하면 어린 시절 부모와의 애착 패턴은 어른이 된 후 사랑의 패턴과 깊은 관련성이 있다고 합니다. 간단히 말해서 어머니와 불안정한 애착을 보인 아이는 나중에 파트너와도 비슷한 태도를 보일 가능성이 크다는 것입니다.

애착 이론이 등장하면서 사랑에 대한 학문적 이해도가 훨씬 깊어졌습니다. 하지만 정신의학적 연구에는 심각한 단점이 있습니다. 건강한 사랑보다는 좀 '이상한' 사랑을 더 잘 설명합니다. 우리는 건강한 사랑에 대해 알고 싶은데 말입니다.

사랑에 빠진다는 것

경제학자 로버트 프랭크Robert H. Frank는 사랑과 같은 감정도 의사 결정에 도움을 주는 전략적 반응이라고 생각했습니다. 사랑은 짝 결속을 강화하고 협력적인 양육을 위한 안정적 구성 단위를 유지하는 기능이 있다는 것입니다. 이게 무슨 말일까요?

일단 사랑에 빠지는 초기 단계를 생각해 보죠. 한눈에 반해서 열정적인 사랑에 빠지는 경험은 아마 많은 사람이 해 보았을 것입니다. 눈만 감으면 아롱삼삼 연인이 떠오릅니다. 보고 있어도 보고 싶고, 길거리에 흐르는 유행가가 다 자신의 이야기 같죠. 같이 있으면 편안하고 행복하고 두근거리지만, 헤어지면 불안하고 초조하고 걱정됩니다. 사실 특정한 대상을 이렇게 과도하게 좋아하는 것은 '합리적인' 반응은 아닙니다. 흔한 친구의 조언처럼 '남자 혹은 여자는 다 거기서 거기'이기 때문입니다.

그러나 사랑에 한번 빠지면 절친한 친구의 조언은 전혀 들리지 않게 됩니다. 어떤 의미에서 '약간 정신이 나간' 상태인 거죠. 하지만 이렇게 과도할 정도로 사랑에 빠지는 행동은 아주 중요한 적응적 이점을 가지고 있습니다. 새로운 파트너 탐색을 중단시키거나 기존 파트너와의 관계를 종결시키는 강력한 동력을 가지고 있기 때문입니다.

사랑에 빠진 파트너 외에는 눈에 들어오지 않기 때문에 불필요한 탐색 비용을 줄이는 것입니다. 연인과의 사랑에 푹 빠지지 못하는 '합리적인' 사람은, '거기서 거기인' 대상 사이에서 끊임없이 고민을 계속하다가 제때를 놓칠 확률이 높겠죠.

─────── 은근한 사랑의 의미

사랑에 푹 빠지는 경험은 아주 신비롭고 소중합니다. 그래서 스탕달Stendhal은 "정열적 사랑을 해 보지 못한 사람은 인생의 절반, 특히 아름다운 쪽 절반을 보지 못한 것이다."라고 말하기도 했습니다. 하지만 아쉽게도 불같은 사랑은 일생에 몇 번 경험하기 어렵습니다. 사랑의 감정이 강렬할수록 오직 그 대상에 몰입하려는 경향이 강해집니다. 새로운 대상이 눈에 들어올 리 없기 때문입니다. 단 한 번 경험으로 끝나 버릴 수도 있습니다. 그래도 아쉬워하지는 않을 테지만 말입니다.

사랑의 두 번째 기능은 바로 장기적인 헌신입니다. 인류는 오랫동안 높은 수준의 일부일처제를 이루고 살아왔습니다. 파트너 사이의 지속적인 헌신과 끈끈한 결속은 짝 동맹을 통해서 큰 이득을 주었습니다. 협력의 이득뿐 아니라 자손의 생존율도 높였습니다. 장기적으로 안정적인 사랑을 하는 부부가 자식을 더 많이 낳고, 건강하게 키울 수 있기 때문입니다.

아마도 우리는 '평생 그대만을 사랑한' 조상의 자손일 것입니다. 한 연구에서 파트너가 바람을 피울 확률을 조사했습니다. 파트너에 대한 정서적 사랑과 육체적 성욕 중 무엇이 더 중요한지 연구했죠. 그런데 그 연구 결과가 의미심장합니다. 현재의 파트너를 육체적으로 사랑하는 경우, 타인에 대한 성적 욕망을 잘 억제하지 못했습니다. 정서적으로 깊은 사랑의 감정이야말로 '한눈 팔지' 못하게 하는 강력한 힘이었습니다.

초기 단계의 열정적 사랑이 영원할 수는 없습니다. 활활 타오르던 사랑의 모닥불은 점점 사그라들기 마련입니다. 아쉬운 마음도 들고, 사랑이 식은 것이 아닌가 하는 불안도 생깁니다. 하지만 은근한 사랑은 마치 검은 재 속에 있는 붉은 숯처럼 둘 사이의 뜨거운 관계를, 장기적 헌신을 전제로 한 영혼의 동반자 관계로 빚어냅니다. 바로 에리히 프롬이 말한 두 번째 결정화 단계입니다. 가느다란 나뭇가지에 아름다운 소금 결정이 다시 한 번 달라붙는 것입니다.

_____ 과연 중년의 사랑은 우울할까?

중년의 우울 문제는 어제오늘 이야기가 아닙니다. 그런 만큼 백 가지 진단, 백 가지 처방이 있습니다. 과도한 경쟁 사회, 세대 갈등과 문화적 충격, 실직과 경제적 곤란 등이 단골 진단명입니다. 하지만 흔히 간과하고 있는 것이 있는데, 바로 사랑하는 대상의 부재로 인한 우울입니다.

남녀의 사랑은 젊은이의 전유물처럼 여겨지기 때문에 중년은 자연스럽게 사랑이라는 파티장에 초대받지 못한 불청객 같은 느낌을 받습니다. 파티장 주변을 서성거리다가 때 이른 뽀뽀를 하려는 자녀를 윽박질러 데리고 오는 부모 역할을 해야 할 것만 같습니다. 중년에게 그나마 허락된 사랑은 자녀에 대한 사랑이나 일에 대한 사랑 정도입니다.

잘해 봐야 독특한 취미나 여행에 빠지는 것이 사랑이라고 합니다. 중년 입장에서는 아주 맥 빠지는 일입니다. 사랑하고 또 사랑받는 경험의 기쁨은 중년이 돼도 변하지 않습니다. 반려동물이나 양치식물을 키우고, 낚시나 등산 마니아가 되는 것으로는 도무지 대신하기 어렵습니다.

중년에게 외도를 하라는 말은 물론 아닙니다. 사실 사랑하는 파트너를 두고, 뒤늦게 다른 파트너를 탐색하는 행동은 진화적으로도 그다지 적응적인 행동이 아닙니다. 당연하게도 사회적으로는 더욱 권장하기 어렵습니다. 번식적 이득은 고사하고 아마 상당한 대가를 치러야 할 것입니다. 새로운 대상을 만나면 사랑을 처음 시작하던 어린 시절의 묘한 감정을 다시 느낄지도 모릅니다. 잠시 젊어진 것 같은 착각에 빠질지도 모르죠. 그러나 옷장 속 고등학교 교복을 꺼내 입은 배 나온 중년에 불과합니다. 교복을 입고 거리에 나설 용기가 없다면, 뒤늦은 외도는 자제하는 것이 좋을 것입니다.

물론 이혼이나 사별 등으로 인해서 두 번째 사랑을 만나야 하는 경우라면 예외입니다. 『사랑의 기술』을 쓴 에리히 프롬도 세 명의 아내를 만났으니 말입니다. 하지만 영원한 사랑을 약속한 배우자가 있다면 새로운 사랑에 돌입하는 것보다는 현재의 파트너와 새로운 사랑의 단계에 돌입하는 것이 바람직하겠죠. 앞부분만 읽은 여러 권의 책보다 한 권의 책이라도 끝까지 통독하는 편이 더 유익한 것처럼요.

─────── **중년의 사랑과 행복**

사랑은 분명 적응적인 감정입니다. 이성에게 관심을 두게 되고, 서로 헌신하게 만듭니다. 자손을 낳아 키우게 합니다. 또 이후 오랫동안 협력하면서 가정을 만들어 갑니다. 물론 사랑의 방식은 저마다 다르겠죠. 자식을 낳지 않을 수도 있고, 반드시 이성일 필요도 없습니다. 각자 선택할 일인 것이죠. 꼭 부부가 되고 가정을 꾸려야 하는 것도 아닙니다. 그러나 긴 진화사를 통해서, 모든 문화권에서 부부라는 방식의 짝 결속은 가장 원칙적인 사랑의 구조인 동시에 사랑의 아름다운 결실이었던 것도 분명합니다.

사랑이라는 감정은 역설적입니다. 분명 영장류에서도 관찰되는 보편적인 특질이자 확실한 뇌 활동의 결과이고, 긴 진화사를 통해 빚어진 적응의 결과임이 틀림없습니다. 그러나 감정이 이렇게 중요한 적응적 결과라면 이상한 생각이 듭니다. 왜 우리는 종종 사랑에 빠져서 중요한 판단을 그르치고 엉뚱한 실수를 저지르는 것일까 하고요.

특히 중년은 조심스러운 나이입니다. 세상 돌아가는 원리도 알 만큼 알고, 사람도 만나 볼 만큼 만나 보았기 때문에 눈먼 사랑에 빠지기도 어렵고, 기존의 파트너와 새로운 시도를 하는 것도 쉽지 않습니다. 다 귀찮고 조금은 두려운 것입니다. 사실 파트너와 깊은 정서적 헌신이라는 새로운 사랑의 단계를 경험하는 중년은 그리 많지 않습니다. 타성에 빠진 관계를 그저 유지하기만 하면서 점점 밋밋하게 살아갑니다. 냉소적으로 변해버린 중년은 늦바람이 나서 정신 못 차리는 중년만큼이나 안타깝습니다. 한때는 모두 열정적인 사랑을 하지 않았던가요?

톨스토이Lev Nikolayevich Tolstoy의 소설 『안나 카레니나』는 "행복한 가정은 모두 비슷한 이유로 행복하지만, 불행한 가정은 저마다의 이유로 불행하다."는 문구로 시작합니다. 진화심리학적으로 정말 옳은 말입니다. 인간은 안정적인 자원, 편안한 보금자리, 위험으로부터의 자유, 적당한 친구와 동료, 높은 사회적 지위, 건강하고 사랑스러운 자녀 등 다양한 적응적 요구가 만족되어야 행복감을 느낍니다. 하나라도 부족하면 불행감을 느끼죠. 하지만 조건을 달성하는 순간, 이내 행복감은 사라지고 다시 불만족이 시작됩니다. 권태로움이 고개를 드는 것입니다.

행복은 그 자체로 최종적인 결과가 아니라, 행복감을 이루는 목적을 달성할 때 느끼는 짧은 성취감에 가깝습니다. 토머스 제퍼슨Thomas Jefferson은 인간이 '행복을 추구할 권리the right of the pursuit of happiness'를 가진다고 했습니다. 행복권이 아니라 행복

추구권입니다. 행복하고 싶다면 행복의 조건보다는 행복을 향해 나아가는 과정 자체를 즐겨야 합니다. 행복은 어제 먹은 맛있는 음식과 같아서 오늘의 나를 만족시킬 수 없습니다.

중년의 새로운 사랑이 의미를 찾으려면 바로 이러한 진화적 요구에 귀를 기울이는 것이 좋습니다. 어쩔 수 없이 불가피한 이유로 새로운 사랑을 찾아야 하는 중년도 있고, 오랫동안 같이 살아온 파트너와의, 조금은 낡아 버린 사랑의 집을 리모델링해야 하는 중년도 있을 것입니다. 어떤 상황이든 상관없습니다. 행복을 추구할 권리를 적극적으로 행사해야 합니다. 이제 사랑 같은 것은 젊은 사람에게 맡겨 두자고요? 젊은 사람들이 사랑에 얼마나 서투른지는 겪어 본 당신이 가장 잘 알지 않나요? 중년이야말로 가장 아름답게 사랑할 수 있는 나이입니다.

친구와 즐거운 마음으로 점심 약속을 한 남자. 하지만 짜증이 밀려옵니다. 친구가 무려 3분이나 늦었기 때문이죠. '남을 기다리게 하는 것은 그의 인생을 빼앗는 것'이라는 경구가 떠오릅니다. 애써 표정을 관리한 남자는 식당으로 향합니다. 그때 친구가 말합니다.

"아, 지갑을 두고 왔네. 오늘은 네가 좀 사라."

남자는 친구의 부탁을 거절합니다. '친구 사이에 돈 거래를 하면 우정이 깨진다'는 확신이 있습니다. 한번 친구에게 예외를 허락하기 시작하면, 오히려 친구의 불성실한 태도를 조장하는 것인지도 모릅니다. 친구를 진정으로 위한다면 그래서는 안 되는 일이죠.

그런데 식사비를 대신 내주기에는 너무 값비싼 식당일까요? 아닙니다. 고작 5000원짜리 메뉴가 있는 구내식당입니다.

강박이 가진 두 얼굴

~~~~~~

―――――――― 강박과 양심

양심이란 참 역설적인 개념입니다. 국어사전에는 '옳고 그름과 선과 악의 판단을 내리는 도덕적 의식'이라고 되어 있습니다. 양심 수준이 높으면 높을수록 좋을 것 같습니다. 스스로의 내적 판단을 통해서 옳은 일, 선한 일을 찾아서 할 테니까요.

하지만 옳은 행동이 모이면 옳은 결과를 낳을까요? 그렇지 않습니다. 양심이 과한 사람은 흔히 아주 비양심적인 행동을 저지르게 됩니다. 다른 사람에게 엄격한 도덕 원칙과 업무 성과를 강요하기 때문이죠. 융통성도 없고, 관용도 없습니다. '옳지 않은 일'을 관용하는 것은 그 자체가 '악'에 타협하는 일이라고 여깁니다. 주변 사람은 질식할 것 같은 느낌을 받고 떠나갑니다. 선한 의도대로 선한 결과가 나오는 것이 아닙니다.

물론 적군과 싸운다든가 부정부패에 맞선다든가 하는 일이라면 양심적 행동이 크게 칭찬받아야 합니다. 하지만 강박적인

1 헤아릴 수 없이 많은 감정 ―――――――― 73

사람이 가진 내적 기준은 보통 그렇게 거대한 것도 아니고, 공공의 이익을 위한 것도 아닙니다. 이들은 친구에게 빌려준 500원을 영영 잊지 못하고, 실수로 두 번 찍힌 교통카드 때문에 전체 이용 내역을 뽑아 이의신청을 하고, 깡통을 넣는 분리수거통에 플라스틱을 집어넣었다고 '지구의 파괴자'라도 된 듯 몰아세우거나, 다리가 아파서 임산부 배려석에 잠시 앉은 남성을 천하제일의 마초 무뢰한으로 취급하는 그런 부류입니다.

─────── 마음속 게슈타포

이들에게는 단 하나의 실수도 용납되지 않습니다. 모든 계획은 분 단위로 나뉘고, 각각 목록·순서·규칙이 제정됩니다. 머릿속에 담을 수 없는 수준으로 계획이 방대해지면 종이에 적기 시작합니다. 종이가 너무 많아지면 종이를 분류하는 규칙을 만들고 각각에 라벨을 붙여 보관합니다. 종이를 분류하는 규칙을 적은 종이가 많아지면, 그에 대한 메타 규칙을 제정합니다.

화성 탐사를 진행하거나 경제개발오개년계획을 세우는 중이라면 그렇게 해야 마땅합니다. 그러나 강박성이 심한 사람은 과도한 계획과 통제에 대한 집착을 삶의 전 영역에 투사합니다. 식사 준비나 청소, 책상 정리 같은 소소한 일도 아주 복잡한 규칙과 순서에 따라 진행해야 합니다. 심지어 아무렇게나 편안하게 앉아 있으려는 거실 소파도 '아무렇게나' 이용해서는 안 됩니다. '아무렇게나' 앉는 것도 일종의 규칙이 있는데, 만약 정해진 대로 '아무렇게나' 앉지 않고 정말로(!) '아무렇게나' 앉으면 마음이 아주 불편해집니다.

이들 마음속에는 도무지 융통성이라고는 찾아볼 수 없는 게 슈타포가 있는 것이죠. 삶의 자유는 말살되고, 자율적인 행동은 금지됩니다. 자신이 만든 법과 규정에 얽매여서 단 한 번의 인생을 스스로 옥죄며 살아갑니다.

_____ 내적 소망을 지키려는 마음

기본적으로 강박성은 소극적 생존 전략입니다. 이들은 쾌락을 추구하기보다는 고통을 회피하는 전략을 선택합니다. 이익을 취하기보다는 손해를 줄이는 것이 우선입니다. 물론 과도한 강박성은 오히려 비효율성을 악화시켜서 결국 손해가 발생하게 되기도 하지만요.

그리고 보통은 자기중심적입니다. 물론 타인에 대해서도 어느 정도의 책임감을 가지고 있기도 합니다. 하지만 어디까지나 스스로의 요구가 선순위입니다. 하지만 그러면서 내적 갈등을 겪습니다. 자기중심적인 다른 성격, 즉 연극성이나 자기애성, 반사회적 성격과 다른 점이죠. 후자는 스스럼없이 자신이 원하는 것을 당당하게 요구합니다. 나쁘게 말하면 좀 뻔뻔하죠. 하지만 강박성이 심한 사람은 내적 갈등에 시달립니다. 고민을 거듭하지만, 결국 결론은 자신의 이익이 우선입니다.

그래서 타인의 요구와 자신의 내적 소망 사이의 긴장을 조절하기 위해 강박적 의례에 집착합니다. 예를 들어 주말에도 일을 해야 한다는 강박을 가진 아버지가 있습니다. 하지만 주말에 자녀들과 놀아 주는 것도 역시 아버지의 의무죠. 그래서 '매달 첫째 주말은 자녀와 시간을 보낸다'는 식으로 규칙을 만듭니다. 그러면 나머지 3주는 놀아 주지 않아도 됩니다. 마음이 편해집니다. 하지만 같이 놀아 주는 단 한 번의 주말도 예사롭지 않습니다. 시간 낭비를 줄이려고 미리 철저한 계획을 세웁니다. 즐거운 산행이 아니라, 유격 훈련입니다. 신나는 공차기 놀이는 가혹한 축구 교습으로 돌변합니다. 그래야 주말을 헛되이 보내지 않았다고 만족할 수 있기 때문이죠.

이들은 생태적 환경을 능동적으로 유연하게 바꾸는 유형이 아니라 경직된 태도로 따르려는 유형입니다. 자신보다 높은 사람에게 철저하게 복종하고, 낮은 사람에게는 과도한 순종을 요구합니다. 이른바 바람직한 질서와 원칙을 지키기 위해서죠. 환경에 따른 유연한 타협이 보다 유리하다는 것, 그리고 모두에게 이익이 된다는 것을 알면서도, 소위 '올바른' 방법만을 고집합니다.

이들은 자신의 일을 스스로 처리하기 좋아합니다. 다른 사람이 자신의 물건에 손대는 것을 극도로 싫어합니다. 새로운 물건을 사는 일도 드물지만, 옛 것을 버리는 일은 더욱 드뭅니다. 집은 점점 잡동사니로 가득 찹니다. 돈도 아끼고 지출도 줄입니다. 은행 잔고는 그득한데, 평생 고물이 가득한 낡은 집에서 가난하게 살아가는 유형입니다.

강박성은 별로 유리할 것이 없는 성격 같습니다. 하지만 강박이 종교나 문명을 이끈 원동력이었다는 오래된 주장이 있습니다. 사실 종교적 의례는 '비실용적인' 과정으로 가득합니다. 제사상을 차리고 절을 하는 세세한 규칙과 규정부터, 예배·미사·예불의 다양한 절차와 관습. 이 모든 과정은 강박적으로 진행됩니다. 수천 년이 지나도 잘 바뀌지 않습니다.

인류 문명도 그렇습니다. 사람들이 입는 옷이나 먹는 음식, 다양한 통과의례(성년·결혼·출산·장례 등)는 문화에 따른 강박적인 전통과 절차가 있습니다. 그리고 그러한 '약속'이 깨어지면 많은 사람들이 불편해합니다. 마구 화를 내거나 싸우고, 심지어 전쟁을 벌이기도 합니다. 최초의 기원에는 생태적 적응을 위한 합당한 이유가 있었겠지만 지금은 그 본연의 적응적 이익을 찾기 어렵습니다. 그냥 그렇게 '강박적으로' 굳어진 것이죠.

그런데 원시사회에서 강박성이 높은 사람들은, 혹시 집단의 전통과 관습을 전달해 주는 역할을 했던 것은 아닐까요? 이들은 다양한 규칙과 규율을 배우고, 지키고, 전수했을 것입니다. 이들은 과거부터 내려오던 것이라면 열심히 모으고, 지키고, 다음 세대로 전달하는 역할을 했습니다. 그것이 머릿속의 생각이든 사용하는 물건이든 상관없습니다. 문자언어가 생긴 이후, 이들은 또 다른 엄청난 일을 시작했습니다. 강박적으로 기록하고 또 기록했던 것이죠. 죽은 사람으로는 미라를 만들고, 무덤에는 부장품을 넣었습니다. 도저히 버릴 마음이 들지 않았다고 하면 과도한 해석일까요? 강박성은 빈틈없이 전통적 의례를 고수하는 훌륭한 사제이자, 한 획도 틀림없이 역사를 기록해 나간 사관史官에게 꼭 필요한 자질입니다.

사랑하는 이의 안전과 행복을 위해서

영화 〈이보다 더 좋을 수는 없다〉의 주인공 멜빈 유달. 더러운 것이 묻을까 두려워 다른 사람을 만지지도, 남이 쓰던 식기를 쓰지도 못합니다. 이런 결벽증을 가진 사람을 어떻게 생각하시나요? 유달은 괴상한 결벽증을 가진 괴짜로 그려지지만, 사실 이는 아주 흔한 정신 현상입니다. 연구에 의하면 전 인구의 99퍼센트가 하나 이상의 강박사고를 가지고 있죠. 주인공 멜빈 유달의 행동이 아주 괴팍하게 그려져도, 관객들이 그의 행동에 공감할 수 있는 이유입니다. 누구나 가지고 있는 '증상'이기 때문이죠.

멜빈 유달은 엄청난 편견을 가진 남자입니다. 동성애자를 혐오하고, 흑인을 비하합니다. 강아지도 싫어합니다. 정말 예쁜 구석이 하나도 없는 괴팍한 노인으로 그려집니다. 그러나 사실 우리는 모두 편견을 가진 존재입니다. 그의 마음으로 조금 더 들어가 보면 이런 편견도 조금은 이해할 수 있습니다.

강박장애의 특징 중 하나는 대상의 선택성입니다.
손에 대한 청결 강박을 가진 사람이,
발에 대해서는 아주 무관심할 수 있습니다.
로맨틱한 사랑의 전제 조건과 동일합니다.
세상에는 수많은 이성이 가득한데도 불구하고,
사랑에 빠진 사람은 단 한 명에게만 집착합니다.
오로지 그 사람뿐이죠.

정신분석학자 위니컷Donald W. Winnicott은 어린이의 강박적 행동이 주변 환경을 '안전하게' 유지하고 싶은 욕망에서 비롯한다고 했습니다. 아이들이 종이 상자로 만든 장난감 집을 생각해 봅시다. 금방이라도 무너질 듯 허술합니다. 하지만 누가 손을 대면 금세 울음을 터트립니다. 자기 자신과 부모, 가족이 머무르는 공간이 허물어진다고 여기기 때문입니다. 주변 상황을 완전히 통제하고 싶은 강박은, 바로 사랑하는 이의 안전과 행복을 보장받고 싶은 마술적 소망의 표현입니다.

선입관에 가득 찬 악당처럼 보이는 멜빈 유달은, 사실 알고 보면 아주 따뜻한 남자입니다. 강아지를 열심히 돌볼 뿐 아니라, 노골적으로 자신을 미워하는 화가인 사이먼이 파산하자 그가 머물 곳을 기꺼이 내줍니다. 웨이트리스 캐럴 코널리의 아들을 위해 큰돈을 들여 유능한 의사를 구해 줍니다. 그가 원하는 것은 사실 단 하나의 가치입니다. 자신, 그리고 주변 사람들의 안전과 행복한 일상이죠.

────────── 결벽증과 로맨틱한 사랑

결벽은 강박의 하나입니다. 강박이 심해지면 정말 이상해 보입니다. 영화 속 잭 니콜슨은 보도블록의 금을 밟지 못하죠. 문단속에 과도하게 집착하면서, 여러 번 확인하고 또 확인합니다. 그러다 보니 효율적인 삶이 어려워지게 됩니다. 반복되는 불길한 예감과 이를 막기 위한 무의미한 행동이 점점 늘어나면서 스스로 삶을 옭아매게 되죠. 집 안에 고립되어 지내는 유달의 삶도 이런 숨 막히는 일상의 연속일 뿐입니다.

도대체 이런 증상은 왜 생기는 것일까요? 좁게 보면 신경전달물질의 불균형이나 뇌 안의 대상회와 미상핵의 이상 증상이라고 할 수 있습니다. 그러나 좀 더 넓은 진화적 시각에서 보면 이러한 증상을 단지 '병'이라고만 할 수는 없습니다. 인간이 인간일 수 있도록 만들어 준 건강한 형질 중 하나입니다.

2006년 예일 대학의 연구진은 아주 흥미로운 논문을 발표했습니다. 강박 증상과 로맨틱한 사랑이 같은 신경 회로에 의해 좌우된다는 주장입니다. 정말 그럴까요? 사랑에 빠졌을 때를 생각해 보십시오. 그의 얼굴이 자꾸만 머릿속에 떠오릅니다. 아무리 떨쳐 버리려고 해도 집착을 버릴 수 없습니다. 그녀가 나를 떠나지 않을까 걱정이 들면 몹시 초조해집니다. 당장 목소리라도 듣지 않으면 도저히 견딜 수 없죠.

강박장애의 특징 중 하나는 대상의 선택성입니다. 손에 대한 청결 강박을 가진 사람이, 발에 대해서는 아주 무관심할 수 있습니다. 바로 로맨틱한 사랑의 전제 조건과 동일합니다. 세상에는 수많은 이성이 가득한데도 불구하고, 사랑에 빠진 사람은 단 한 명에게만 집착합니다. '세상에 남자 혹은 여자는 아주 많다니까'라는 친구의 조언은 전혀 먹히지 않습니다. 오로지 그 사람뿐이죠.

조금의 강박성은 누구나 다 가지고 있습니다. 하지만 제멋대로 융통성을 부리려는 사람이 넘치는 어지러운 세상에서 자신만의 원칙을 고집스레 지키려는 사람이 있다고 생각하면 왠지 마음이 놓입니다. 그런 분이 너무 많으면 세상이 답답해지겠지만, 그래도 그런 '답답한' 분들이 세상에 늘 같이 있어 주면 좋겠습니다. 조변석개하는 변덕스러움이 유연한 태도로 미화되는 오늘날, 묵묵하게 자신만의 원칙을 강박적으로 지키는 사람이 있다는 것은 다행스러운 일입니다.

옛날에는 숙지황을 사면 보통의 것은 얼마, 그보다 나은 것은 얼마의 값으로 구별했고, 구증구포九蒸九暴한 것은 3배 이상 비쌌다. 구증구포란, 찌고 말리기를 아홉 번 한 것이다. 말을 믿고 사는 것이다. 신용이다. 지금은 그런 말조차 없다. 남이 보지도 않는데 아홉 번씩이나 찔 리도 없고, 또 말만 믿고 3배나 값을 더 줄 사람도 없다. 옛날 사람들은 흥정은 흥정이요 생계는 생계지만, 물건을 만드는 그 순간만은 오직 훌륭한 물건을 만든다는 그것에만 열중했다. 그리고 스스로 보람을 느꼈다.

— 윤오영, 「방망이 깎던 노인」

강박성 성격을 가진 사람 중 상당수는 '강박'을 벗어나야 한다는, 역설적 '강박'에 시달리곤 합니다. 물론 과도한 강박성으로 자신과 주변의 삶이 무너지고 있다면 곤란합니다. 하지만 대부분의 강박성은 그렇게 파괴적이지 않습니다. 사랑하는 자신과 가족, 주변의 삶을 크게 훼방하는 것이 아니라면 어느 정도의 강박성은 스스로에게 조금 '유연하게' 허용해 주는 것도 좋겠습니다.

고집스럽게 전통과 관습을 고집하는 분이 있습니다. 그에게 시대가 바뀌었다고, 세상이 달라졌다고 합니다. 그렇게까지 한들 도대체 누가 알아주느냐고 잔소리를 합니다. 하지만 이제는 오히려 그런 사람들이 필요한 세상입니다. 반드시 아홉 번을 찌고 말려야 내 속이 편안해진다는 마음, 즉 구증구포의 건강한 강박성을 가진 사람 말이죠.

여러분 주변에 결벽증이 심한 가족이 있나요? 강박이 심한 동료가 있는지요? 혹시 그동안 이상한 사람이라고 치부해 버린 것은 아닌지 모르겠습니다. 오늘부터는 멜빈 유달의 가치를 알아본 캐럴 코널리의 눈으로 그를 바라봐 주세요. 처음에는 괴팍한 말과 행동 때문에 조금 힘들지도 모르죠. 하지만 일단 본심을 나눌 수 있는 기회만 얻는다면 세상 그 누구보다도 멋진 내면을 가진 사람과 사랑을 나눌 수 있습니다. 그의 손을 잡고 같이 춤출 수 있습니다. '이보다 더 좋은 일'이 있을까요?

아무 계획도 없는 주말. 여자는 무료합니다. 하지만 약속을 잡는 것은 영 부담스럽습니다. 친구가 놀러 온다고 했지만, 다른 일이 있다고 둘러댔습니다. 페이스북에 들어가 봅니다. '페친'은 몇 되지 않지만, 하나하나 들어가 일상을 확인합니다. '좋아요'를 누를까 말까 한참을 망설이다가 그냥 포기하고 맙니다. 여러 개의 '단톡방'이 끊임없이 울려 대지만, 직접 메시지를 보내는 일은 거의 없습니다.

주말이 지긋지긋하게 깁니다. 그때 전화가 옵니다. 지난주에 소개받은 멋진 그 남자. 같이 밥이나 먹자고 하네요. 여자는 한참을 망설이다가 대답합니다.

"죄송해요. 오늘 좀 바빠서요."

혼자 있고 싶지만 외로워

친밀감과 애착

진화적인 의미에서 애착은 대단히 중요한 형질입니다. 애착 행동은 새끼를 안아 키우는 젖먹이 동물인 포유류 전반에서 관찰되는 현상이지만 인간에게서 유독 강하게 나타납니다. 어린 아기가 어머니에게 애착을 느끼지 못한다면 곧 죽을지도 모릅니다. 애착 행동은 어머니의 양육 본능을 유발하는 효과가 있습니다. 애착이 적은 아이에게는 어머니도 사랑을 덜 느낀다는 연구도 있습니다.

인간에게 특별히 애착이 진화한 이유는 긴 의존성 영유아기 때문입니다. 아기는 수년 이상 필요한 모든 것을 어머니에게 의존하기 때문에 애착은 반드시 필요한 형질입니다. 엄마가 눈앞에서 사라지면 곧 불안해하고, 울기 시작합니다. 그러다가 다시 어머니를 보면 언제 그랬냐는 듯 생글거리고 웃습니다.

이러한 경향은 나이가 들어도 지속됩니다. 사적인 친구 관계와 연인 관계는 사실상 모자 애착 관계의 확장이나 다름없습니다. 아무런 경제적 이익이 없어도 진한 우정이 지속되고, 성적인 관계가 배제된 '플라토닉 러브'가 가능한 것도 바로 애착 덕분입니다. 인간은 모두 다른 사람 옆에 있으려 하고, 손을 잡으려 하고, 포용하려고 합니다. 본성입니다.

거절의 두려움

하지만 어떤 사람은 그렇지 않습니다. 이들은 사람을 만나고 싶어 하지 않습니다. 정확하게 말하면 만나기 싫은 것이 아니라, 거절당할 것이 걱정되어 만남을 피하는 사람들입니다. 자신을 좋아한다는 확신이 없으면 만나지 못합니다. 자연스럽게 인간관계는 단짝 친구 몇 명으로 줄어듭니다.

앞에 나가서 발표하는 것도 힘들어합니다. 좋지 못한 평가를 받을까 두려워서 아예 결석을 해 버리는 사람들이 있습니다. 늘 자신감이 없고 소극적이기 때문에 본인의 실력을 제대로 보여 주지 못합니다. 며칠 동안 준비한 프레젠테이션. 그러나 막상 앞에 나가서는 한마디도 못합니다. 주변에서도 그렇지만 본인 스스로도 자신이 못났다고 여길 수밖에 없습니다.

한 번도 데이트 신청을 해 보지 못했다는 사람이 있습니다. 물론 마음에 둔 연인에게 사랑 고백하는 것은 쉬운 일이 아닙니다. 있을 수 있는 일이죠. 그런데 맨날 보는 친구에게 '오늘 점심이나 같이 먹자'라는 말도 하지 못합니다. '오늘은 바쁜데?'

라는 말로 거절당할까 두렵기 때문이죠. 심해지면 '볼펜 좀 빌려 줄래?'라는 말도 못합니다. 바로 옆자리에 앉은 친구의 필통에 볼펜이 가득하다는 걸 알면서, 30분을 걸어 문구점에 다녀옵니다. 그 사이에 혼밥도 하고 옵니다.

그렇다고 이들이 사람을 싫어하는 인간 혐오증에 빠진 것은 아닙니다. 이들의 마음에는 친밀한 관계에 대한 강한 소망이 있습니다. 하지만 작은 실수나 거절에도 크게 상처받기 때문에 차라리 혼자 있는 편을 택하는 것이죠. 운 좋게 마음이 맞는 사람을 만나면 소위 '포텐'이 터집니다. 마음이 통하는 단 한 사람에게만 자신의 모든 것을 보여 주는 유형입니다.

_____ 회피성의 진화

이런 전략은 도무지 성공적일 것 같지 않습니다. 하지만 과연 그럴까요?

영화 〈킹스 스피치〉는 조지 6세의 이야기를 소재로 합니다. 그는 내성적인 성격으로 대중 앞에 나서는 것을 힘들어했죠. 하지만 왕위에 오른 뒤에는 책임감 있는 안정적인 모습을 통해 영국 국민의 힘을 하나로 모았고, 제2차 세계대전을 연합국의 승리로 이끄는 데 큰 역할을 했습니다.

기본적으로 회피성 성격은 소극적인 전략입니다. 더 큰 이익을 추구하기보다는 손해를 최소화시키는 전략이죠. 조금만 걱정이 되어도 관계를 맺지 않습니다. 하지만 그렇다고 자기중심적인 것은 아닙니다. 다른 사람의 눈치도 보고, 조심조심하며 몸을 사립니다. 마음속에는 깊은 관계를 맺고 싶은 소망이 있지만, 혹시 너무 다가섰다가 관계를 아예 망칠까 싶어서 그러지 못하는 것이죠.

이들은 주변 환경도 능동적으로 바꾸려고 합니다. 대개는 자신이 조절할 수 있는 범위 내에서 보다 나은 환경을 만들어 갑니다. 아무도 초대한 적 없는 집이지만, 제법 잘 꾸며 놓고 삽니다. 누구에게 보여 주려는 의도는 아니지만 혹시 누가 올 수도 있다는 생각은 하죠. 이런 전략은 어린 시절부터 알던 사람과 평생 만남을 지속하는 환경에서 아주 잘 작동합니다. 새로운 사람을 만나는 것은 두렵지만, 일단 잘 아는 사람과는 편안합니다. 만약 이들 주변에 있는 모든 사람이 어린 시절부터 알던 친척 혹은 마을 친구라면 별로 문제 될 것이 없습니다. 기본적으로 이들은 타인을 배려하는 성격이므로 따뜻하고 친절한 태도를 보입니다. 생태적 환경, 즉 삶의 조건도 열심히 개선해 나갑니다.

하지만 늘 새로운 사람을 만나야 하는 현대사회는 이들에게 엄청난 스트레스입니다. 금방 마음을 열지 못하기 때문에, 종종 내성적이라는 평가를 받습니다. 뭔가 불만을 숨기고 있다는 오해를 받기도 하죠. 새로운 상황에 눈치 빠르게 적응하고, 과감하게 도전해야 좋은 평가를 받는 요즘의 사회는 이들에게 아주 불리한 조건입니다.

모든 사람이 연설가가 되어야 하는 것은 아닙니다.
수백 수천의 사람과 분주히 만나는 삶이
유일한 정답도 아닙니다.
현대사회는 회피성 성격에 그리 높은 점수를 주지 않지만,
그렇다고 본인 스스로 자신에게 낮은 점수를 줄
이유는 없습니다. 자신의 삶을 살아가야 합니다.

이들은 외톨이처럼 보이지만 사실은 그렇지 않습니다. 주변에 관심도 많고, 다른 사람의 마음도 잘 이해합니다. 잘 다가서지 못할 뿐이죠. 게다가 다른 사람에게 거절당하거나 상처받지 않을까 늘 걱정하기 때문에 본인이 다른 사람에게 상처를 주는 경솔한 언행을 하는 경우는 드뭅니다. 그래서 본인은 사람에게 쉽게 다가서지 못하는데도 불구하고, 힘든 일을 겪는 사람들은 이들을 찾습니다.

회피성 성격은 위험을 피하면서도 능동적으로 생태적 적응을 추구하는 성향이므로, 집단에 문제가 생기면 보수적이지만 안정적인 해결책을 제시해 줍니다. 이들은 타인 지향적인 태도를 취하기 때문에 이들의 해결책은 집단의 그 누구도 상처받지 않는 현명한 전략인 경우가 많습니다. 절대 무리수를 두지 않고, 그 누구도 희생양으로 삼지 않습니다.

이들이 주변에 피해를 주는 일은 없습니다. 주어진 일은 말보다 행동으로 보여 주는 편입니다. 시간이 지날수록 빛을 발합니다. 가족이나 가까운 친구와는 잘 지내기 때문에 좋은 파트너를 만나면 아주 행복한 삶을 살 수 있습니다.

종종 회피성을 보이는 사람은 자신의 성격을 바꾸고 싶어 합니다. 특히 젊은 남성의 경우에는 자신이 뭔가 문제가 있는 '아싸(아웃사이더를 뜻하는 신조어)'라고 여기며 괴로워하는 경우도 많습니다. 요즘 학교 수업은 발표와 토론 능력을 점점 더 중시하고 있기 때문에, 이들은 좋은 성적을 받지 못합니다. 직장에서도 항상 프레젠테이션을 해야 하고, 적극적으로 자기선전을 해야 하므로 불리합니다. 열등감에 빠지기도 하고, 자기주장 훈련 프로그램을 찾아다니고, 자신감을 북돋아 준다는 자기계발서를 사서 읽습니다. 심지어는 해병대 체험 같은 극기 훈련으로 성격을 고치겠다고 하는 경우도 있죠.

하지만 모든 사람이 연설가가 되어야 하는 것은 아닙니다. 수백 수천의 사람과 분주히 만나는 삶이 유일한 정답도 아닙니다. 회피성이 강한 사람이 자동차 세일즈맨이 되거나 스탠딩 코미디언이 되기는 어려울 것입니다. 불가능한 것은 아니지만 아주 많은 노력이 필요하겠죠. 하지만 본인에게 맞는 적당한 일을 찾고, 깊은 관계를 나눌 진솔한 파트너를 찾으면 됩니다. 백 명의 사람에게는 백 가지 삶의 방식이 있습니다.

회피성 성격을 가진 사람은 자신의 타고난 본성을 그대로 받아들이고, '회피'하지 말아야 합니다. 꼭 필요한 대인 관계나 자기주장은 의식적인 연습을 통해서 어느 정도 해결할 수 있습니다. 현대사회는 회피성 성격에 그리 높은 점수를 주지 않지만, 그렇다고 본인 스스로 자신에게 낮은 점수를 줄 이유는 없습니다. 자신의 삶을 살아가야 합니다.

1980년대 심리학자 폴 코스타Paul Costa와 로버트 매크레이Robert R. McCrae 는 기존에 있던 다양한 성격 검사의 항목을 조사했습니다. 그리고 서로 비슷한 것끼리 모으기 시작했습니다. 예를 들어 따뜻함이나 친절함, 원만 함 등은 약간씩 맥락이 다른 단어입니다. 하지만 사실상 비슷한 개념이 죠. 친절하지만 원만하지 않거나, 따뜻하면서 불친절한 사람은 별로없습 니다. 이런 식으로 모은 결과를 정리해서 인간의 성격은 단 다섯 가지 요 인의 합으로 설명할 수 있다고 주장했습니다. 이른바 '빅 파이브' 성격 모 델입니다.

여섯 번째 성격, 겸손

인간 성격의 요인

인간의 성격은 아주 다양합니다. 1936년 올포트Gordon W. Allport와 오드버트Henry S. Odbert의 연구에 의하면, 한 사람을 다른 사람과 구분해 주는 행동 특징을 지칭하는 단어가 약 1만 8000개 있다고 합니다. 1925년판 웹스터 사전에서 찾아낸 것이죠. 이 중에서 좋고 나쁨을 뜻하는 단어를 모두 제거해도 4500개가 남습니다. 즉 일반적인 성격 경향을 뜻하는 말이 무려 4500개입니다.

많아도 너무 많습니다. 이렇게 해서는 '사람은 모두 다르다'는 말과 다르지 않습니다. 그래서 수많은 성격에 어떤 경향성이 있지 않을까 하는 의문을 가진 사람이 있었습니다. 사실 이러한 의문은 아주 오래된 것입니다. 사람들의 생각·정서·행동의 특정한 경향을 찾아 범주를 지어 보려는 시도는 그 역사가 아주 깊습니다.

기원전 400년경에 살았던 철학자 엠페도클레스는 이른바 4원소설을 주장했습니다. 우주는 흙·공기·물·불 네 가지 원소로 구성되었다는 것이죠. 히포크라테스는 그의 주장을 이어받아, 인간의 몸도 4체액에 의해 좌우된다고 했습니다. 혈액·담즙·점액·흑담즙 네 가지 체액이 건강과 질병을 결정하는 핵심적인 '물'이라고 생각했습니다. 그리고 기원후 2세기경 로마 의사였던 클라우디오스 갈레노스는 이 이론을 정리했고, 르네상스 이전까지 가장 지배적인 의학 이론으로 군림했습니다.

당시 사람들은 네 가지 체액이 우리의 몸뿐 아니라, 마음까지도 결정한다고 믿었습니다. 혈액이 많으면 다혈질적인 성격, 흑담즙이 많으면 우울한 성격, 점액이 많으면 느긋한 성격, 담즙이 많으면 불안정한 성격과 같은 식입니다. 우울증을 뜻하는 멜랑콜리아melancholia라는 단어 자체가 검은색을 뜻하는 그리스어 멜라이나melaena와 담즙을 뜻하는 콜레chole를 합친 말입니다. 만약 4체액설이 옳다면, 모든 사람의 성격은 네 가지 체액의 부족 혹은 과잉으로 설명할 수 있을 것입니다.

_____ 다섯 가지 성격

의학이 발전하면서 과학적 근거가 없는 4체액설은 역사 속으로 사라졌습니다. 하지만 여전히 인간의 성격을 몇 가지 유형으로 분류할 수 있을 것이라는 주장이 계속되었습니다. 그리고 앞서 말한 빅 파이브Big Five 모델이 등장했죠. 다른 모델도 등장했습니다. 캐서린 브릭스Katherine C. Briggs와 이사벨 마이어스Isabel B. Myers는 이른바 마이어스-브릭스 성격 검사Myers-Briggs Type Indicator를 제시했는데, 흔히 MBTI로 알려져 있죠. 16개의 범주로 나누는 모델입니다.

독특한 성격, 즉 인격장애에 관해서는 보다 복잡한 모델을 사용하기도 합니다. 무려 18개나 22개의 요인을 제시하는 경우도 있죠. 하지만 반대로 단 하나 혹은 두 개의 요인으로 설명하려는 시도도 있습니다. 아직 지배적인 가설은 없습니다.

지금까지 제안된 주장 중 가장 유력한 주장이 바로 빅 파이브 모델입니다. 즉 개인의 성격은 외향성·순응성·성실성·신경성·개방성이라는 다섯 가지 요인으로 설명할 수 있다는 것이죠. 물론 다섯 종류의 사람이 있다는 것이 아닙니다. 각각의 요인의 상대적인 값의 조합으로, 각자의 개성적인 성격이 나타난다는 뜻입니다.

———— 겸손함은 성격일까?

하지만 과연 단 다섯 개의 요인이 전부인지 궁금했습니다. 특히 이는 서구 문화권의 자료를 기초로 만들어진 것이라서 다른 문화에서는 다를 수도 있다는 의문이 들었죠. 그래서 캐나다 웨스턴 온타리오 대학의 마이클 애쉬톤Michael Ashton 교수와 성균관 대학교의 한덕웅·이기범 교수는 한국 학생 400명을 대상으로 설문 조사를 하고, 이에 대한 요인 분석을 했습니다. 그

전적으로 겸손하거나
전적으로 겸손하지 않은 사람은 없습니다.
우리 모두는 양극단의 중간 어딘가에 서 있습니다.

런데 아주 흥미로운 결과가 나왔습니다. 기존의 빅 파이브 모델로는 설명하기 어려운 여섯 번째 요인이 드러난 것입니다. 바로 정직 혹은 겸손입니다.

정직과 겸손은 조금 다른 개념이 아니냐고 할 분이 있을지 모르겠습니다. 물론 다른 단어입니다만, 성격에 대해서 논할 때는 큰 차이가 없습니다. 정직하면서 젠체하는 사람이나, 위선적이면서 겸손한 사람은 있기 어렵죠. 하지만 개인적으로는 요즘 정직이라는 단어가 법적인 의미에서 진실을 이야기한다는 뜻으로 많이 쓰이고 있어서, 성격을 말하기에는 겸손이 더 적절하다고 생각합니다. 교만과 탐욕이 넘치면서도 '난 거짓말을 하지 않으니 정직해'라고 할 수 있으니까요.

아무튼 겸손성이란 가식을 싫어하고 공정을 추구하며 사치와 향락을 꺼리고 자신을 드러내지 않는 성격을 말합니다. 만약 겸손성이 낮다면, 부귀와 명성을 바라고 특권을 요구하며 이익을 위해 거짓을 일삼고 타인을 착취하는 성격이겠죠. 물론 극단적으로 설명한 것입니다. 전적으로 겸손하거나, 전적으로 겸손하지 않은 사람은 없습니다. 우리 모두는 양극단의 중간 어딘가에 서 있습니다.

_____ 너무 겸손해진 겸손의 미덕

오랫동안 겸손의 미덕은 동아시아 문화에서 아주 높게 대우받았습니다. 물론 겸손을 가치 있게 평가하는 데 동서양이 다를 리 없습니다. 하지만 상대적인 중요성은 제법 차이가 납니다. 그래서 동아시아 사회에는 자신을 낮추고 남을 높이는 겸양과 존대의 어법도 생겨났고, 다양하고 복잡한 예의범절도 생겨났습니다. 남들 앞에서는 일단 자신을 낮추고 겸손한 태도를 취하는 것이 바람직한 가치로 간주됩니다. 적어도 과거에는 그렇게 간주되었습니다.

하지만 현대사회에서는 신속하고 명확한 메시지가 중요합니다. 따라서 중요한 거래처 직원 앞에서 '저같이 천학비재한 소인이 귀공의 큰일을 감히 받을 수 없사오니……'라는 식이라면 곤란합니다. 확실한 의사소통이 필요한 경우라면 전통 사회의 과도한 예의와 지나친 겸양은 부적절합니다. 동아시아 사회는 지난 수십 년간 빠른 산업화를 겪으면서 전통 사회가 가지고 있던 과도한 겸손의 덕목은 많이 사라져 버렸습니다.

하지만 오늘날, 겸손의 미덕이 너무 '겸손'해져 버린 것은 아닌지 모르겠습니다. 예전에는 부와 명예에 초연하며, 겸손하고 정진正眞하게, 청렴결백하게 사는 사람을 존경했습니다. 최소한 겉으로는 말이죠. 이제는 상황이 많이 달라진 것 같습니다. 모두들 타인에게만 겸손을 요구하고, 스스로는 특권을 내세웁니다. 겸손하고 정직하게 사는 것은 왠지 바보 같은 삶 같습니다. 서로 자신을 드러내고 자랑하기 원하고, 남을 업신여기길 좋아합니다. 위도 아래도 없는 세상입니다. 안타까운 일이죠.

그런데 겸손은 자체적인 모순을 가지고 있어서 장려하기가 아주 어려운 덕목입니다. 겸손 자체가 칭찬과 존경을 피하는 태도이기 때문입니다. '나는 SNS를 별로 좋아하지 않는다'면서 SNS에 포스팅을 매일 올리는 사람이 있을까요? 사람들은 겸손하고 정직한 사람을 존경하고 칭찬합니다. 그래서 신문에도 실어 주고, 큰 상도 주고 싶어 합니다. 그러나 막상 겸손하고 정직한 사람은 나서지 않고, 칭찬과 상을 극구 사양합니다. 오히려 겉으로는 겸손한 척하지만 실제로는 '안 겸손'한 사람이 이러한 사회적 보상을 날름 받아 갑니다.

이들은 원래 그런 성격입니다. '나는 세상에서 제일 겸손한 사람이요!'라고 떠들고 다니는 사람이 겸손할 리 없죠. 그래서 겸손의 반대인 교만에 비해서, 도무지 세상에 잘 드러나지 않습니다. 만약 주변에서 정말 겸손하고 정직한 사람을 만나 반가운 마음이 든다면, 뒤에서 조용히 꾸준하게 도와주십시오. 본인도 전혀 모르게 말이죠. 허세와 교만으로 기울어진 세상의 균형을 다시 잡으려면 구석에 숨어 있는 겸손의 씨앗이 싹트게 해주어야 합니다.

아쉽지만 작별 인사를 해야 할 때가 있습니다. 아직 충분한 시간을 같이 보내지 못했지만, 그런 아쉬움을 뒤로하고 떠나보내야 합니다. 사랑하는 연인도 헤어집니다. 피를 나눈 가족도 결국 세상을 떠납니다. 그렇게 삶은 헤어짐의 연속입니다. 분리의 경험은 아주 고통스럽지만, 또한 피할 수 없는 숙명입니다.

그런데 우리는 다른 사람과 헤어질 뿐 아니라, 과거의 나 자신과도 헤어져야만 합니다.

나에게 고하는 작별

_____ 개체발생적 적응

한때 자신의 일부였던 것이 사라지는 생물학적 현상이 있습니다. 이를 개체발생적 적응ontogenic adaptation이라고 합니다. 더 이상 필요하지 않으므로 없어지는 것입니다.

대표적인 예가 태반입니다. 태반은 태아와 동일한 유전자를 가지고 있습니다. 사실상 태아의 일부입니다. 태반은 어머니의 몸 안에서 태아에게 영양소와 산소를 공급해 주는 역할을 합니다. 태반이 없으면 태아는 성장하지 못합니다. 하지만 야속하게도 재태 기간인 38주가 되면 아기는 자신의 일부였던 태반과 작별해야 합니다.

우리 몸에 있는 지방은 크게 백색 지방과 갈색 지방으로 나뉩니다. 그런데 갈색 지방은 어른에겐 거의 없습니다. 주로 갓난아기의 목과 볼, 어깨 등에 붙어서 열을 만들어 내는 역할을 합니다. 갓난아기는 체온을 조절하는 능력이 부족하기 때문이죠. 그런데 나이가 들면 갈색 지방이 몸에서 사라집니다. 어른이 되어서도 갈색 지방이 남아 있으면 큰 질병을 앓고 있을 가능성이 있습니다.

노란 털이 보송보송한 병아리는 정말 귀엽고 부드럽습니다. 그러나 시간이 지나면 노란 털은 사라지고, 굵고 긴 깃털이 그자리를 대신합니다. 생애사의 특정 시기에 꼭 필요했던 조직일지라도 더 이상 필요하지 않다면 없어집니다. 서운하다고 해서, 그동안 고마웠다고 해서 어른이 되어서도 태반이나 갈색 지방을 달고 다니는 사람은 없습니다. 자연의 순리입니다.

정신의 개체발생학적 적응

이러한 개체발생학적 적응이 신체적 수준에서만 일어나는 것은 아닙니다. 특히 인간에게는 정신적 형질의 개체발생학적 적응이 두드러집니다.

갓난아기의 입에 손가락을 갖다 대면 쪽쪽 빨아 댑니다. 무의식적인 빨기 반사죠. 이러한 행동상의 특징은 특정한 시기에만 존재하다가 대략 생후 2~3개월이면 사라집니다. 물론 이후에도 빨기 행동은 지속되지만, 이는 자동 반사가 아니라 의식적인 빨기 행동입니다.

신생아에게 나타나는 이러한 자동 반사는 잘 연구되어 있습니다. 머리의 위치가 바뀔 때 팔다리를 쫙 폈다가 껴안는 모로반사, 얼굴을 돌릴 때 같은 쪽 팔다리를 곧게 펴는 펜싱 반사,

한쪽 척추를 쓰다듬으면 그 방향으로 하체를 구부리는 갈란트 반사, 손에 물체가 닿으면 꼭 쥐는 파악 반사 등이죠. 그런데 이러한 자동 반사가 아니라 보다 고등한 정신적 기능에서도 역시 개체발생학적 적응 현상이 나타날 수 있습니다.

_____ 어린 시절에는 어린이의 생각을 했으나

어렸을 때는 어린이의 말을 하고 어린이의 생각을 하고
어린이의 판단을 했습니다.
그러나 어른이 되어서는 어렸을 때의 것을 버렸습니다.

「고린도 전서」 13:11

이 성경 구절은 보다 깊은 종교적 의미를 담고 있겠지만, 진화생물학적인 함의도 상당합니다. 젊은 시절을 지배하던 욕망과 주장, 생각 들은 나이가 들면서 하나둘 사라져 갑니다. 진화생애사적 이론에 의하면, 각 연령대에 주로 작동하는 인지적 모듈은 생애사적 과업에 최적화되도록 조율되어 있습니다. 예를 들어 어린이는 노는 것을 좋아하죠. 놀기를 좋아하지 않는 아이는 상담이 필요한지도 모릅니다. 유년기의 놀이는 특화된 기술적 행동을 익히고 신경 근육계를 단련하는 기능을 가지고 있기 때문입니다.

아이들은 매일 끝없이 놀고 싶어 합니다. 너무 놀다가 야단을 맞던 초등학교 시절에는 그런 꿈을 꾸곤 했습니다. 어른이 되면 하고 싶은 대로 원 없이 놀겠다는 것이죠. 하지만 정작 어른이 되어서는 노는 것이 별로 재미없습니다. 몇 시간이고 로봇 장난감으로 싸우고, 해가 지도록 소꿉놀이를 하는 아이들을 보면 신기한 생각이 듭니다. 저게 뭐가 재미있다고 그렇게 신나게 노는 것일까? 돈을 준다고 해도 할 수 없을 것만 같습니다.

인류는 다른 포유류와 달리 아주 긴 성숙 기간을 가집니다. 대략 20년에 달합니다. 따라서 성장 기간 동안 가지고 있던 다양한 생각·욕구·관계·감정에 대한 기억을 가지고 있습니다. 지금 돌이켜 보면 미숙하고 어리석은 것이지만, 그래도 당시에는 가장 중요한 정신적 활동이었습니다. 머릿속을 가득 채우고 있던 유년기의 기억입니다.

──────── 나에게 작별을 고해야 할 때

이러한 적응은 성인이 되어서도 여전히 지속됩니다. 인간은 성인이 되어서도 여러 단계의 생애사적 단계를 밟습니다. 동료와 경쟁하고, 선호하는 짝을 탐색하고, 가정을 이루어 자녀를 낳아 양육하고, 자녀의 혼인을 준비하고, 손주의 양육을 보조하는 단계에 이르기까지 인간의 삶은 다양한 과정으로 진행됩니다. 그리고 각 단계마다 유용한 정신적 형질의 종류가 서로 다릅니다.

사회적 자원을 획득하는 초기 성인기에는 야심과 경쟁심이 중요한 가치입니다. 운동경기와 같은 경쟁적 과업에 몰두하고, 그런 활동에 흥미를 느낍니다. 그런데 결혼을 하고 나이가 들면 이전에 재미있었던 운동경기가 그다지 재미있지 않습니다. 늙어서 그런 것이라고 생각할 수도 있지만, 사실은 경쟁적 활동을 위한 정신적 형질이 사라져야 할 때가 온 것입니다. 더 이상 필요 없어진 갈색 지방처럼 말입니다.

이성을 보고 두근거리던 마음도 점점 시들해집니다. 안정적인 관계를 추구하게 되고, 불필요한 갈등이나 과도한 자극은 꺼리게 됩니다. 체력이 떨어져서 그런 것이 아닙니다. 우울증이 온 것도 아니고 세상살이에 지친 것도 아닙니다. 그저 그럴 때가 온 것뿐입니다.

현대사회는 성숙함보다는 젊음을 숭상하고, 신중함보다는 미숙함을 오히려 높이 평가합니다. 그래서 생애사적 흐름에 따라 일어나는 당연한 심리적 변화를, 마치 노화나 질병의 징조로 여기는 경향이 있습니다. 중년 이후에 나타나는 정신적 변화는 뭔가 못나거나 고리타분하거나 시대착오적인 것으로 치부합니다. 각자 제 나이에 맞는 생각과 행동을 하기보다는 젊은이에 맞는 생각과 행동을 오래오래 간직해야 한다는 것입니다. 나이가 들어서도 십 대 같은 행동을 하는 사람에게는 '여전히 젊음의 정신을 잃지 않았다'면서 칭찬합니다. 이는 손가락을 빠는 초등학생에게 '아직 신생아기의 정신을 잃지 않았다'고 하는 격입니다.

젊은 시절에는 세상을 뒤덮어 버릴 듯한 패기가 있었고, 한번 시동이 걸리면 며칠이고 밤을 새워 공부하던 열정도 있었고, 되든 안 되든 부딪혀 보는 객기도 있었을 것입니다. 그러나 과거의 당신을 이루고 있던 정신적 가치들은 마음속 갈색 지방처럼 더 이상 필요하지 않습니다. 당신은 비겁하게 세월에 굴복한 것이 아닙니다. 정신이 늙어 버린 것도 아닙니다. 단지 그럴 때가 온 것입니다.

변치 않고 살고 싶다는 마음은 이해합니다. 그러나 자신도 놀이에 끼워 달라며 사방치기 하는 초등학생을 조르는 철없는 고등학생이 되어서는 곤란합니다. 어른이 되어서는 어린이의 것을 버려야 합니다. 아쉽지만 과거의 나에게 작별을 고해야 합니다.

가끔 터무니없이 이상한

이성

감정은 뇌의 깊은 곳에서 시작합니다. 강력하고 원초적이죠. 그러나 성난 야수와 같은 감정을 잠재우는 조련사가 있는데, 바로 전전두엽입니다. 이마에 있는 뇌죠. 전전두엽이 합리적 판단과 사회적 관계를 조율합니다. 고차원적 사고를 하고 계획을 세우고 의사를 결정합니다. 복잡한 윤리적 판단과 공감 능력, 도덕적 행동도 바로 여기서 시작합니다. 이렇게 감정과 이성은 쌍두마차를 이루며 우리의 마음을 지배합니다. 아니 정확하게 말해서 감정은 자전거의 뒷바퀴, 이성은 자전거의 앞바퀴라고 하는 것이 적당할 것 같습니다. 페달을 너무 심하게 밟아도 위험하지만 사실 더 위험한 것은 앞바퀴의 방향을 제대로 조종하지 못하는 것입니다.

이성은 자신의 이익을 위해서 작동합니다. 냉정한 판단으로 이득과 손해를 따지고 어떤 행동이 도움이 되는지 판단합니다. 이리에 밝은 현명한 사람입니다. 그런데 이러한 사리 분별이 과하면 우리는 정이 없다고 합니다. 이기적인 사람, 자신만 아는 사람이라고 하죠. 어느 정도 선을 넘으면 심지어 사이코패스라는 진단을 붙입니다. 타인의 슬픔이나 고통은 안중에도 없이 이익만을 취하는 사람이라고 말합니다. 과연 그럴까요?

인간의 이성은 아주 편협합니다. 자신의 상태에 대한 내적 평가와 세상에 대한 외적 평가 그리고 미래에 대한 예측을 종합하여 판단하고 행동합니다. 그런데 문제는 자신의 상태나 세상에 대한 평가가 그리 쉽지 않다는 것입니다. 마음속 나침반은 정확한 자북을 가리키지 않습니다. 어떤 사람은 그 오차가 조금 더 심합니다. 과도한 자기애에 빠져 세상을 자신의 거울처럼 여기는 사람, 세계를 바꾸겠다는 숭고한 비전(혹은 허황된 망상)을 가진 사람, 이성과 제대로 사귀지 못하며 전전긍긍하는 사람, 말과 행동 하나하나를 꼬치꼬치 의심하는 사람입니다. 즉 '비정상'적인 사람이죠. 그런데 과연 비정상이란 무엇일까요?

정신장애의 수많은 증상 중에서 오로지 정신장애에서만 나타나고 이른바 '일반인'에게는 나타나지 않는 증상은 없습니다. 예를 들어, 친구에게 '귀에 도청 장치가 있다'고 하면 아마 친구의 표정이 싹 바뀌면서 진료를 받아 보라고 할 것입니다. 그러나 환청은 모든 사람이 한 번쯤은 겪는 증상입니다. 아마 누군가 자신의 이름을 부르는 듯한 느낌을 받은 적이 있을 테죠. 잠자리에 들기 전이나 잠에서 막 깰 때 이런 경험을 자주 합니다. '혹시 지금 나 깨웠어?'라며 눈을 비비고 일어나지만 사실 아무도 깨운 사람은 없습니다. 몹시 피곤하면 환청이 더 잘 들립니다. 일부 약물도 그런 증상이 더 잘 일어나게 합니다.

환청뿐이 아닙니다. 정상적인 상상과 터무니없는 망상의 경계는 무엇일까요? 고등학교에 입학하면 많은 학생이 명문대에 입학하겠다고 결심하지만, 대부분은 실현되지 않을 것입니다. 장담해도 좋습니다. 그렇다면 과대망상은 집어치우라고 해야 할까요? 산불 감시원은 도무지 일어나지도 않는 산불을 감시하겠다고 푸른 산을 매일 쳐다봅니다. 레이다로 국경을 감시하는 군인은 전쟁 망상이라도 있는 것일까요? 수십 년간 일어나지도 않았던 전쟁이 일어날 수 있다면서 의심하고 또 의심하니 말입니다.

망상은 사실 인간의 고유한 특성입니다. 하늘을 나는 마차와 물속을 다니는 배, 지구 반대편 사람과 이야기를 나눌 수 있는 상자, 사람이 타고 달나라에 가는 대포알이나 몸 안에 심는 강철 관절. 모두 터무니없는 망상이었지만 이제는 현실입니다. 생판 모르는 사람과 점점 친해지다가 결혼을 하고 가정을 이룹니다. 그리고 평생 같이 살아갑니다. 도무지 있을까 싶은 이런 일이 세상에는 매일같이 일어납니다.

물론 대부분의 '망상'은 이런 과대한 혹은 낭만적인 상상이 아닙니다. 부정적이고 무서운 상상이 더 흔합니다. 의심과 두려움입니다. 타인의 의도를 의심하고 파국적인 미래를 걱정하고 굶주림과 질병, 전쟁, 죽음을 두려워합니다. 그리고 그런 걱정은 인류 역사에서 '항상' 실현되는, 있을 법한 미래였습니다. 신석기 초기 조상 열 명 중 네 명은 부족 간의 전쟁으로 목숨을 잃었습니다. 불과 백 년 전 스페인 독감으로 수천만 명이 목숨을 잃었고, 전 세계가 둘로 나뉘어 죽을 때까지 싸운 일도 두 번이나 있었습니다. 나라가 통째로 넘어가서 2등 시민으로 살았던 것이 불과 부모님 세대입니다.

합리적인 상상과 터무니없는 망상의 경계는 불분명합니다. 실현되면 예언이고 일어나지 않으면 망상입니다. 1591년 일본에 통신사로 다녀온 황윤길은 '반드시 전쟁이 있을 것입니다'라고 보고했지만, 괜히 민심을 동요케 하는 말이라며 묵살당했습니다. 그의 말이 예언이 된 것은 임진왜란이 일어났기 때문입니다. 수백 년간 없었던 전쟁이 갑자기 일어난다고 생각하는 것보다는 민심을 안정시키는 것이 더 합리적인지 모릅니다. 황윤길과 같이 통신사로 다녀온 김성일의 의견처럼 말이지요.

삶의 불행은 종종 인간의 불합리성 때문에 일어납니다. 하지만 그것과 등가의 불행은 바로 '합리성' 때문에 일어납니다. 자신의 이익만 챙기는 '나쁜' 사람들, 장밋빛 비전을 제시하며 카리스마와 선동의 경계를 걷는 사람들, 어디서나 주인공이 되고싶어 타인을 들러리로 만드는 사람들, 목숨을 걸고 히말라야를 오르고 아마존을 탐험하는 사람들. 이들의 삶은 종종 '이상'해 보이고 세상을 혼란에 빠트리는 것 같지만, 이성 자체보다는 생존을 위해 살아야만 했던 우리의 과거 잔재인지도 모릅니다.

사람 만나는 일이 즐겁습니다. 한 손에는 번쩍거리는 클러치 백을 들고, 머리에는 큼직한 선글라스를 모자처럼 올려놓았습니다. '내가 명품이다!' 라고 과시하는 듯한 옷차림입니다. 금색 은색 반짝이로 치장한 휴대폰은 연신 울려 댑니다. 바빠서 쉴 틈도 없다는 하소연을 하지만, 표정은 밝고 유쾌합니다.

세상은 빛으로 가득하고, 모든 사람은 자신을 쳐다보는 것 같습니다. 밤이 되어도 자신을 비추는 스포트라이트는 꺼지지 않습니다. 자신은 항상 주인공입니다. 그래야만 합니다. 친구들은 주인공을 빛내 주는 조연이자 무대를 꾸며 주는 스태프죠. 세상 사람들은 자신을 보고 환호하며 손뼉 치는 관객이고요.

주인공은 나야 나

유독 관심을 갈망하는 사람이 있습니다. 사랑받고 싶은 마음은 누구나 똑같지만 어떤 사람은 그 마음이 조금 지나쳐 보입니다. 정신이 어쩔할 정도로 진한 화장을 한 사람, 눈이 핑 돌아갈 정도로 번쩍거리는 금색 자동차를 좋아하는 사람입니다. 이들은 세상의 주목을 원합니다. 원색이 선명한 고갱의 그림 같은 삶입니다.

주변 분위기에 따라서 감정도 휙휙 바뀝니다. 유쾌한 회식 자리에서는 좌중을 사로잡는 이야기꾼이 되지만, 곧이어 장례식 조문을 가서는 마치 상주라도 된 것처럼 펑펑 웁니다. 정서가 풍부하기 때문에 사람들의 마음에 쉽게 공감하지만, 또한 진정성이 없다는 평판을 얻기도 합니다.

처음 만난 사람과도 마치 죽마고우인 양 정답게 이야기를 나눕니다. 어떤 사람은 과도하게 성적 어필을 하기도 합니다. 신체적인 매력을 이용해 관심을 끌려는 것이죠. 하지만 이런 사람은 악한 의도를 숨긴 마타하리가 아닙니다. 그런 언행이나 옷차림이 다른 사람의 관심을 얻는 데 유리하기 때문에 자신도 모르게 그렇게 하는 것입니다. 그래서 현란한 화술과 야한 행동이 너무 흔한 상황에서는, 오히려 소탈한 언행과 정숙한 옷차림으로 새로운 관심을 추구하기도 합니다.

——————— 가벼운 관심 끝에 남는 공허함

정신의학에서는 이러한 성격을 '연극성 성격'이라고 합니다. 앞서 말한 대로 관심을 지나치게 추구하고, 급격하고 현란한 성격을 지닙니다. 신체적 매력을 과시하고, 도발적이며 부적절한 성적 행동을 하기도 하며 과도하게 감정을 표현합니다. 타인의 관심을 얻으려고 하니 무리수를 두는 것입니다. 값싼 시선을 얻을 수는 있지만, 이내 깊이가 없다는 평을 받기 십상이죠. 그러면 그럴수록 이들은 더 큰 무리수를 두게 됩니다. 악순환의 시작입니다.

흥미롭게도 이들은 피암시성에 빠지기 쉽습니다. 어떤 상황에 너무 잘 몰입하기 때문에, 정신없이 자신을 잃어버립니다. 스스로도 분별하지 못하는 '메소드' 연기가 시작되는 것이죠. 부자로 만들어 준다든가 행복하게 해 주겠다는 사기꾼의 달콤한 말에 귀가 멀고, '사장님', '여사님' 하는 소리에 눈이 멀어서 재산을 날리는 것이죠. 어설픈 최면에도 쉽게 걸리고, 뻔한 신파극에도 감정이 이입되어 평평 울고, 진부한 개그를 보고도 폭소를 터트립니다.

이들은 단지 관심을 받고 싶은 '순수한' 마음으로 아주 매력적인 태도를 보이곤 합니다. 외모도 열심히 가꾸고, 말도 예쁘게 잘합니다. 그래서 흔히 어장 관리를 한다고 오해받기도 하고, 사람을 헷갈리게 한다고 비난받기도 합니다. 대개는 스스로도 자신의 문제를 잘 이해하지 못하고, 단지 사람들이 자신을 너무 좋아하기 때문에 어쩔 수 없이 곤욕을 치르는 것이라고 착각합니다.

_____ 연극성 성격의 진화

인간은 수백만 년 전부터 사회적 집단을 이루고 살았습니다. 비단 짝을 찾는 경우가 아니라 하더라도, 타인의 관심을 유지하는 능력은 생존과 직결된 문제였습니다. 사람들이 자신을 좋아하면 할수록 생존 가능성이 높아집니다. 다양한 사회적 상황에 맞추어 카멜레온처럼 변신하는 능력은 진화를 거듭했고, 본인 스스로도 인지하지 못하는 수준에 이르렀죠. 우리의 삶은 관심 추구 행위로 가득합니다.

약간의 연극성은 세상을 밝고 유쾌하게 만들어 줍니다. 특히 현대사회에서는 이러한 성격이 도리어 이득이 되는 경우가 많습니다. 타인의 관심을 얼른 얻어 내고, 가깝지 않은 사람과도

타인의 관심을 받고 싶은 마음은
모든 인간이 공유한 보편적 속성입니다.
그렇지 않다면 페이스북은
10억 명이 넘는 가입자를 모으지 못했겠죠.
다들 자신의 일상을 '보다 아름답고', '보다 인상적으로'
보여 주려고 합니다.

금방 즐겁게 지낼 수 있고, 주변 환경에 쉽게 동화되는 능력이죠. 과거에는 촐싹거리며 경망스럽다고 했겠지만, 지금은 유연하고 외향적이며 적극적인 성격이라고 인정받기도 하죠.

이들은 기본적으로 타인 지향적인 전략을 취합니다. 자신의 기분은 모두 다른 사람이 자신을 대하는 태도에 좌우됩니다. 관심을 받으면 날아갈 듯 기쁘지만, 관심이 꺼지면 하늘이 무너진 듯 우울합니다. 적극적으로 쾌락을 추구하는 전략이면서, 동시에 현재의 생태적 적소를 공고히 하려는 전략입니다. 이들은 쉽게 새로운 관계를 추구하지만, 늘 과거의 관계에 얽매여 있습니다. 사실 이들이 맺는 관계는 대상만 다를 뿐 무한정 똑같은 형태로 반복됩니다.

타인의 관심을 받고 싶은 마음은 모든 인간이 공유한 보편적 속성입니다. 그렇지 않다면 페이스북은 10억 명이 넘는 가입자를 모으지 못했겠죠. 다들 자신의 일상을 '보다 아름답고', '보다 인상적으로' 보여 주려고 합니다. 스마트폰의 카메라 성능이 끝없이 향상되는 원동력입니다.

########## 관심에도 수준이 있다

하지만 타인의 관심을 과도하게 추구하다 보면 내면이 점점 공허해집니다. 유연한 사회성은 현대인에게 필수적인 자질이지만, 어떤 의미에서는 성격의 시장적 가치를 뜻하는 것에 불과합니다. 내면을 살찌우는 건강한 성격이라고 하긴 어렵습니다.

가벼운 사교성과 진정한 공감 능력은 서로 다릅니다. 그래서 이들은 파티에 부르고 싶은 친구는 될 수 있지만, 누구의 '절친'이 되는 일은 드뭅니다. 아주 중요한 삶의 경험, 즉 소수의 사람과 맺는 깊은 관계를 잘 경험하지 못합니다. 늘 마음 한구석이 텅 빈 듯 느끼게 되고, 종종 깊은 우울감에 시달리기도 합니다.

어떻게 하면 좋을까요? 관심을 받고 싶은 내적 갈망을 쉽게 잠재울 수는 없습니다. 타고난 성격이므로 잘 바뀌지 않습니다. 하지만 관심의 대상을 살짝 비트는 것이라면 해 볼 만합니다. 누군지도 모르는 페이스북 친구, 과 친구, 직장 동료 들과 같은 '특정 불능'의 '목적 없는' 대상에서 벗어나는 것입니다.

'주변의 지인', '그냥 아는 사람'이라는 애매한 집단의 관심을 무한정 받는 것은 불가능합니다. 누구도 관심을 계속 주는 역할에 머무르고 싶지 않습니다. 그래서 연극성 성격을 가진 사람의 주변에는 이들을 과도하게 깎아내리는 사람도 많습니다. 자랑은 시기와 짝을 이루기 때문이죠.

이들에게 연극 클럽이나 댄스 클럽에 가입하기를 권하는 건 너무 진부한 해결책일까요? 그런데 의외로 효과가 있습니다. 과시적인 의상을 입고 매력을 드러내는 연기나 춤에 빠지는 것은, 유치해 보이지만 사실 아주 멋진 일입니다. SNS에 올릴 '셀카'를 찾아 보정하는 것보다는 훨씬 진지한 일이죠.

만약 말로 관심을 끄는 타입이라면, 아예 제대로 펜을 잡아 보십시오. 현란한 말로 주변 사람의 관심을 끄는 것보다는 당신의 글에 진정한 관심을 보여 줄 독자를 찾는 것입니다. 그 무엇이 되어도 좋습니다. 관심의 원천을 주변 사람, 직장 동료, 아는 사람에서 벗어나 보다 넓고 건강한 곳으로 돌리는 것입니다. 제대로 연극을 하려면 제대로 된 무대에 올라야 합니다.

위대한 사람 소수가 세상을 만들어 간다는 오랜 믿음이 있습니다. 인류의 역사는 탁월한 천재, 시대를 앞서간 지도자, 미래를 내다본 현자에 대한 이야기로 가득합니다. 물론 역사는 승자가 쓰는 것이므로, 상당히 왜곡되어 있습니다. 「용비어천가」의 내용을 곧이곧대로 믿으면 곤란하죠. 하지만 그럼에도 불구하고 인류는 늘 카리스마 넘치는 초인을 고대해 왔습니다. 모든 문제를 해결해 주고, 세상을 구원해 줄 위대한 리더를 기다리는 것입니다.

매혹적인 **카리스마**

———————— 권력은 어떻게 시작됐을까?

원래 카리스마charisma라는 말은 기독교 용어입니다. 성령이 내려 주는 특별한 은혜 혹은 은사를 일컫는 말입니다. 보통 사람은 얻기 어려운 종교적 능력으로, 예를 들면 예언이나 기적 등을 행하는 힘입니다. 그런데 사회학자 막스 베버Max Weber가 이를 차용하여 사회를 이끄는 인물의 자질을 의미하는 용어로 사용했습니다. 권력자들이 가진 지도력 같은 의미입니다.

카리스마는 단지 어떤 사람의 지위나 계급을 뜻하는 것은 아닙니다. 카리스마가 없는 장군도 있을 수 있고, 카리스마가 넘치는 이등병도 가능합니다. 카리스마는 보통 제도적인 권력이 아니라, 내적인 능력으로 다른 사람에게 미치는 영향력을 뜻하곤 하죠.

그래서 카리스마는 진화인류학적 차원에서 가장 원시적인 권력이 어떻게 시작됐는지 추정하는 단서가 됩니다. 원시사회는 구조도 단순하고, 계급도 없고, 재산의 차이도 없습니다. 하지만 리더는 있습니다. 리더는 조직을 단단하게 결속하고, 더 효율적으로 자원을 얻고, 효과적으로 외적의 침입을 방어하는 데 아주 중요한 역할을 합니다. 그런데 누가 리더가 될까요? 다시 말해서 어떤 사람이 카리스마를 인정받을까요?

_____ 카리스마의 조건

우선 육체적 힘을 생각할 수 있습니다. 하지만 힘이 가장 세다고 해서 리더가 되는 것은 아닙니다. '무식하게' 힘만 센 경우, 카리스마는 오히려 낮아집니다. 나이는 어떨까요? 흔히 연장자는 집단 내 지혜로운 조언자 역할을 합니다. 하지만 연장자에게 반드시 카리스마가 부여되는 것은 아닙니다. 카리스마는 흔히 성인기 초반의 개체에 부여되곤 합니다.

재산도 카리스마의 필요충분조건은 아닙니다. 흔히 카리스마가 있으면 부를 축적하는 데 용이합니다. 그러나 그 역이 성립하는 것은 아닙니다. 명성이나 지위도 마찬가지입니다. 부·명성·지위는 카리스마의 조건이 아니라 결과에 가깝죠. 혈통이나 가문은 카리스마와 다소 관련이 있을지도 모르지만, 작은 조건에 불과합니다. 실제로 태조 이성계나 나폴레옹 보나파르트, 아돌프 히틀러의 가문은 그리 내세울 만한 것은 아니었습니다.

카리스마는 일종의 성격입니다. 진화의학자 앤서니 스티븐스Anthony Stevens와 존 프라이스John Price는 카리스마가 바로 주변 상황에 흔들리지 않는 강한 내적 신념과 미래에 대한 확신 같은 심리적 특성에서 시작한다고 말합니다. 그래서 카리스마는 종종 괴팍한 믿음, 과대 사고와 나란히 나타나죠. 물론 세상에 숱하게 널린 괴짜 중에서 카리스마를 가진 사람은 소수에 불과합니다. 하지만 카리스마를 가진 사람은 대부분 일반인이 이해하기 어려운 강력한 신념을 가지고 있습니다.

새 집단을 만들어 낸 힘

삶과 종교가 구분되지 않던 시절, 카리스마를 가진 리더는 곧 집단의 종교 지도자이자 정치적 리더였습니다. 샤먼이나 족장이죠. 이들은 집단 내의 갈등을 조율하고, 미래를 예측하고, 일관된 목표를 제시해 주는 역할을 합니다. 흔히 신탁을 받아 집단의 구성원에게 내려 줍니다. 하지만 이는 정말로 신이 내려 준 계시가 아니라 본인의 생각일 뿐입니다. 다만 본인도 그 사실을 모른다는 것이 사기꾼과 다른 점입니다.

스티븐스와 프라이스는 이들이 기존의 집단을 분리해, 새 집단을 결성하는 역할을 했다고 주장합니다. 이른바 집단 분리 가설이라고 하죠. 사실 척박하고 험난한 원시 생태 환경을 떠나 새로운 곳으로 가는 것은 대단히 위험한 일입니다. 지도도 없고, 먼저 가 본 사람의 경험담도 없습니다. 어디로 가야 할지도 모릅니다. 어지간하면 그냥 원래 살던 곳에 눌러 사는 편이 안전합니다.

카리스마적 인물의 말은 큰 권위가 있습니다. 그들은 흔들리지 않는 확신, 새로운 곳에 대한 희망, 미래에 대한 과대한 생각을 가지고 과감하게 고향을 떠납니다. 추종자들이 그를 따릅니다. 아마 상당수의 카리스마 넘치는 지도자와 추종자 무리는 사막이나 바다 한가운데에서 죽었을 것입니다. 하지만 운 좋게 젖과 꿀이 흐르는 빈 땅을 발견하면, 대박이 터진 겁니다. 그리고 그들의 이야기는 역사책에 남게 되죠.

─────── 카리스마의 위험성

사실 카리스마를 무한대로 확장시키는 원동력은 맹목적인 추종자입니다. 인간은 늘 불안하기 때문에, '확신에 찬 호언장담'에 기대고 싶어 합니다. 설령 뭔가 미심쩍은 부분이 있더라도 한번 추종하기 시작하면 생각이 쉽게 바뀌지 않습니다. 추종자가 늘어나면 집단 내 확증 편향이 심해지고, 카리스마형 리더는 거의 신적 존재로 부상하게 되죠. 인류사에서 늘 있었던 일입니다.

미국에서 활동한 짐 존스 목사는 평등·자유·복지·사회 정의·인종차별 반대 등 '옳은' 가치를 지향하는 종교 지도자였습니다. 그는 강력한 카리스마를 가지고, 고작 몇 명의 신도로 시작해 곧 교세를 크게 확장합니다. 모든 신도를 공평하게 대우했고, 신도들의 재산을 모두 모아 똑같이 나눠 주었죠. 많은 사람이 모여듭니다. 나중에는 아예 남미 가이아나에 '존스타운Jonestown'이라는 새로운 마을을 세웁니다.

하지만 그 마을은 낙원과는 거리가 멀었습니다. 과도한 육체적 노동과 폭행, 상호 감시 등으로 가득한 지옥이었죠. 1978년 미국에서 조사단이 급파되자, 존스 목사는 모든 신도에게 자살을 명령합니다. 그의 카리스마가 얼마나 대단했던지, 상당수의 신도들은 아이에게 독약을 먹이고 자신도 차례에 따라 독약을 마십니다. 결국 918명이 자살하고 살아남은 사람은 고작 25명에 지나지 않았죠. 유명한 '인민 사원 집단 자살 사건Jonestown Massacre'입니다.

이상한 사이비 교주의 예를 들지 않더라도, 역사에는 비슷한 사례가 가득합니다. 제2차 세계대전을 일으킨 히틀러나 소비에트연방을 철권 통치한 스탈린은 모두 카리스마가 넘치는 인물입니다. 엄청난 수의 추종자를 몰고 다녔죠. 하지만 결과는 아주 비극적이었습니다.

세상이 혼란스럽고 살기가 힘들수록, 우리는 강력한 카리스마를 가진 메시아를 고대합니다. 하지만 전술한 것처럼 카리스마는 단지 하나의 성격에 불과합니다. 미래에 대한 확신과 거침없는 행동, 범상치 않은 생각 등의 카리스마적 성격을 가진 사람은 모두를 매혹시키지만, 그 믿음·생각·행동이 정말 '바람직하고 합리적인지' 여부와는 완전히 다른 문제입니다. 대개는 정반대죠.

현대사회는 더 이상 육체적 힘을 중요하게 여기지 않습니다. 씨름을 잘하니 리더가 되겠다는 사람은 당연히 없습니다. 정신적 카리스마도 마찬가지입니다.

남자는 이제 내년이면 서른 살입니다. 하지만 지금까지 연애 한 번 제대로 해 보지 못했습니다. 대학 시절에는 공부만 했습니다. 그때는 학업을 등한시하고 열심히 여자만 만나러 다니는 친구들을 한심스레 생각했습니다. 그런데 군대, 어학연수, 대학원, 취업으로 정신없이 이십 대를 보내고 나니, 어느새 '모태 솔로 아저씨'가 되었습니다.

지긋지긋한 모태 솔로

_____ 마돈나 콤플렉스

'출장길에 우연히 버스 옆자리에 앉은 아름다운 그녀(혹은 멋진 그이). 갑자기 내린 폭설로 버스는 산속에 고립되고, 좁은 버스에 갇힌 두 주인공은 자연스럽게 이야기를 나누게 된다. 알고 보니 그 둘은 모두 연애라고는 전혀 해 본 적 없는 숙맥이다. 앞자리에 앉은 눈치 없는 아줌마는 주인공들이 연인이라고 착각하면서 낯간지러운 주책을 부린다. 그들은 좁은 공간에서 서로 돕고, 또 사소한 일로 티격태격하다가, 점점 서로에 빠지게 되는데……'

이런 식으로 우연하지만 운명적인 만남을 다룬 소설은 헤아릴 수 없이 많습니다. 로맨스 소설을 주로 다루는 캐나다의 '할리퀸'이라는 출판사는 초당 4권씩 책을 판다고 합니다. 영화나 드라마 등을 포함하면 로맨티시즘의 시장 규모는 엄청날 것입니다. 아마 시대와 지역을 막론하고 낭만적 사랑은 인류의 영원한 이슈인지도 모르겠습니다.

보통 여성들이 낭만적 사랑에 대한 환상을 주로 가지고 있을 것이라고 생각합니다. 그러나 예상외로 많은 남성들도 이러한 우연한 낭만적 사랑 혹은 성스러운 사랑에 대한 막연한 기대를 하고 있습니다. 육감적 몸매를 한 여성을 보며 침을 흘리면서도, 한편으로는 고귀하고 순결한 반려자를 바라는 마음이 있는 것입니다. 이를 두고 프로이트는 마돈나 콤플렉스Madonna complex라고 명명했습니다.

마돈나 콤플렉스를 가진 이들은 일반적인 소개팅이나 맞선에는 흥미를 느끼지 못합니다. 일단 이성을 만나고 싶어서 소개팅 자리에 나왔다는 것만으로 상대는 자격 미달이기 때문입니다. 자신이 사랑할 만한 고귀한 이성은 연애에 별로 관심이 없는 사람이어야 합니다. 모순도 이런 모순이 없습니다. 그러니 영화처럼 우연하면서도 동시에 필연적인 기회가 아니라면, 사실상 실현될 가능성이 없는 그런 사랑을 찾고 있는 것입니다. 이에 대해서 프로이트는 이렇게 썼습니다. "이러한 남성들은 바라지 않는 여성과 사랑을 하고, 사랑할 수 없는 여성을 바라고 있다."

동서양의 수많은 신화는 이러한 운명적 사랑에 대한 이야기로 가득합니다. 어린이들이 읽는 동화들도 마찬가지입니다. 얼굴 한번 보지 못한 공주를 구하러 목숨을 내놓기도 하고, 못난 개구리나 흉악한 야수와 사랑에 빠지기도 합니다. 이야기 속 남자 주인공은 상대 여성의 외모나 사회적 조건을 보지 않고,

오직 낭만적이고 순수한 사랑만을 추구합니다. 물론 여자 주인공도 마찬가지입니다. 물론 주인공은 이야기의 끝에서 모든 것을 '확실하게' 보상받습니다.

정말 인간의 깊은 심성에 이러한 조건 없는 운명적 사랑에 대한 믿음이 자리하고 있는 것일까요? 현실에는 어쩔 수 없이 '대충' 만나고 '대충' 결혼하지만, 마음속에서는 고귀한 사랑에 대한 채워지지 않는 갈증이 있는 것일까요?

이에 대해 의문을 품은 사람들이 있었습니다. 그래서 48개 문화권에서 총 658개 전통 설화를 수집했습니다. 서구 문학을 대표하는 작품 240편도 같이 모아서 분석을 했습니다. 소설과 동화, 신화 속 주인공의 신체적 매력·경제적 능력·사회적 지위·친절함 등을 수치로 정리해서 각 자질이 가지는 중요성을 평가한 것입니다.

그런데 흥미롭게도 결과는 그리 '성스럽지' 못했습니다. 남미·지중해·동아시아·아프리카·태평양 도서 등 전 세계 모든 지역에서 남자 주인공은 예쁜 여성을 좋아했습니다. 그리고 여성은 부유하고 사회적 지위가 높은 남성을 선호했습니다. 원시사회나 농경사회, 산업사회 간의 큰 차이도 없었습니다. 인간은 원래 그렇습니다. 동서고금을 막론하고 남성은 예쁜 여성을 좋아하고, 여성은 사회·경제적 조건이 좋은 남성을 좋아합니다.

물론 이렇게 반론하는 분도 있을 것입니다. "나는 지금까지 여자와는 손도 못 잡아 보고, 공부만 (혹은 일만) 하면서 살았다. 외모에만 정신을 파는 그런 남자와는 다르다." 그렇습니다. 일반적으로 남성들이 아름다운 여성에게 넋을 놓는 것은 사실이지만, 모두 그런 것은 분명 아닙니다. 이들은 마돈나 콤플렉스로도 잘 설명이 안 됩니다. 그런데 이러한 일부 남성의 독특한 성향은 자원 할당 원칙Principle of resource allocation과 대안적 번식 전략alternative reproductive strategy이라는 진화심리학적 가설로 풀이할 수 있습니다.

자원 할당 원칙이란, 한 사람에게 주어진 자원과 시간의 양이 한정되어 있기 때문에 이를 적절하게 나누어야 한다는 것을 말합니다. 일단 신체와 정신이 성장하고 생존하는 데에 상당한 자원을 할당합니다. 그리고 번식, 즉 연애와 결혼을 위해서 남은 자원을 할당합니다. 이 자원은 다시 두 가지로 나뉘어 할당됩니다. 양육을 위한 자원과 짝짓기를 위한 자원입니다.

이십 대에는 이러한 자원 할당을 잘하는 것이 아주 중요한 과업입니다. 이성을 만나는 데에 자원을 할당할 것인가? 혹은 스스로의 발전에 투자할 것인가? 아니면 나중에 만날 잠재적인 배우자와 자녀를 위해 할당할 것인가? 연애를 하지 못한 당신은 분명 이십 대에 많은 시간과 자원을 자신의 발전을 위해 투자했을 것입니다. 연애에는 자원을 거의 할당하지 않았죠. 투자하지 않았으니 성과도 없었던 것이 당연합니다.

우연하지만 운명적인 만남을 다룬 소설은
헤아릴 수 없이 많습니다.
아마 시대와 지역을 막론하고 낭만적 사랑은
인류의 영원한 이슈인지도 모르겠습니다.

그런데 왜 이런 차이가 발생할까요? 이는 대안적 번식 전략 가설로 설명할 수 있습니다. 모든 남성이 다들 여자 뒤꽁무니만 쫓아다닌다면, 남성 간 경쟁이 너무 치열해집니다. 그때는 차라리 훗날을 기약하고 장기적인 계획을 세워 자원을 투자하는 것이 현명합니다. 반대로 모든 남성이 여성에는 전혀 관심이 없고 도서관에서 공부만 하고 있다고 가정해 봅시다. 그러면 당신은 도서관을 나와, 최고의 이성에게 프러포즈하는 것이 정답입니다. 어렵지 않게 원하는 사람과 맺어질 수 있을 것입니다(물론 대안적 전략 가설을 이런 식으로 적용하면 좀 곤란하긴 합니다.).

따라서 서른 살에 접어든 당신이 아직 싱글로 지내는 것은 다른 남성보다 모자라서 그런 것이 아닙니다. 단지 그렇게 변칙적(?)으로 자원을 할당하기로 결정했기 때문입니다. 한편으로는 의식적으로, 다른 한편으로는 무의식적으로 이득과 손해를 계산해 냉정하게 판단한 것입니다. 그런데 이제 서른 살입니다. 슬슬 자원 할당 원칙을 바꾸어야 하는 시점입니다.

모든 사랑은 운명적 만남

당신은 아마 오랫동안 연애도 사랑도 미루고 열심히 살아왔을 것입니다. 남들 놀러 갈 때, 도서관에서 공부했습니다. 친구들이 연애할 때, 직장에서 땀 흘려 일했습니다. 아마도 긴 시간 동안 싱글로 지내 온 것은 더 먼 미래를 보고 대안적 전략을 취했던 것인지도 모릅니다. 당신도 모르는 사이에 말이죠.

우리는 배우자를 고를 때 상당히 까다로운 기준을 적용합니다. 그런데 수많은 기준 중에 아주 중요한 기준이 바로 성실성과 사회적 야심, 그리고 충실성입니다. 흔히 바람둥이가 인기가 많다고 생각하지만 실제로 배우자에 대한 충실성이 약한 사람과 만나고 싶어 하는 사람은 없습니다. 따라서 그동안 연애보다 공부와 미래를 선택한 당신은, 대단히 훌륭한 배우자감입니다. 여성에게 인기가 없는 것이 아니라 연애하는 데 필요한 에너지와 시간을 절약해서 다른 곳에 투자했던 것뿐입니다.

그렇다고 완벽하게 이상적인 사람이 내 앞에 '짠!' 하고 나타나지는 않습니다. 준비하고 노력해야 합니다. 자신의 상황과 여건을 잘 판단해 보는 것이 필요합니다. 운명적인 만남을 기다리며 까다롭게 고를 때가 아닙니다. 당장 연애를 시작해 보세요.

외모에 대한 관심은 남녀를 가리지 않습니다. 보통은 여성들이 외모에 더 많이 관심을 가진다고 생각합니다만, 사실 외모에 대한 관심은 성별보다는 연령에 따른 편차가 더 심합니다. 사춘기 전의 어린 아이나 나이 지긋한 중년은 외모에 그리 큰 비중을 두지 않습니다. 물론 건강한 육체에 대한 관심이야 나이가 들어도 변함없을 것입니다. 하지만 소위 '섹시한' 몸매나 '예쁜' 얼굴에 대한 관심은 나이가 들면서 급격하게 줄어듭니다. 어린 아이들도 그렇습니다. 몸매가 볼품없다면서 물놀이장을 마다하는 꼬마를 본 적 있나요?

보여 주기 싫은 **나의 몸**

보여 주기 싫은 **나의 몸**

_____ 매력은 어떻게 진화할까?

사실 외모가 무슨 소용입니까? 예쁘고 날씬하다고 해서 어디서 떡이 나오는 것도 아닌데 말입니다. 실제로 찰스 다 윈Charles R. Darwin 은 공작새의 길고 아름다운 꼬리를 볼 때마다 몹시 괴로워했다고 합니다. 공작새의 꼬리가 화려한 것은 사실 이지만, 생존에 별로 도움이 되지 않을 뿐만 아니라 오히려 먹 잇감이 되기 쉬워 생존에 불리하기 때문입니다. 결국 다윈은 1859년, 이에 대한 설명을 제대로 하지 못한 채『종의 기원The origin of species』을 출판합니다. 하지만 사람들이 예쁜 사람을 좋아 하고, 또 예뻐지려고 하는 것은 부인할 수 없는 진실입니다. 도 대체 왜 그럴까요?

1871년, 드디어 다윈은 이에 대한 멋진 설명을 담은『인간의 유래The Descent of Man, and Selection in Relation to Sex』라는 책을 냅니다. 생존에 불리한 형질이라고 하더라도, 이성이 선호한다면 선택

될 수 있다는 것입니다. 생존에 유리한 형질이 선택되는 현상을 '자연선택'이라고 하고, 이성이 원하는 형질이 선택되는 현상을 '성선택'이라고 합니다. 그리고 수컷 공작이 아름다운 꼬리를 가지게 된 것은 암컷 공작이 그것을 '좋아했기' 때문이라는 것입니다. 간단한 설명이죠? 하지만 유럽 사회에 큰 반향을 일으킨 자연선택설에 비해서, 성선택설은 이후 수십 년 동안 학계에서 별로 인기가 없었습니다. 학자들이 성선택설을 중요하게 생각하지 않는 데에는 몇 가지 복잡한 이유가 있었지만, 그중 한 가지는 '왜 이성이 그런 형질을 좋아하게 되었는가?'를 명쾌하기 설명하기 어려웠기 때문입니다.

아마 긴 꼬리가 있으면, 잘 날기도 어렵고 거추장스러워서 쉽게 잡아먹힐 것입니다. 그래서 '나는 이렇게 생존에 불리한 긴 꼬리가 있지만, 그래도 거뜬히 살아남지 않느냐? 내가 이렇게 우수하다!'라는 식으로 자신의 자질을 과시하려는 것이라는 주장이 있습니다. 이를 핸디캡 이론handicap hypothesis이라고 합니다. 암컷 공작은 수컷의 꼬리를 보고 반한 것이 아니라, 불리한 긴 꼬리에도 '불구하고' 잘 살아가기 때문에 반한다는 것입니다. 다른 말로 값비싼 신호 이론costly signaling theory라고 하기도 하는데, 인간의 이타심이나 협력 혹은 신앙심 등을 이 이론으로 설명하기도 합니다. 상당히 설득력이 있는 가설입니다.

물론 아름다움은 그 자체로 좋은 것일 수도 있습니다. 많은 학자들은 우리가 아름답게 여기는 형질들이 사실 내적 자질을 반영하는 것이라고 합니다. 항아리형의 몸을 가진 여성이 매력적인 것은, 출산과 양육의 가능성을 시사하기 때문이라는 식의 설명입니다. 좌우가 균형 잡힌 얼굴이 매력적으로 보이는 것도 건강한 재태기와 영유아기를 보냈다는 증거라는 것이죠. 깨끗한 피부가 아름답게 보이는 것은 기생충이 감염되지 않았다는 의미라는 것입니다. 상당히 그럴듯합니다. 그러나 이것으로 아름다움을 전부 설명하기는 어렵습니다. 미의 기준은 단지 신체적인 조건 이상의 사회문화적 의미를 가지고 있습니다.

사실 호리호리한 몸매가 아름다운 것으로 인식되기 시작한 것은 얼마 되지 않았습니다. 진화론적 계급 이론에 의하면, 오랫동안 인류는 풍만한 몸을 아름답게 여겼다고 합니다. '비만'은 성공적인 지위 투쟁의 결과였고, 높은 신분의 사회적 상징으로 기능해 왔습니다. 사실 귀족들도 종종 굶어 죽던 시절에, 살찌도록 먹는다는 것은 대단한 일입니다. 대다수가 제대로 먹지 못해서 '불가피하게' 날씬해질 수밖에 없었습니다. 근대에 접어들며 음식이 풍부해지자 낮은 계층의 사람들도 충분히 '뚱뚱해질' 수 있게 되었습니다. 그러면서 풍만한 몸이 가지는 상징적 기능이 점점 사라지게 되었습니다. 하지만 그렇다고 곧장 날씬한 몸이 아름다움의 기준이 된 것은 아닙니다.

서구 근대사회에서는 근면·절제·금욕과 같은 가치가 상당히 부각되었고, 철저하게 자기 관리하는 사람을 칭송하기 시작했습니다. 이러한 변화에는 다양한 이유가 있지만, 아무튼 점점 날씬한 몸이 개인의 내적 자질을 상징하는 아름다운 과시재로 인정받는 결과를 낳았습니다. 식욕을 절제할 수 있다면, 다른 것은 보나 마나 철저할 것이라는 사고가 반영된 것이죠. 그리고 매스미디어는 이러한 새로운 미의 기준을 사회 전반에 급속도로 확산시키는 역할을 했습니다.

흔히 아름다움은 주관적인 것이라고 합니다. 맞는 말입니다. 아름다움을 수치로 나타내거나, 수학 공식으로 계산하기는 어려운 일입니다. 하지만 그렇다고 아름다움의 기준이 백인백색으로 완전히 다른 것은 아닙니다. 미추에 대한 평가는 조금씩 다르지만, 그래도 대개 비슷한 편입니다. 이를 철학적으로는 상호주관성intersubjectivity이라고 합니다. 대상에 대해서 개인들이 가지는 주관적인 관점이 공유된 상태인 것이죠.

이러한 이유로 아름다움의 기준은 사회적으로 공유하는 어떤 가치에 대한 집단적인 판단에 상당히 영향을 받습니다. 날씬한 몸에 부여하는 아름다움이라는 사회적 가치는 현대 서구 사회에서 강력하게 유지되고 있고, 앞으로도 상당 기간 굳건할 것 같습니다. 대중매체에서는 날씬한 대상에게 지속적으로 아름다움의 가치를 부여하고 있고, 각 개인들도 그러한 상호주관성에 직간접적으로 기여하고 있기 때문입니다. 단순하게 말하기엔 어려운 이슈입니다.

아무튼 날씬함이 이미 아름다움의 기준이 되어 버렸다면, 무슨 수를 써서라도 날씬해지는 것 외에는 답이 없다는 암울한 결론일까요? 물론 그렇지 않습니다. 앞서 말씀드린 핸디캡 이론을 기억하시나요? 네. 눈치 빠른 분이라면 알아차리셨을지도 모르겠습니다. 당신의 늘어진 뱃살은 분명 핸디캡입니다. 그러나, '그럼에도 불구하고' 여름을 즐기셨으면 좋겠습니다. 터무니없이 길기만 한 꼬리, 아니 늘어진 뱃살을 가지고도 전혀 지장 없이 즐거운 여름을 즐길 수 있는 멋진 사람이라는 '값비싼 신호'를 보내 주십시오. 뱃살을 출렁이면서도 멋지게 살아가는 사람이 점점 많아지면, 아름다움에 대한 상호주관성이 바뀔지도 모릅니다.

물론 늘어진 뱃살이 값비싼 신호로 작용한다는 식의 설명은 이론적으로 딱 들어맞는 것도 아니고 과학적으로 입증된 것은 더더욱 아닙니다. 하지만 무슨 상관입니까? 여름은 짧고, 젊음은 더 짧습니다. 다가올 여름이 당신의 삶에서 가장 젊은 여름입니다. 당장 바다로 떠나십시오. 몸매 걱정은 일단 접어 두고, 신나고 즐거운 여름 휴가 보내시길 바랍니다. 앞으로 일생에서 누릴 수 있는 여름은 몇 번 남지 않았습니다.

눈 감으면 코 베어 가는 세상입니다. 힘을 합쳐 신뢰 사회를 만들어야 한다지만, 신문 사회 면을 들춰 보면 이상과 현실은 태평양과 대서양만큼이나 멀리 떨어져 있습니다. 사기에 가까운 상술, 노골적인 정치인의 거짓, 정부의 기만적인 대책이 그득합니다. 의심을 안 할 도리가 없습니다. 그러한 사회 면 아래에는 '믿을 만한 제품', '신뢰의 기업'이라는 광고 카피가 보입니다. 그냥 의례적인 광고 문구이지만 효과는 꽤 확실합니다. 빈말이라도 붙잡고 싶은 것이 인간이기 때문이죠. 모두를 의심하면서도 정작 사기꾼은 철석같이 믿다니, 참 이상한 일입니다.

나는 너를 의심한다

사랑하는 사람도 의심하는 이유

의심의 나라를 지배하는 왕은 의처증, 여왕은 의부증입니다. 친족 살인과 이혼의 상당수는 배우자의 정절을 믿지 못하기 때문에 일어납니다. 영아 학대도 불륜과 관련이 많습니다. 영아 살해는 생물학적 부모가 아닌 경우, 즉 의붓가정에서 훨씬 많이 일어납니다. 친자식에 비해서 무려 100배에 달합니다. 애꿎은 아이에게 비극이 일어나는 것이죠.

그러나 배우자에 대한 의심은 대개 근거가 빈약합니다. 정신의학적으로 의처증·의부증이 심한 사람은 세상에 대한 기본적인 믿음이 부족한 경우가 많습니다. 본인이 가진 무의식적 욕망을 투사하는 경우도 있죠. 의심은 비합리적인 수준으로 발전하곤 합니다. 의처증을 앓았던 왕년의 영화배우 커크 더글러스는 아들인 마이클 더글러스에게 이렇게 말했다고 합니다.

"네 엄마가 또 바람을 피우는구나. 내가 눈을 깜박거리는 찰

나에 말이다."

배우자를 지나치게 의심하는 경우, 행복해야 할 부부 관계는 지옥으로 변합니다. 이혼 신청을 하는 이유는 남녀에 따라 차이가 있는데, 남성은 주로 배우자의 불륜을, 여성은 주로 배우자의 폭력성을 이혼 사유로 꼽습니다. 그런데 배우자의 폭력도 정절에 대한 의심이 주된 원인입니다. 모두 상대를 의심하기 때문에 일어나는 비극적 결과죠.

의처증과 의부증은 왜 생길까요? 진화심리학에서는 배우자에 대한 의심 경향이 적응적 이익을 가진다고 주장합니다. 질투와 의심은 배우자의 부정을 억제하는 효과가 있다는 것이죠. 상대의 잘못된 행동을 끊임없이 확인하고, 정절을 확고하게 하는 이익이죠. 하지만 어느 선을 넘어서면 이익은 손해로 둔갑합니다. 가정을 지키려고 질투를 한다지만, 결과는 정반대가 되어버립니다.

——————— 상습적 의심증

의심의 대상은 무궁무진합니다. 프로 의심꾼의 편집성은 사실상 온 세상을 향합니다. 아무도 믿지 못합니다. 작은 거래도 편안하게 하지 못하고, 어떤 말을 해도 나쁜 의도가 숨어 있을 것이라고 간주합니다. 타인은 모두 자신을 해치거나 착취하려는 사람 혹은 그럴 가능성이 있는 사람입니다. 친구나 동료도 믿지 못합니다. 타인에 대한 마음속 신용도는 무조건 가장 낮은 등급에서 시작됩니다. 좀처럼 올리지 않습니다. 조금만 수상해도 바로 최하등급으로 떨어뜨리죠.

의심이 심해지면 말수도 적어집니다. 상대방이 자신의 말을 악의적으로 이용할 것이라고 걱정하기 때문이죠. 주변 사람이 따뜻한 이야기를 해 줘도 곧이곧대로 받아들이지 못합니다. 뭔가 꿍꿍이가 있으니까 친절하게 대하는 것이라고 생각합니다. 그러다 어쩌다 피해라도 입으면 절대 툭툭 털어 버리지 못합니다. 원한은 하늘을 찌르고, 오랫동안 앙심을 품습니다.

이들은 다른 사람과 협력적 관계를 맺기 어렵습니다. 물론 친구도 없어집니다. 높은 보복 성향과 잦은 위협 시도 때문에 역공을 당하기도 합니다. 의심은 의심을 낳고, 삶은 점점 지옥으로 바뀝니다. 안으로만 움츠러들다가 어떤 계기가 있으면 크게 폭발하죠. 과도한 의심이 낳는 불행한 삶입니다.

_____ 의심 권하는 사회

과도한 의심 경향은 타고난 성향에 좌우되지만 환경에 따라 바뀌기도 합니다. 새로운 직장으로 이직하거나 새로운 마을로 이사를 가는 경우 의심이 평소보다 많아지는 것은 자연스러운 일입니다. 실제로 낯선 문화나 언어를 가진 나라로 이민 가는 경우, 종종 의심증이 크게 악화되기도 합니다. 우리의 DNA에 새겨진 본능은 새롭고 낯선 상황이라는 환경을 만나면 의심의 불을 댕깁니다.

과거의 인류는 거의 한 부락에서 평생을 살았기 때문에 낯선 언어와 문화를 가진 사람은 '외적'일 가능성이 높았습니다. 어쨌든 낯선 사람에 대해서는 일단 보수적으로 생각하는 편이 안전할지도 모릅니다. 비슷한 옷차림과 언어 습관, 예절 등은 서로가 같은 배경을 가진 사람이라는 것을 확인시켜 주는 효과가 있습니다. 낯선 외국에서 한국인을 보면 반가운 이유죠. 심지어 일본이나 중국인을 만나 목례만 나누어도 마음이 조금 놓입니다.

하지만 세상이 바뀌었습니다. 현대인은 생판 처음 보는 사람과도 반갑게 인사하고 관계를 맺어야 합니다. 과거처럼 작은 부락에 살고 모두가 잘 아는 사이라면 좋겠지만 그럴 수는 없습니다. 세계화 시대에는 인종과 언어가 다른 사람과 만나 같이 어울려 지내야 합니다. 어쩌면 처음 보는 사람과 반갑게 교류하고 서로를 믿는다는 것은, 인류가 가진 의심의 오랜 본성을 거스르는 일인지도 모릅니다.

현대사회에서는 오랜 전통과 관습이 점점 사라지고 있습니다. 시대가 바뀌었을 뿐 아니라, 다른 문화와도 걸맞지 않기 때문입니다. 사는 것이 훨씬 힘들어졌습니다. 과거에는 평생 볼 사람과 어울리면서, 모두가 공유하는 전통과 관습에 따라 행동하면 큰 무리가 없었죠. 그런데 이제는 하나하나 따져 보아야 합니다. 의심을 위한 인지적 부하가 감당하기 어려울 정도로 늘어납니다.

사회적 믿음은 계산하기 어려울 정도로 큰 자산입니다. 신용 사회에서는 과도한 의심에서 오는 비용이 절약됩니다. 그 이익은 모두가 향유하게 됩니다.

예를 들어 신뢰 학교와 의심 학교가 있다고 해 보죠. 신뢰 학교에는 정해진 날에 모두 모여 시험을 볼 필요가 없습니다. 시험 감독도 필요 없습니다. 극단적으로 말하면 채점도 필요 없습니다. 각자 원할 때 시험을 치르고, 스스로 채점하여 결과를 알려 주면 됩니다. 그러나 의심 학교는 다릅니다. 시험지의 보안을 철저하게 유지하기 위해서 경찰이 밤을 새 가며 지켜야 합니다. 시험문제를 낸 선생님은 가두어 두고, 시험 날에는 신원을 몇 번이고 확인해야 합니다. 출제자와 경찰을 감시하는 2차 감시자를 두어야 하고, 2차 감시자를 감시하는 3차 감시자도 필요합니다. 시험의 본질적 가치가 아니라, 단지 공정성을 위해서 엄청난 비용을 치러야 합니다.

한국 사회는 오랜 전통이 점점 사라져 가고 있습니다. '마땅히' 다들 그렇게 행동할 것이라는 공유된 믿음이 사라지고 있습니다. 법과 규칙으로 이를 메꾸려고 하지만 한계가 있습니다. 신뢰라는 공유지를 낭비해 버린 대가입니다. 우리는 모두를 의심하고, 그 의심의 비용을 대느라 허덕이고 있습니다. 바야흐로 의심 권하는 사회입니다.

물론 진화적 소수 전략에 따르면 모든 사람이 양심적일 수는 없습니다. 하지만 일부의 무임승차를 막는 것이 사회의 가장 중요한 목표가 되어서는 곤란합니다. 무임승차를 하는 사람이 얼마나 될까요? 아주 많아서 무려 백 명에 한 명은 무임 승차자라고 해 보죠. 공정성을 위해서라면 모든 사람의 신원과 승차권을 일일이 확인해야 합니다. 아마 기차역마다 긴 줄이 늘어서고, 열차는 제 시간에 출발하지 못할 것입니다. 차장의 의심이 과도하면, 모든 승객은 '공정하게' 열차를 타지 못합니다.

한 의처증 환자가 있었습니다. 그는 의심이 너무 심해서 아내를 집에 거의 가두다시피 했습니다. 바람을 피울 가능성은 원천 봉쇄되었겠지만, 그러한 관계에서 과연 무슨 행복이 있을까요? 무임승차자의 비유는 인간의 직관적 믿음에 반합니다. '그렇다면 무임승차자를 그냥 눈감아 주라는 말인가?'라는 반박을 받기 십상이죠. 그러나 바람을 피우는 사람이 있는 것처럼, 무임승차자도 어느 사회, 어느 집단에나 존재합니다. 그러나 이들을 막기 위해 과도한 자원을 투입하는 것은 모두에게 불행입니다. 무임승차자가 예뻐서 그러자는 것이 아닙니다.

모든 사람이 양심에 따르는 시민이 될 때 차표 검사를 중단하겠다는 목표는 영원히 달성할 수 없는 목표입니다. 안타깝지만 몇 명의 무임승차자는 어쩔 수 없이 용인해야 합니다. 그래야 기차가 출발할 수 있습니다. 신뢰를 통해 얻는 모두의 이익을 경험하려면 일단 상대를 믿어야 합니다. 의심은 의심을 낳습니다. 100퍼센트 신뢰할 사람만 찾는다면 그 누구도 당신의 연인·친구·동료가 될 수 없습니다.

새로운 장소에 가는 것을 좋아하시나요? 새로운 시도를 하고, 새로운 것을 접하고, 새로운 사람을 만나는 것은 어떤가요? 호기심은 모든 사람이 가진 자질이지만 새로운 것을 추구하는 경향은 그 정도가 각자 다릅니다. 가 봤던 길만 가려는 사람이 있고, 아무도 가지 않은 길만 고집하는 사람도 있죠.

아직 가 보지 못했으니까

도파민 수용체 변이와 호기심

새로운 것에 대한 추구 경향novelty seeking trait이라고 부르는 성격 요인이 있습니다. 도파민 시스템과 연관돼 있는 것으로 알려져 있죠. 특히 도파민 D4 수용체와 관련이 깊습니다. 도파민 D4 수용체는 11번 염색체의 짧은 팔에 위치한 유전자가 만드는 단백질입니다. 이동·보상·인지·감정 등 다양한 기능에 관여합니다. 도파민 D4 수용체는 총 네 개의 엑손exon으로 이루어져 있는데, 그중 세 번째 엑손은 사람에 따라 변이가 심합니다. 흔히 DRD4 exon III라고 부릅니다.

DRD4 exon III에 염기 48개로 된 특정 부위가 있는데, 어떤 사람은 이 부분이 두 개 있고 어떤 사람은 열한 개 있습니다. 이를 가변수 직렬 반복variable number tandem repeat이라고 하고, 영어의 첫 글자를 따서 VNTR이라고 합니다. 이외에도 유전자 변이에는 유전자 복제 수 변이(CNV, copy number variation), 단일 염기 다형성(SNP, single nucleotide polymorphism), 단연쇄반복(STR, short tandem repeat) 등이 있습니다. 각 변이는 조금씩 개념이 다르지만, 사람에 따라서 '유전자가 다양한 방식으로 서로 다르다'는 정도로 생각하면 크게 틀리지 않습니다.

DRD4 exon III VNTR은 2, 4, 7 반복 대립유전자 다형성이 제일 많습니다. 즉 앞에서 말한 특정한 유전자 부분이 어떤 사람은 2개, 어떤 사람은 4개, 어떤 사람은 7개 있다는 것이죠. 그런데 연구에 의하면 DRD4 exon III 2 반복을 보이는 사람과 DRD4 exon III 4 반복을 보이는 사람에 비해서, DRD4 exon III 7 반복을 보이는 사람의 도파민 수용체는 조금 둔감한 경향이 있습니다. 그만큼 도파민 수치가 더 높아집니다. 그리고 이는 새로운 것을 추구하는 행동을 촉발하게 됩니다.

─────── 열정이 샘솟는 사람들

이들은 탐구심과 호기심이 많습니다. 자주 돌아다니고 흥분도 잘 합니다. 충동적으로 한 가지 일에 매달렸다가, 금세 흥미를 잃고 다른 일에 매달립니다. 지루함을 참지 못하는 사람입니다. 다른 정신적 기능과 적절한 조화가 이루어지지 않으면, 약물이나 도박에 빠지기도 쉽습니다. 어린 시절에는 주의력결핍 과잉행동장애를 앓기도 합니다. 성인이 되어서도 사고를 일으키고 직장을 자주 바꿉니다. 진득하게 뭔가 제대로 성취하지 못하죠. 꿈은 크지만, 현실은 점점 피폐해집니다.

이렇게 부정적인 결과만 낳는다면, 이런 성향을 가진 사람이 세상에 남아 있을 리 없습니다. 자연선택에 의해서 이미 유전자 풀에서 사라졌을 것입니다. 이러한 의문에 대해 아주 흥미로운 주장이 제기되었습니다. 새로운 것에 탐닉하는 성격을 가진 사람이 오히려 생존에 유리할 수도 있다는 것입니다.

20년 전에 이런 점에 착안하여 전 세계 36개 인구 집단을 대상으로 유전자 검사를 시도한 연구 팀이 있습니다. 연구 결과는 아주 놀라웠습니다. 일단 모든 인구 집단에서 DRD4 exon III 4 반복을 보이는 사람이 제일 많기는 했습니다. 적절하지는 않지만, 이들을 소위 보통 사람이라고 할 수 있습니다. 그런데 DRD4 exon III 7 반복을 보이는 사람의 비율은 인구 집단별로 큰 차이를 보였습니다.

유럽인과 아메리카인의 경우 DRD4 exon III 7 반복을 가진 사람이 제법 많았습니다. DRD4 exon III 4 반복에 이어 두 번째로 많았죠. 하지만 아시아인은 달랐습니다. DRD4 exon III 7 반복을 가진 사람은 아주 드물었습니다. 보통 DRD4 exon III 2 반복은 세 번째로 많은 변이형인데, 아시아인과 오세아니아인의 경우에는 두 번째로 많았습니다. 빈도가 반전된 것이죠.

이는 무슨 의미일까요? 약 7만 5000년 전 인류가 아프리카를 떠난 이후 지역 집단에 따라서 유전자 변이가 달라졌다는 것입니다. 그래서 어떤 연구자는 호기심 많은 성격과 관련된 도파민 수용체 변이가 나타나면서, 인류가 수백만 년간 살아오던

●

현대사회는 어떤 면에서 농경 사회보다
더 복잡하고 단단한 사회적 굴레가 작동하는 곳이지만,
한편으로는 새로운 것을 추구하려는 사람에게
엄청난 기회를 줄 수 있는 멋진 세상이기도 합니다.

아프리카를 떠나 아시아·유럽·아메리카로 이동했다고 생각했습니다. 호기심을 가진 사람이 아프리카를 박차고 나와 전 세계로 여행을 떠났다는 것이죠.

농업혁명이 원인일까?

도파민 수용체 다형성의 '아웃오브아프리카' 가설은 아주 야심찬 주장이었지만, 심각한 문제가 있었습니다. 아프리카인 중에도 DRD4 exon III 7 반복 변이형을 가진 사람이 있었던 것입니다. 그러면 이들은 아프리카를 계속 들락날락한 것일까요? 다른 증거를 종합하면 그렇게 생각하기는 어려웠습니다. 게다가 다른 연구에 의하면 약 5~6만 년 전에 가장 많은 변이가 일어난 것으로 보입니다. 아프리카를 떠난 후에도 변이가 계속 일어났다는 것이죠.

이후 새로운 주장이 제기되었습니다. 원래부터 DRD4 exon III 7 반복 변이형을 가진 사람, 즉 호기심이 많고 진취적인 사람이 어느 집단이든 일정한 비율로 있었는데, 아시아에서만 유독 줄어들었다는 가설입니다. 특히 동아시아 지역은 권위적인 봉건사회가 오랫동안 유지되면서, 반항적이고 진취적인 사람이 점점 불리해졌다는 주장입니다.

수렵채집 사회에서는 새로운 사냥감도 찾고, 새로운 과일이 있는 곳도 찾아낸다는 점에서 호기심 강한 성격이 종종 도움이 되지만 농경 사회에서는 전혀 도움이 안 된다는 것이죠. 게다가 관료주의 사회에서 소위 '튀는' 사람은 정을 맞습니다. 아마 조선 시대에는 기발한 생각을 하며 모험을 좋아하던 사람은 크게 빛을 보지 못했을 것입니다. 조상 대대로 물려받은 땅에서 조상 대대로 물려받은 방식으로 묵묵히 농사를 짓고 사는 편이 안전하죠.

하지만 이러한 주장은 좀 이상합니다. 농업혁명은 아시아뿐 아니라, 인도·중동·이집트에서도 일어났습니다. 유독 아시아에서만 새로운 것을 추구하려는 성격이 불리했다고 보기는 어렵습니다. 같은 이유로 '아시아인은 새로운 것을 추구하지 않는 편이다'라는 성급한 결론을 내릴 수는 없습니다.

최근 독일의 학자 엘칸 괴렌Erkan Gören의 연구에 의하면, 도파민 수용체 다형성은 동아프리카에서의 지리적 거리·위도·고도와 모두 관련이 있었습니다. 또한 토양이 농사 혹은 목축에 적합한지 여부 및 토양의 전반적인 비옥함과도 관련이 있었죠. 정치제도나 사회·문화에 의한 것이 아니라는 주장입니다. 단지 새로운 것을 추구하는 성향이 많은 집단은 보다 먼 곳, 보다 추운 곳, 보다 거친 곳으로 이동하는 경향이 있었다는 것입니다.

─────── 새로운 것을 좋아하는 사람들

DRD4 III 7 반복을 가진 아시아인, 즉 새로운 것을 추구하는 경향과 관련된 유전자를 가진 아시아인의 비율은 다른 인구 집단의 4분의 1에 지나지 않습니다. 아메리카 원주민에 비하면 무려 10분의 1에 불과합니다. 너무 무리한 추정일 수 있지만, 한국인 중에 새로운 것을 추구하는 모험가 유전자를 가진 사람은 아주 적을지도 모릅니다.

이 글을 읽으면서 '나는 새로운 것을 좋아해!'라고 생각한 분이 있을 것입니다. 지금까지의 연구에 의하면 아시아 사회에서는 그리 흔하지 않은 경우라고 할 수 있습니다. 혹시 실망하셨는지요? 아무래도 자신을 아시아 문화에 걸맞지 않은 '마이너리티'라고 생각하는지요?

하지만 그렇지 않습니다. 인간의 성격은 다양한 요인으로 결정되기 때문에 어느 단일한 유전자 변이로 단정 지어서는 안 됩니다. 게다가 어느 집단에서나 DRD4 III 7 반복을 가진 사람은 소수입니다. 아무리 진취적인 집단에서도 이들은 여전히 '마이너리티'입니다. 대다수 집단에서 DRD4 III 4 반복이 압도적으로 많습니다. 현대사회는 어떤 면에서 농경 사회보다 더 복잡하고 단단한 사회적 굴레가 작동하는 곳이지만, 한편으로는 새로운 것을 추구하려는 사람에게 엄청난 기회를 줄 수 있는 멋진 세상이기도 합니다.

잠시도 가만있지 못하고 새로운 것을 추구하려는 당신은, 지난 수만 년간 지도에도 없는 곳을 향해 걸어 나가 전 세계를 정복하고, 남극과 에베레스트, 심지어 달까지 정복한 모험가의 피가 흐르는지도 모릅니다. 타고난 기질을 잘 살려서 멋진 개척자가 되기를 응원합니다.

방 안에 가득한 책과 퀴퀴한 냄새. 제멋대로 헝클어진 머리를 한 남자가 초조한 표정으로 책상에 앉아 무엇인가를 열심히 적습니다. 연구에 매진하는 학자의 모습입니다. 하지만 공책에 적힌 제목을 보면 생각이 달라질 것입니다.

'인류 생존 프로젝트'

그리고 보니 책장에 꽂힌 책도 대부분 이상한 제목입니다. '무대륙의 비밀', '안드로메다 성운과 인류의 조상', '초자연적 지각 능력 훈련 백과', '제51구역의 사건들'…… 남자는 무한 동력 기술을 통해 임박해 있는 인류의 멸망을 막을 방법을 연구 중입니다. 물론 프리메이슨이 알면 자신을 죽이려 할 테니, 아직 아무에게도 발설하지 않은 비밀 계획이죠.

괴짜라도 괜찮아

세상에는 조금 별난 사람들이 있습니다. 초자연적 현상, 마술, 예언 등을 좋아합니다. 초고대 문명이나 외계인에 대한 믿음을 가지고 있고, 종종 지구가 멸망한다는 예측을 하기도 합니다. 사용하는 용어도 비범합니다. 없는 말을 만들어 내기도 하죠.

이들은 행동도 괴상합니다. 마치 1960년대 히피족 같은 옷을 입기도 하고, 어울리지 않는 전통 복장을 고수하는 경우도 있습니다. 은색 철모를 쓰고 다니는 한 여자는 그 이유에 대해서 이렇게 말했습니다. "외계인이 쏘는 텔레파시에 세뇌당하는 것을 막아야 해요."

이들은 일부러 생각과 정반대의 행동을 하기도 하고, 동시에 두 가지 생각을 떠올리기도 합니다. 왜 그럴까요? 독심술을 쓰는 적에게 혼란을 주려는 의도된 작전이죠. 그런 면에서 괴상한 행동은, '최소한 그들 자신에게는' 합리적 행동입니다.

비슷한 생각을 가진 사람들이 모이는 동호회 활동을 하기도 하지만, 대개 혼자 지냅니다. 기이한 말투와 행동 때문에 사람들이 피하는 데다가, 본인 스스로도 친구를 그리 원하지 않습니다. 의심도 많은 편입니다. 타고난 성격도 조심스러운 편이고, 대인 관계가 적다 보니 이차적으로 불안이 심합니다. 괴이한 이야기를 할 때마다 주변에서 흰 눈으로 볼 테니, 사람 사이의 신뢰를 쉽게 쌓지 못하는 것은 당연한 일입니다.

─────── 괴짜성은 누구에게나 있다

괴짜성의 역설이 있습니다. 별난 생각, 별난 행동이지만 알고 보면 그리 별난 것이 아니라는 역설입니다. 이게 무슨 말일까요? 사실 괴짜성은 모든 사람이 가지고 있는 일반적인 성향입니다. 초자연적 현상에 대한 믿음은 횡문화적인 보편성이 있어서, 원시사회뿐 아니라 문명사회에서도 흔하게 관찰됩니다. 심지어 다양한 형태로 변형되어 주류 문화에 편입되는 경우도 많습니다.

드라마 〈엑스파일 X-File〉은 시종일관 외계인과 초자연적 능력, 예지력, 독심술 등 있을 법하지 않은 소재를 다루었지만 엄청난 인기를 끌었습니다. 사실 비슷한 소재의 대중문화는 늘 성황을 이루고 있습니다. 미국의 〈환상특급 Twilight Zone〉이나 일본의 〈기묘한 이야기 奇妙な物語〉뿐 아니라, 한국의 〈신비한 TV 서

프라이즈)도 이와 비슷한 부류입니다. 이야기를 이끌어 가는 방법은 다르지만, 모두 '도무지 있을 법하지 않은 괴상한 이야기'를 다루고 있죠.

사실, 괴짜성은 우리 모두가 가지고 있을 뿐 아니라 모두가 아주 좋아하는 성향입니다. 어린 시절에 읽던 동화 속 이야기, 어른도 좋아하는 할리우드 영화의 상당수는 바로 이러한 괴짜에 대한 이야기입니다. 학교와 직장에서는 모두 '경제성'과 '실용성'을 따지는 합리적 인간이지만, 마음속 한구석에는 '비합리적인 괴짜성'에 대한 욕망이 꿈틀대고 있습니다.

정신의학적으로는 괴짜 같은 성격을 보통 '조현형 인격'이라고 표현합니다. 조현병에서 가져온 용어인데, 과거에는 분열형 인격이라고 부르기도 했습니다. 관계망상·이상한 믿음·마술적 사고·신체적 착각·기이한 사고와 언어·의심·부적절한 정동·특이한 행동과 외모·사회적 고립 등이 주 증상입니다.

이들은 기본적으로 자기중심적인 전략을 취합니다. 진화적 관점에서 보면 r-선택(예측이 어려운 불안정한 환경에 적용되는 전략)에 따른 전략이죠. 행동의 주체는 자기 자신의 느낌과 생각입니다. 다른 사람이 뭐라고 하든 관계없이 자신의 길을 갑니다. 아무리 '이상'하다는 말을 들어도 무시합니다. 또한 환경에 대해서 능동적 전략을 취합니다. 자꾸 새로운 이론을 만들고, 새로운 도구도 창안합니다. 물론 대개 무한 동력과 같은 터무니없는 이론이거나 개인용 우주선같이 비현실적인 도구죠. 하지만 개의

치 않습니다.

흥미롭게도 이들이 추구하는 전략은 적극적인 쾌락 추구가 아닙니다. 소극적으로 고통을 회피하려는 전략이죠. 개인용 우주선의 개발은 과학 탐사를 위한 것이 아니라, 핵전쟁이 나면 외계로 도망치려는 것입니다. 무한 동력 연구는 에너지가 넘치는 세상을 위한 것이 아니라, 화석 에너지 고갈을 대비하려는 것이죠. 이들이 가진 괴이한 믿음에 흔히 인류 멸망·멸종·외계인 침공·핵전쟁 등이 주제가 되는 이유입니다.

────────── 조금 괴상해도 괜찮아

사람들은 '이상한 사람'을 좋아하지는 않습니다. 오늘 당장 안테나가 달린 은색 철모를 쓰고 삐빅 삐빅 소리를 내면서 다녀 보십시오. 아마 소위 '이상한 사람'이 어떤 대접을 받는지 잘 알 수 있을 것입니다. 행인들은 연신 힐끔거리고 슬슬 당신을 피할 것입니다. 멀리서 킥킥거리며 사진을 찍는 사람도 볼 수 있을 것입니다. 오직 어린이만이 신기해하며 다가와 말을 걸겠죠.

그런데 일부 진화정신의학자는 이러한 괴짜성이 인류 진화의 원동력이었다고 주장합니다. 인류 멸망에 대한 믿음을 흔히 '아포칼립스Apocalypse'라고 합니다. 세상이 멸망한다는 묵시론적 믿음이죠. 그런데 이러한 믿음은 어떤 집단을 분열시키는 원동력이 되기도 합니다. 새로운 관습·새로운 믿음·새로운 미래에 대한 괴짜스러운 집착은 오히려 새로운 땅을 향한 강력한 동기를 유발할 수 있다는 것이죠. 이를 집단 분리 가설group splitting hypothesis이라고 합니다.

인류가 정주 생활을 시작한 것은 얼마 되지 않습니다. 수렵채집 생활을 하던 때에는, 사냥감과 채집감이 떨어지면 새로운 곳으로 이동해야만 했습니다. 구석기시대에는 흔한 일이었죠. '지금 사는 땅은 곧 자원이 부족해 망할 것이다'라는 세계 멸망에 대한 종말론적 믿음, 그리고 지금껏 가 보지 못한 새로운 땅으로 탈출하려는 소망은 집단 전체에 큰 이익을 가져다주었을 지도 모릅니다.

물론 이러한 집단 분리 가설을 입증하는 것은 거의 불가능하고 논란도 많습니다. 아직은 문학적 상상력 수준에 머물러 있습니다. 하지만 이 세상에 이토록 많은 '괴짜'들이 존재하고, 이들의 '괴상한 이야기'가 사랑받는 것을 보면 아마도 세상에는 어느 정도의 괴짜가 항상 필요한 것은 아닌지 모르겠습니다. 예상 밖의 결과를 얻는 사람은 예상할 수 없는 생각과 행동을 하는 사람입니다. 가끔은 그런 예상 밖의 결과가 '대박'이 되기도 합니다. 네. 조금은 괴상해도 괜찮습니다.

확성기를 든 남자가 빨간색으로 '세상의 종말'이라는 문구를 쓴 피켓을 들고 다닙니다. 시간이 없으니 얼른 회개하라고 외칩니다. 이렇게 세상의 종말을 홀로 외친 지도 벌써 십 년이 넘었습니다. 도대체 종말이 언제 온다는 건지 모르겠습니다. 신기한 것은 세계 어디를 가도 이런 사람들을 만날 수 있다는 것입니다. 묵시론적 예언을 설파하고 다니는 이들은 지혜로운 현자일까요? 아니면 정신이 좀 이상한 사람일까요?

종말을 외치는 사람들

~~~~~~

_____ 프레리도그

프레리도그는 '도그dog'라는 이름을 가지고 있지만 사실 설치류, 쥐입니다. 프레리도그는 집단을 이루고 사는 동물입니다. 그 집단의 규모는 수백 마리가 넘습니다. 큰 집단 안에는 작은 집단도 있습니다. 집단은 서로 갈등하며 텃세를 부리기도 하지만 그러면서도 아예 흩어지는 법은 없습니다. 땅을 파고 굴을 만들어 살고, 어떤 경우에는 수천 수만 마리가 거대 도시를 이루어 사는 경우도 있다고 합니다.

재미있게도 프레리도그는 종종 소리를 내서 위험을 주변에 알리는 특징이 있습니다. 정교한 의사소통 체계를 이용해 울음소리로 여러 가지 메시지를 전달합니다. 포식자가 찾아오면 소리를 내서 미리 경고하는 것입니다. 어떤 포식자인지에 따라서 소리도 조금씩 다릅니다. 당연한 일 아니냐고요? 아닙니다. 진화적으로는 참 이상한 일입니다.

소리를 내는 녀석은 아무래도 독수리 같은 포식자의 눈에 잘 띌 것입니다. 남에게 경고를 해 주다가 자칫하면 자기 목숨을 잃을 수도 있습니다. 조용히 숨죽이고 땅굴로 도망치는 편이 훨씬 유리합니다. 게다가 독수리가 그냥 휙 지나가 버리기라도 하면, 다른 녀석들에게 '양치기 소년'이라면서 핀잔을 들을지도 모르는 일이죠. 그런데도 굴하지 않고 '독수리가 나타났다!'를 외치고 다니는 것입니다. 이런 이상한 행동은 어떻게 진화한 것일까요?

───────── 오류 관리 이론

작은 일에도 놀라는 사람, 늘 노심초사 걱정이 많은 사람이 있습니다. 밧줄을 보고 뱀이라고 놀라고 솥뚜껑을 보고 자라라며 놀랍니다. 이러한 불안장애는 가장 흔한 정신장애 중 하나입니다. 위험이 없는데 놀라고 걱정하거나 혹은 작은 위험에 지나치게 불안해하는 경우에 불안장애 진단을 내립니다. 특정한 대상에 대해 공포감을 보이는 경우도 있고, 전반적으로 불안·초조에 시달리는 경우도 있죠.

어쩌다가 이런 환자가 있다면 마음 어딘가가 고장 나서 그런가 보다 하겠지만, 그러기에는 불안을 호소하는 사람이 너무 많습니다. 조사 기준에 따라 조금씩 다르지만, 일부 연구에서는 가장 흔한 정신장애가 바로 불안장애라고 합니다(니코틴 중독이 더 많다는 연구도 있습니다). 아무튼 이렇게 많은 사람이 불안에 시달린다면 그냥 '병'이라고 치부하기는 어려운 일입니다.

진화심리학자 마티 헤이즐턴Martie Haselton과 데이비드 버스David Buss는 이러한 현상을 설명하기 위해 오류 관리 이론을 제안합니다. 물론 처음부터 불안장애를 설명하려고 고안한 이론은 아니지만 불안이라는 현상이야말로 이 이론으로 아주 잘 설명됩니다. 오류 관리 이론을 간단히 말하면, 특정한 형질의 상대적인 적합도에 따라서 형질이 진화적으로 선택되는 것이 아니라, 특정 형질의 유무에 따라서 나타나는 이익과 손해의 총량에 따라 해당 형질이 선택된다는 것입니다.

########## 내가 사는 불안

예를 들어 밧줄을 보고 뱀이라고 놀라며 호들갑을 떠는 사람, 그리고 어지간하면 잘 놀라지 않는 사람이 있다고 해 볼까요? 호들갑 씨의 삶은 아주 고단합니다. 지나가다 뭔가 늘어진 줄만 봐도 가슴이 덜컹 내려앉습니다. 빨랫줄을 보아도, 줄넘기하는 아이를 보아도 불안이 몰려옵니다. 이래서야 도무지 행복하다고 할 수 없습니다. 반면에 무덤덤 씨의 삶은 평온합니다. 불안에서 해방된 안정되고 행복한 삶입니다.

하지만 과거 선조들이 살던 세상에서는 어땠을까요? 뱀이 우글거리는 환경에서 살던 고대라면 무덤덤 씨는 수시로 뱀에 물릴 것입니다. 그러다 독사에 물리기라도 하면, 짧은 인생을 끝마치게 됩니다. 물론 '평온한' 마음으로 죽음을 맞이할 수 있었겠지만 말입니다. 반대로 호들갑 씨는 어떻게든 살아남습니다. 초조와 불안으로 두 눈이 벌겋게 충혈되는 일이 있더라도, 살아남기는 하는 것이죠.

오류 관리 이론에 의하면 밧줄을 뱀으로 보는 오류보다 뱀을 밧줄로 착각하는 오류가 생존에 훨씬 불리합니다. 따라서 인구 집단 내에는 밧줄을 뱀으로 오인하는 호들갑 유전자가 점점 많아집니다. 험난한 환경에서 겨우겨우 살아남은 고대인의 후손이 바로 지금의 우리입니다. 불필요한 불안에 시달린다고 불평하겠지만, 사실은 아주 '필요했던' 불안입니다.

─────── 종말을 알리는 사람들

인류는 프레리도그보다 훨씬 정교한 언어 체계와 훨씬 복잡한 사회구조를 이루며 살아갑니다. 혼자 숨어서 불안해하는 사람보다, 자신의 불안을 주변에 신속하게 알리는 사람이 가족과 친척의 목숨을 구할 수 있었을 것입니다. 아마 무덤덤 씨도 이런 호들갑 씨의 호들갑 덕분에 위기를 넘기는 일이 적지 않았을 것입니다. 물론 단순한 호들갑으로 끝나는 경우가 훨씬 많았겠습니다만.

아마 현대사회에서는 뉴스와 언론이 이런 역할을 하고 있는지도 모릅니다. 신문은 안 좋은 이야기로 가득합니다. 종종 과장된 오보로 신문사가 망신을 당하는 일도 있습니다. 하지만 오보를 줄이기 위해 심사숙고를 거듭하는 신문보다는, 조금 오보가 있더라도 얼른 세상에 위험한 소식을 알리는 신문이 훨씬 유익합니다. 최소한 오류 관리 이론에 따르면 말이죠(물론 일부러 오보를 내는 경우는 제외합니다).

오지도 않은 위기를 떠들고, 벌어지지 않은 전쟁의 위험을 알리며, 당장 대책을 세우지 않으면 큰일 난다고 떠드는 사람이 있습니다. 어떤 의미에서는 사회에 공연한 불안을 야기하고, 위기를 과장하는 것입니다. 하지만 그렇게만 볼 일이 아닙니다. 이들은 인류가 진화해 온 긴 시간 동안 사람들의 조롱에 시달리면서도, 자신이 속한 집단에 곧 닥칠지 모르는 위험을 알린 위대한 선지자의 후손입니다.

불안에서 자유로운 사람은 한 명도 없습니다. 우리는 불안에서 해방되고 싶어 하지만 살아 있는 동안은 그럴 가능성이 없습니다. 물론 병적인 불안이라면 얼른 정신과에 가서 상담을 받아야 합니다. 하지만 삶에 대한 적당한 불안과 건강한 염려라면 역설적으로 우리 삶의 쓴 보약이 될 수도 있습니다.

살인·강도·강간·사기·절도 등. 신문 사회 면을 들춰 보면 끔찍한 사건이 줄을 잇습니다. 물론 한국은 범죄율이 상당히 낮은 국가입니다만, 그래도 인면수심의 범죄는 항상 일어나고 있습니다. 도대체 반사회성이라는 행동 특성은 어떻게 진화할 수 있었을까요?

나쁜 사람이 살아남는 법

─────── 반사회성의 딜레마

인간은 그 어떤 동물보다도 높은 수준의 사회성을 가지고 있습니다. 흔히 개미나 꿀벌을 '진사회성'을 가진 동물이라고 하는데, 어떤 면에서 인간의 사회성은 이러한 사회적 곤충보다도 훨씬 높습니다. 고도의 언어능력, 그리고 유전자를 공유하지 않는 개체와 호혜적인 이타성을 나누는 행동은 아주 특별합니다. 개미는 개미 집단을 위해서 몸도 내놓을 정도로 사회성이 강하지만, 사실 한 무리의 개미는 모두 가까운 친척입니다. 인간처럼 생면부지의 동류와 협력하는 일은 없습니다.

인류는 놀라운 수준의 사회적 협력을 통해서 큰 이익을 얻었고, 지구상의 지배적인 종이 될 수 있었습니다. 인류 문명의 가장 핵심적인 요소 중 하나는 바로 사회성입니다. 그런데 세상에는 협력하는 사람만 있는 것이 아닙니다. 도무지 사회성이라고는 모르는 사람이 있습니다. 협력을 모르는 사람이죠. 협력을 하는 경우에도 사실은 거짓이나 사기인 경우가 많고, 양심의 가책도 없이 도중에 거래를 끊습니다. 대책 없는 사람입니다.

이것은 진화적으로 참 이상한 일입니다. 사회성이 유리한 형질이라면 분명 반사회적 형질은 이미 사라졌어야 마땅합니다. 남들이 향유하는 협력의 이익을 혼자만 누리지 못하기 때문이죠. 그런데 그렇지 않습니다. 어느 사회나 반사회성을 가진 사람이 있습니다. 그뿐 아닙니다. 사실 우리 모두의 마음에는 이런 반사회성의 본성이 숨어 있습니다. 반사회성의 딜레마입니다.

_____ 반사회성, '나쁜' 사람들의 성공 전략

반사회적인 사람들은, 쉽게 말하면 '나쁜' 사람입니다. 다른 사람을 괴롭히고 협박합니다. 뜻대로 안 되면 신체적인 싸움을 벌이는데, 맨주먹으로 싸우지 않습니다. 병을 깨서 거꾸로 들고, 벽돌을 집습니다. 총도 쏘고 칼도 휘두르죠. 잔혹한 행동을 하는 데에 사람과 동물을 가리지 않습니다.

남의 물건에도 함부로 손을 댑니다. 대놓고 강도질을 하고 날치기를 합니다. 필요하면 몰래 남의 집에 들어가서 도둑질을 합니다. 심지어 원하지도 않는 남의 물건을 마구 부수고, 불을 지르기도 하죠. 이들은 거짓말도 능숙한데, 신분을 속이거나 문서를 위조하는 일도 잦습니다. 머리가 좋은 경우에는 아주 교묘한 협잡과 사기를 꾸밉니다.

누구나 남의 물건에 탐을 내 본 적이 있을 것입니다. 친구와

주먹다짐을 한 적도 있겠죠. 하지만 반사회성을 가진 사람의 행동은 혼란스러운 청소년기에 잠깐 나타나는 문제적인 행동과는 본질적으로 다릅니다. 대부분 15세 이전의 어린 나이에 시작해 평생 지속합니다. 어떤 사람은 삶의 상당 기간을 교도소에서 보내기도 합니다.

이는 언뜻 보면 진화적으로 도무지 성공적일 것 같지 않은 전략입니다. 그런데 진화정신의학적 관점에서 보면 꼭 그런 것은 아닙니다.

세상에 적응하는 두 가지 방법이 있습니다. 첫째는 자신이 처한 환경에 순응하는 수동적 전략이죠. 인간의 생태적 환경은 주로 사회적 상황에 좌우되기 때문에, 결국 순응이란 사회적 관습과 규율에 대한 순응입니다. 둘째는 환경을 자신의 뜻대로 바꾸려는 능동적 생존 전략입니다. 이들은 자신이 바뀌기보다는 주변을 바꾸려고 합니다. 이 두 가지 전략은 서로 경합합니다. 최소한 '자연의 눈에서 보면' 어느 하나가 전적으로 유리하거나 불리하지 않습니다.

물론 안정적인 사회에서는 반사회성이 발을 붙이기 어렵습니다. 뭇사람의 지탄을 받는 데다가, 제대로 된 직장을 얻기도 어렵습니다. 전과가 쌓이고 실형을 사는 일이 많아집니다. 진화적 게임 이론에 의하면 협력에 기반한 사회성이 보다 우월하기 때문에, 집단의 다수는 협력을 택합니다. 반사회적인 행동을 제압하는 법이나 규율은, 어떤 의미에서 사회성을 가진 사람들의 이

●

사회성이 유리한 형질이라면
반사회적 형질은 이미 사라졌어야 마땅합니다.
남들이 향유하는 협력의 이익을
혼자만 누리지 못하기 때문이죠.

그런데 그렇지 않습니다.
사실 우리 모두의 마음에는 이런 반사회성의 본성이
숨어 있습니다. 반사회성의 딜레마입니다.

익을 높여 주는 문화적 장치라고 할 수 있죠.

하지만 반사회성이 이익을 보는 경우도 있습니다. 첫째, 환경을 예측하기 너무 어려워진 경우입니다. 당장 내일 굶을지 모르는 상황에서는 법이고 전통이고 없습니다. 점잖게 앉아 굶어 죽는 것보다는, 쌀을 훔치든 돈을 뺏든 일단 주린 배를 채우는 것이 이익이죠. 둘째, 협력의 이익이 감소한 경우입니다. 한 번 보고 다시 안 볼 상황이라면 대충 등쳐 먹고 도망치는 것이 유리합니다. 관광객을 대상으로 한 사기가 흔한 이유죠. 셋째, 협력자가 너무 많아진 경우입니다. 역설적인 말이지만, 착한 사람만 사는 세상에 유일하게 '나쁜' 사람이 있다면, 그 사람이 아마 그 세상의 왕이 될 것입니다.

_____ 반사회성과 개척자

앞서 반사회적인 사람을 '나쁜' 사람이라고 했지만, 사실 자연의 세계에는 옳고 그름이 없습니다. 사자가 사슴을 잡아먹지만, 그렇다고 사슴은 착하고 사자는 악한 것이 아닙니다. 선악의 개념은 인간 사회에서 처음 생겼습니다. 반사회적 행동은 다수의 사람에게 피해를 입히므로 '악'한 행동으로 굳어진 것인지도 모릅니다. 모든 사람이 꺼리고 있기 때문에 이들은 감옥에서 인생을 허비합니다. 그럼에도 불구하고 반사회적인 사람은 인간 사회에 늘 있을 것입니다. 인간의 원초적 본성이기 때문이죠.

발달적인 측면에서 반사회성은 유년기의 경험과 깊은 관련이 있습니다. 인간은 초기 유년기의 양육 환경을 통해서, 세상이 어떨 것이라는 의식과 그 수준을 예측하게 됩니다. 그리고 그러한 예측에 맞추어서 프로그램화된 발달 과정을 겪게 됩니다. 따뜻하고 풍족한 환경을 제공해 주면 그런 환경에 적합한 행동 패턴을, 그리고 춥고 배고픈 환경을 제공해 주면 그런 환경에 적합한 행동 패턴이 나타납니다. 진화적으로 프로그램화된 유연한 발달 전략입니다.

그렇다면 어린아이들에게 충분한 사랑과 관심을 주면 반사회적인 사람이 없어질까요? 그렇지 않습니다. 사실 반사회성의 기준은 사회가 만든 것이므로 시간이 지나면 점점 그 기준이 높아지고 반사회성을 보이는 사람의 비율은 여전히 비슷할 것입니다. 범죄가 전혀 없는 세상에서는 노상방뇨가 극악한 범죄가 될지도 모르는 일이죠.

소위 반사회성에 속하는 행동 패턴은 예측하기 어려운 새로운 환경에서 그 빛을 발합니다. 이들은 타고난 단독 플레이어인데, 낯설고 척박한 환경에서 어떤 식으로든 생존해 냅니다. 대항해시대를 이끌던 모험가들은, 사실 바다를 누비던 해적의 다른 이름입니다. 유럽의 여러 정부에서는 해적에게 '사략증', 즉 사적으로 약탈하는 것을 허용하는 허가증을 발부하기도 했었죠. 그리고 이들은 얌전한 신사라면 도저히 엄두도 못낼 일을 해냈습니다. 안타깝게도 현대 문명사회에는 이들이 발붙일 곳은 별로 없겠지만 말입니다.

하지만 해적이나 침략자 수준은 아니더라도, 우리 모두의 마음에는 법이나 규율 따위는 때려치우고 야성에 따라 살고 싶은 본능이 있습니다. 발칙한 말이지만, 혹시 내적인 야수의 본능을 억지로 누르고 있다면 자신의 '능력'이 꼭 필요한 곳에 도전해 보는 것은 어떨까요? 어두운 뒷골목의 세계가 아니라, 미개척지를 홀로 탐험하는 개척자로 말이죠.

▷

~~~~~~

정신장애는 단지 사회적으로 만들어진 신화라는 오랜 주장이 있습니다. 정신장애는 흔히 평소에 보인 이상한 말이나 행동과 같은 병력, 그리고 정신과 의사의 면담을 통해서 진단합니다. 그런데 평소에 보인 '이상한' 언행이라는 말이 좀 '이상'하다는 주장이죠. 그 '이상한'이라는 기준은 어차피 세상이 만든 것이 아니냐는 것입니다. 게다가 정신과 의사는 신이 아니니, 그동안 살아온 환경에서 벗어나기 어렵습니다. 그러니 단지 '정신과 의사'라는 권위를 통해서 어떤 사람의 언행을 사회적으로 '이상한' 것으로 공인하는 역할을 할 뿐이라는 것입니다.

정신장애는 정말 있는가?

~~~~~~~~~~~~~~~~~~~~~~~~~

_____ 라벨 붙이기

1950년대 무렵부터 많은 학자들이 이른바 '라벨 붙이기labeling 이론'을 주장했습니다. 즉 정신장애는 '다른' 행동에 대한 일종의 사회적 설명이며, 집단적인 통제 장치라는 것입니다. 예를 들어 결혼식에 반바지를 입고 갔다고 합시다. 하객이라면 백 번 양보해서 봐줄 수 있겠지만, 신랑이나 신부가 그런 행동을 한다면 누가 봐도 '이상한' 일입니다. 게다가 "영원히 사랑하겠는가?"라는 서약의 질문에 "글쎄요, 확답은 어렵겠는데요"라고 답한다면 아마 하객들은 '저 사람이 단단히 미쳤구나!'라고 생각할 것입니다.

사회적 규범과 질서는 특수한 역사적 배경과 생태학적 환경, 인간의 본성이 어우러져 결정된 독특한 문화적 산물입니다. 따라서 이러한 규범과 질서를 어기면 집단의 제재를 받게 됩니다. 한국의 자동차는 오른쪽으로 가고, 일본의 자동차는 왼쪽으로

갑니다. 어떤 것을 정상이거나 이상이라고 할 수 없습니다. 그럼에도 불구하고 반대 차선으로 가면 제재를 받습니다.

1972년, 심리학자 데이비드 로젠한David Rosenhan은 가짜 환자를 정신병원에 보내 의사에게 진단을 받게 했습니다. 이 가짜 환자는 환청이 들린다며 거짓말을 했는데, 가짜 환자 8명 중 단 한 명을 제외하고는 모두 '조현병'을 앓는다고 진단되었습니다. 로젠한은 이 유명한 실험을 통해서, '정신의학의 라벨은 하나의 생명을 가진 존재'라고 했습니다. 의사가 일단 그런 진단을 내리고 나면, 가족과 친구들은 조현병의 '전형적인' 증상을 보려고 기대한다는 것이죠. 심지어 본인도 그런 행동을 은연중에 보이면서, 착한 환자 역할을 하려 한다고 주장했습니다.

_____ 라벨 붙이기라는 또 다른 라벨

하지만 데이비드 로젠한의 실험은 이후 큰 비판을 받았습니다. 가짜로 증상을 호소해도 증상에 맞는 진단을 받는 것은 당연한 일입니다. 당장 가까운 병원에 찾아가 오른쪽 아래의 배가 아프다고 이야기해 볼까요? 의사가 배를 살짝 누르다가 뗄 때, '아얏'이라고 신음을 내 보십시오. 아마 의사는 충수돌기염일 가능성이 높다고 진단할 것입니다. 그렇다면 여러분에게 충수돌기염이라는 사회적 라벨을 붙인 것일까요?

많은 정신의학자나 인류학자들은 라벨 붙이기 이론에 그다지 공감하지 않습니다. 비록 특정한 말이나 행동이 집단 내에서

'이상'한 것으로 취급될 수는 있지만, 라벨 자체가 살아 있는 실체라는 주장은 과도하다고 생각합니다. 인류학자 로버트 에저턴Robert Edgerton은 라벨, 행위, 행위 이전의 인지 등 여러 과정이 모두 사회적 산물이라고 주장했습니다. 라벨이 없어도 정신장애는 존재할 수 있고, 행위가 없어도 라벨은 있을 수 있으며, 인지하지 못해도 정신장애가 있을 수 있다는 것이죠. 옳은 말입니다. 정신과 의사가 터무니없는 라벨을 붙이면, 가족이나 환자가 그 라벨을 순순하게 받아들일 리 없습니다. 그는 이렇게 말했습니다.

> "정신장애는 단순한 '신화'도 아니고, 단순한 '사회문제'도 아니다. 사고, 감정 및 행동에 대한 의료적 개입이 필요한 진정한 장애는 존재한다. 정신의학적 진단은 증상과 징후를 과학적으로 분류하는 성실한 경험적 노력이다."
>
> — 로버트 에저턴, 『정신장애의 '인정'에 대하여』

사실 다양한 문화권에서 발견되는 정신장애의 양상을 연구하는 민족정신의학자들은 이러한 주장에 동의합니다. 정신장애를 판별하는 데 사용되는 증상적 단서는, 서아프리카나 알래스카에 사는 원주민 사회에서 사용되는 단서와 아주 유사합니다. 이는 다음과 같이 정리할 수 있습니다.

첫째, 해당 사회에서 인정되는 일상적인 행동 양식에서 벗어나는 기이한 언행, 부적절한 행태, 자타에게 위험한 행동을 그대로 내버려 두는 문화는 없다.

둘째, 정신장애에 해당한다고 간주되는 특정한 언어나 행동은, 비록 그 표현이나 중요성이 다르더라도 여러 문화에서 공통적으로 나타난다.

─────── **정신장애의 핵심 원인이 따로 있다?**

그래서 어떤 사람은 정신장애가 오로지 특정한 핵심 원인에 의한 것이라고 생각합니다. 겉으로 드러나는 증상의 다양함은 마치 결핵을 앓는 환자의 증상이 모두 다른 것과 마찬가지라는 것이죠. 폐결핵과 골결핵과 뇌결핵의 증상은 아주 다르지만, 원인균은 동일합니다. 따라서 사회적 환경이나 문화는 정신장애의 증상에 약간 영향을 미칠 뿐, 핵심 원인과는 무관하다는 것입니다. 하지만 정말 그럴까요?

지금까지 정신장애의 진정한 원인을 찾으려고 다양하게 시도했지만 모두 실패했습니다. 우리는 아직도 정신장애가 왜 생기는지 잘 모릅니다. 미리 예측도 못하고, 예방은 더더욱 못합니다. 정신장애에 대한 백신은 없으며, 완치라는 개념도 없습니다. 해 줄 수 있는 말이라고는 다양한 원인에 의해 발병하고, 다양한 치료법을 시도해야 하며, 다양한 경과를 보인다는 것입니다. 정말 맥 빠지는 말입니다.

남다른 측면을 가진 사람은
이미 남들보다 힘겨운 삶을 살고 있습니다.
얼마나 많은 사람이 몸에 맞지 않는 침대에서
괴로워하게 잠을 청하고 있는지 모릅니다.

그런데 그들을 정말 힘들게 하는 것은
너무 크거나 작은 자신의 키도, 잘 맞지 않는 침대도 아닙니다.
혹시 자신의 키와 침대가 맞지 않는다는 것을
다른 사람이 알아채지 않을까 하는 걱정입니다.

기존의 의학적 접근법은 이상하게도 정신장애에서는 큰 재미를 보지 못하고 있습니다. 수술도 해 보고, 전기 치료도 해 보고, 약물 치료도 하고, 정신 치료도 합니다. 심지어 연극도 하고, 음악도 들려주고, 춤도 춥니다. 하지만 대부분은 효과가 제한적이거나 혹은 증상 경감에 그칩니다. 정신장애를 100퍼센트 고칠 수 있다며 장담하는 의사가 있다면, 그는 100퍼센트 사기꾼입니다.

_____ 키 큰 사람과 키 작은 사람

프로크루스테스라는 도적이 있었습니다. 길을 가는 나그네에게 음식을 주고, 잠잘 곳도 주었습니다. 그러다 손님이 침대에 누우면 본색을 드러냈습니다. 침대보다 키가 큰 손님이 있으면, 밖으로 나온 다리를 잘라 버렸습니다. 침대보다 키가 작은 손님이 있으면 다리를 죽 당겨서 늘렸죠. 손님은 모두 죽었습니다.

분명 키가 큰 사람과 키가 작은 사람은 여러 가지로 불편하게 살아갑니다. 문턱을 넘을 때마다 머리를 찧기도 하고, 차 지붕에 머리를 부딪기도 합니다. 높은 곳에 있는 것을 집을 수도 없고, 버스 손잡이도 못 잡죠. 어떤 의미에서는 '사회적으로 바람직한 행동'을 하지 못하는 사람입니다.

신장은 유전적 본성과 사회적 환경의 영향을 다양하게 받습니다. 단일한 핵심 원인은 없습니다. 그렇다고 키가 크거나 작은 현상이 아예 존재하지도 않은데, 단지 사회적으로 결정되는 것도 아닙니다. 분명한 물리적 현실입니다. 호르몬 이상으로 인해 발생한 경우에는 약물이나 수술을 통해 치료할 수 있습니다(의학적 개입). 각자의 키에 맞는 넉넉한 침대를 마련할 수도 있습니다(사회적 개입). 그러나 더 중요한 일이 있습니다.

흔히 정신장애가 '의지'의 문제라고 생각합니다. 그러나 의지를 통해서 키를 늘리거나 줄일 수 없는 것처럼, 인간의 마음도 의지대로 되는 것이 아닙니다. 개인의 잘못이 아닙니다. 그러니 비난받을 일도 아닙니다. 그렇다고 사회에 전적으로 책임을 물을 수도 없습니다. 물론 기아와 질병에 시달리는 사회라면 키가 작은 사람이 많을 것입니다. 그러나 보건과 영양이 양호한 사회에도 키가 남다른 사람은 여전히 있습니다.

남다른 특징을 가진 사람은 이미 남들보다 힘겨운 삶을 살고 있습니다. 얼마나 많은 사람이 몸에 맞지 않는 침대에서 불편하게 잠을 청하고 있는지 모릅니다. 그런데 그들을 정말 힘들게 하는 것은 너무 크거나 작은 자신의 키도, 잘 맞지 않는 침대도 아닙니다. 혹시 자신의 키와 침대가 맞지 않는다는 것을 다른 사람이 알아채지 않을까 하는 걱정입니다.

정신장애는 아예 존재하지도 않는다는 주장 혹은 남다른 언행은 모두 '질병'으로 간주해야 한다는 주장은 모두 옳지 못합니다. 정신장애는 분명히 존재하는 생물학적 상태입니다. 그러나 천형도 아니고, 죄악은 더더욱 아닙니다. 인간이 가진 다양성의 한 모습입니다. 치료도 필요하고, 복지도 필요합니다. 하지만 가장 중요한 문제는 차별과 편견입니다. 사회라는 가면을 쓴 프로크루스테스가 나타나서 자신의 다리를 자르거나 혹은 죽 늘려 버리는 것은 아닌지, 정신장애인들은 걱정합니다.

영웅 테세우스는 프로크루스테스를 붙잡아서 침대에 눕힙니다. 그런데 정작 프로크루스테스 본인도 침대에 맞지 않았죠. 테세우스는 똑같은 방법으로 그의 머리와 다리를 잘라 버립니다. 인간은 모두 타인에 대한 프로크루스테스적 본성을 가지고 있습니다. 자신의 기준에 따라 남을 이리저리 재단하려고 합니다. 하지만 자신의 기준에 사람들을 맞추려고 하면 결국 그들은 죽게 됩니다. 물론 본인도 결국 자신이 만든 기준에 희생당하게 됩니다.

生存을 위해 만들어진

공감

인간은 언어를 사용하는 거의 유일한 동물입니다. 박쥐나 고래도 초음파로 대화를 하고, 꿀벌도 꽃의 위치를 알리기 위해 춤을 춘다고 하지만 인간이 사용하는 복잡하고 세련된 언어와 비견하기 어렵습니다. 단지 물리적 사실에 대한 정보를 알려 주는 신호체계에 비해 인간 언어는 대단히 정교합니다. 마음속 공명을 일으키는 깊은 이해가 바로 언어를 통해 실현됩니다.

인간이 다른 사람과 같이 살기로 한 지 수백만 년이 흘렀습니다. 집단의 크기는 점점 커졌습니다. 이제는 거의 전 인류가 사실상 하나의 집단을 구성하고 살아갑니다. 사회 갈등을 해결하기 위해서 공감과 소통이 필요하다는 이야기는 수없이 들었지만, 어떤 의미에서는 불필요한 설교입니다. 우리는 누가 시키지 않아도 끊임없이 공감하고 소통합니다. 카카오톡, 페이스북, 인스타그램, 트위터는 지금 이 순간에도 수억 가지 이야기를 전달하고 있습니다.

타인을 움직이는 방법은 크게 세 가지가 있습니다. 첫째는 당근입니다. 하기 싫은 일을 시키려면 무엇이라도 주면 됩니다. 돈을 주든 떡을 주든 말이죠. 졸린 눈을 비비며 아침부터 직장에 출근하는 이유입니다. 둘째는 채찍입니다. 총부리를 들이대면 누구나 고분고분 양순해집니다. 하지만 이 두 가지 방법은 비용도 많이 들고 부작용도 적지 않습니다. 게다가 대다수 사람은 타인을 움직일 만한 당근이나 채찍이 없습니다. 돈도 없고, 총도 없습니다.

공감은 돈도 들지 않고, 총칼도 필요 없습니다. 타인의 생각과 감정을 내 안으로 수용해 같이 느끼는 것을 공감이라고 합니다. 공감을 통해서 우리는 자발적으로 자신의 감정과 생각을 바꾸고, 급기야는 행동도 바꾸게 됩니다. 말 그대로 마음 깊은 곳에서 따르는 것입니다. 공감은 사실상 공짜인 데다가 그 힘도 강력하고 오래 갑니다. 타인을 움직이는 세 번째 방법입니다.

하지만 공감이 좋은 방향으로만 사용된다고 믿는다면 세상에 대한 '공감' 능력이 부족한 것입니다. 강력하고 오래가는 값싼 설득 수단을 사람들이 그냥 둘 리 없습니다. 우리는 적극적으로 자신의 목적을 위해서 공감의 힘을 이용하려고 합니다. 아름다운 연예인이 거의 숨이 넘어갈 지경으로 맛있게 라면을 먹습니다. 물론 광고라는 것을 잘 알지만, 군침이 흐릅니다. 쇼핑카트에 라면 상자가 쌓입니다. 포스터에는 배만 볼록 나온 제3세계 어린이가 흙바닥에 앉아 맑은 눈망울을 글썽이고 있습니다. 모금함에 후원금이 쌓입니다. 사람들의 공감을 불러일으키는 메시지야말로 당근과 채찍보다 강력한 힘입니다. 말의 힘, 공감의 힘입니다.

인간은 모두 자신을 위해 살아갑니다. 그러나 거기서 멈추었다면 아마 지금 같은 문명을 이루지 못했을 것입니다. 인간은 그럴싸한 이야기를 만들어 내서 사람을 하나로 모았습니다. 물길을 바로 잡고 황무지를 개간하고 사통팔달의 길을 내었습니다. 협력과 공생을 통해서 전보다 더 많은 것을 이루어 냈습니다. 급기야 사후세계를 만들고 상상 속 외적을 만들어 냈습니다. 죽은 자를 위한 피라미드를 만들기 위해서 수많은 사람이 한 번뿐인 삶을 허비했습니다. 이쪽 무리와 저쪽 무리가 서로에게 적이 되면서 그 사이에 거대한 벽이 쌓였습니다. 그리고 전쟁을 벌이고 죽고 죽였습니다.

물론 서로 생존을 위해서 싸우고 경쟁하고 심지어 죽이기도 하는 일은 자연의 세계에서 흔히 일어납니다. 그런데 인간은 여기서 조금 더 나아갔습니다. 이익이 되지 않아도 싸웁니다. 가미카제 폭격을 하고 자살 폭탄 테러를 합니다. 본 적도 없는 사람을 미워하고, 경쟁하지 않는 사람을 질투합니다. 말이 다르다고, 생김새가 다르다고, 생각이 다르다고, 믿음이 다르다고, 서로 증오하고 추방하고 죽입니다. 물론 '전혀 이유 없이' 그러는 것은 아닙니다. 인간이 만들어 낸 이야기에 깊이 공감하기 때문입니다. 다만 서로 다른 이야기에 공감할 뿐이죠.

당신의 삶의 목표는 무엇입니까? 오늘도 앞으로 달려 나가고 있지만, 정말 그런 목표에 '동의'한 적이 있습니까? 죽는 날까지 가장 멀리 가고, 가장 많이 쌓는 것이 유일한 삶의 목적이 아니라면 무엇을 위해서 그렇게 열심히 사는 것인지 되물어 봐야 합니다. 하지만 도무지 찾을 수가 없습니다. 아마 피라미드를 건설한 인부도, 성벽을 만든 일꾼도 열심히 하루하루 살았을 것입니다. 자신의 숙명은 죽은 자를 위한 무덤을 만들고, 다른 부락과 경계를 짓는 벽을 만드는 일이라고 생각했을지도 모르죠. 어디서 어떻게 마음속에 들어왔는지 모르는 '이야기'를 믿고 따르는 것입니다.

우리는 더불어 살아가야 합니다. 하지만 더불어'만' 살아가야 하는 것은 아닙니다. 삶의 여러 기쁨은 다른 이와 어울리며 누릴 수 있지만, 역시 삶의 여러 불행도 다른 이와 어울리며 생겨납니다. 너와 내가 다를 수밖에 없습니다. 그런데도 우리는 모두 같은 생각을 해야 한다고 주장합니다. 만들어진 공감에 스스로 속아 '우리는 하나!'를 외치고, '너희는 달라!'라고 부르짖습니다. 둘 사이의 현명한 균형점을 찾는 일은 모든 인류를 하나로 뭉치게 하겠다는 이상보다 훨씬 더 어려운 일입니다. 그래서 많은 사람은 차라리 이룰 수 없는 이상을 추구하는 편을 택합니다. 모두를 하나로 만들겠다는 이상을 추구하거나 아예 산속으로 들어가 은둔하는 삶을 택합니다. 같이 살기 위해 인류가 치러야 하는 어쩔 수 없는 불행일까요?

동네 커피숍에 삼삼오오 모인 사람들이 서로 웃고 떠들며 속닥거립니다. 대체 무슨 이야기를 하는 것일까요? 물론 대화의 주된 내용은 보통 영양가 없는 잡담이죠. 혼자 있을 때도 혼자 있는 것이 아닙니다. 여러 개의 '단톡방'을 가득 메운, 재미있긴 하지만 알고 보면 그저 그런 이야기들에 눈을 떼지 못합니다. 트위터와 페이스북은 이러한 잡담 본능을 이용해 성장한 회사죠. 도대체 인간은 왜 이렇게 '수다'를 떨며 사는 것일까요?

수다를 떠는 인간

_____ 사회적 결속과 잡담

원시인이 등장하는 영화를 본 적이 한 번쯤은 있을 것입니다. 대충 걸친 가죽 옷과 부스스한 머리칼을 한 원시인들이 엉거주춤한 자세로 돌아다닙니다. '크어어억' 같은 괴상한 소리를 내며 대화하는데, 말이라기보다는 고함이나 감탄사에 가깝죠. 엉성한 옷차림·자세·언어는 문명사회에 접어들면서 문화가 점점 세련되게 바뀌었다는 선입관을 반영한 것이죠. 그리고 인류의 진화를 추동한 원동력은 바로 '도구'의 사용이라고 주장합니다.

하지만 인류학자 로빈 던바Robin Dunbar는 아주 흥미로운 주장을 발표합니다. 1990년대 초반, 그는 인류의 진화가 도구의 사용이 아니라, 언어의 발달을 통해서 일어났다고 주장합니다. 언어의 원래 기능은 그리 고상한 것이 아니라, 단지 '수다 떨기'에 가깝다는 것이죠. 다시 말해서 '언덕 너머에 맛 좋은 과일이 있고, 손도끼의 날은 이렇게 다듬는다'는 종류의 대화가 아니라, 'A랑 B가 같이 잤대. 근데 C가 B를 좋아하거든. C가 불쌍하지만, 뭐 C도 D랑 잔 적이 있으니까⋯⋯'라는 식의 시시한 대화가 언어의 기원이라는 것이죠. 좀 실망스럽죠?

하지만 수다 떨기는 사회적 결속에 아주 효과적입니다. 기술적 정보는 종종 대상을 가리지 않고 전달됩니다. 예를 들면 '학교 수업'과 마찬가지죠. 하지만 사회적 정보는 '끼리끼리' 공유됩니다. 이러한 정보의 편차는 집단생활을 하던 인류의 생존에 아주 중요한 역할을 미쳤을 것으로 보입니다. 던바는 대학 구내식당에서 오가는 대화를 분석해 보았습니다. 학문적인 이야기는 고작 20퍼센트에 불과했죠. 나머지는 죄다 수다였습니다.

─────── 언어의 기원, 수다

유인원들은 털 고르기를 하며 많은 시간을 보냅니다. 털 고르기를 하는 유인원 두 마리는 서로 사랑하는 암컷과 수컷이 아닙니다. 상당수는 동성 간에 일어나며, 특히 같은 파벌 내에서 털 고르기를 훨씬 많이 하죠. 서로 털을 고르며 친소 관계를 구분하며 점점 공고한 결속을 만들어 나갑니다.

그런데 집단이 어느 정도 규모 이상 커지면 문제가 생깁니다. 많은 상대와 털 고르기를 하다 보면 정작 먹이를 구할 시간이 없어집니다. 털 고르기에 투자할 수 있는 시간의 상한선은 하루의 약 20퍼센트입니다(개코원숭이가 털 고르기에 투자하는 시간은 19퍼센트로, 유인원 중 제일 높습니다). 인류는 다른 영장류보다 더 큰 집단을 이루며 삽니다. 하루 20퍼센트 시간은 충분한 세력을 만들 만큼 털 고르기를 하기엔 부족합니다. 게다가 더 중요한 이유! 인류는 털이 별로 없습니다.

던바는 이 시점에서 인류가 언어를 발명했다고 주장합니다. 평균 54마리로 구성된 침팬지에 비해서 2.7배나 큰 집단(평균 148명)을 유지하려면, 하루 종일 털만 고르고 다녀야 합니다. 불가능하죠. 언어는 털 고르기보다 평균 3배 정도 효과적입니다. 수다는 보통 4명으로 이루어진 집단에서 가장 많이 일어나거든요. 커피숍에서 가장 흔한 테이블도 4인용입니다.

던바의 주장은 상당한 대중적 인기를 얻었습니다. '사회적 관계를 많이 맺는 사람이 보다 진화한 사람이다', '적절한 친구의 숫자는 150명이다', '잡담은 시간 낭비가 아니다'라는 이상한 주장을 뒷받침하는 이론으로 이용되었죠. 그러나 그의 주장은 허점이 많습니다. 일단 두뇌 크기와 신피질 크기는 비례하지 않으며, 집단의 크기와 신피질 크기가 비례한다는 증거는 더욱 없고, 털 고르기 시간과 집단 크기의 상관성에 대해서는 더더욱 근거가 부족합니다. 이 세 가지 전제가 모두 성립해야만 던바의 가설이 들어맞게 됩니다.

언어는 털 고르기보다 아주 복잡합니다. 단지 가십을 나누기 위해서, 고도로 복잡한 문법적 구조와 발화를 위한 후두의 구조 변화, 전두엽과 측두엽의 상당 부분을 차지하는 언어중추의 진화가 일어났다고 보기는 곤란합니다. 특히 인간 언어의 구조는 아주 정교한데, 이는 사회적 관계보다는 물리적 현상을 기술하는 데 더 적합합니다.

평균 네 명이서 나누는 수다가 털 고르기보다 세 배 효율적이라는 주장도 애매합니다. 잘 아시다시피 진짜 핵심적인 가십은 반드시 '일대일' 관계에서만 일어납니다. 주로 네 명이 수다를 떨기 때문에 4인용 테이블이 많은 것이 아니라, 4인용 테이블이 많아서 그저 네 명이 대화하는 일이 많은 것인지도 모릅니다.

———— 수다는 단지 수다일 뿐

많은 사람들이 수다를 좋아합니다. 주변 사람들에 대한, 혹은 정치인이나 연예인에 대한 불확실한 정보를 이야기하며 행복감을 느낀다는 보고도 있습니다. 그러나 수다와 잡담을 싫어하는 사람도 많습니다. 이런 사람들은 아무 데나 이야기를 옮기는 사람을 경박하고 신뢰할 수 없다고 평가합니다. 수다를 떠는 것이 정말 사회적 결속에 도움이 되는지 잘 모르겠을 뿐더러 그러한 수다가 언어의 기원이라는 주장은 별로 '받아들이고 싶지 않은' 이론입니다.

물론 복잡한 현대사회에서 광범위한 의사소통 능력과 공감능력은 아주 중요합니다. 많은 사람들과 전략적 대화를 나누고, 여러 상대와 협력하며 갈등을 조정하는 능력은 강력한 적응적 기능입니다. 그러나 이러한 능력은 수다의 양과 빈도, 말동무의 숫자를 늘리는 식으로 달성되지 않습니다.

언어의 기원이 털 고르기라는 던바의 주장은 '대중적 인기'에도 불구하고, 많은 비판을 받고 있습니다. 아무렇게나 떠들고 다니는 수다쟁이가 더 훌륭한 사회적 평판을 얻고 집단을 결속시킨다는 주장은, 일상의 경험칙에 도무지 맞지 않습니다. 철학자 토머스 칼라일Thomas Carlyle은 '웅변은 은이요, 침묵은 금이다'라는 말을 남기면서, 진정한 영웅이란 내적인 힘을 통해 탄생한다고 주장했습니다. 사회적 관계를 통한 진화라는 마키아벨리적 뇌 가설은, 인간성의 바깥쪽 측면만을 반영한 것인지도 모릅니다.

수다도 잘 떨지 못하고, 자기 무리를 잘 만들지 못하는 사람들이 있습니다. 왠지 무리에서 소외된 것 같고, '왕따'라도 된 것은 아닌지 불안합니다. 수천 명의 페이스북 친구를 자랑하는 친구가 부럽습니다. 아무리 시시한 이야기를 올려도, 수백 명이 '좋아요'를 누르고 댓글을 달죠. 그에 비해 나의 페이스북은 초라하기 짝이 없습니다.

하지만 가벼운 결속은 가볍게 깨집니다. 적절한 친구의 숫자가 150명 혹은 300명이라는 식의 이야기에 우울해하지 마십시오. 진정한 친구는 평생 한 명 만나기도 어렵습니다. '팔로워'와 '페친'의 숫자를 자신의 사회적 영향력으로 착각해서는 곤란합니다. 수다 떨기와 무리 짓기를 잘하지 못하는 당신. 그래도 괜찮습니다. 지금 곁에 있는 친구와 더 진한 우정을 나누십시오.

자살은 자신의 생명을 스스로 종결하는 현상을 말합니다. 이런 비극적인 상황이 도대체 왜 일어나는 것일까요? 자살에 대해서는 헤아릴 수 없이 많은 이론과 가설이 제시되어 왔습니다. 의학적 주장 외에도, 사회학·심리학·문화적 가설도 넘쳐 납니다. 하지만 아직 그 어떤 주장도 명쾌한 답을 내리지 못하고 있습니다. 우리 사회는 자살을 막기 위해 최선을 다하고 있지만, 여전히 자살은 '아주 흔하게' 일어납니다. 자살은 어떻게 진화한 것일까요?

스스로 목숨을 끊는 사람들

자살은 사회적 결과일까?

2017년 기준으로 한국에서만 1만 2000여 명이 자살했습니다. 한국의 자살률은 세계 1, 2위를 놓치지 않습니다. 특히 노인 자살률은 압도적인 1위입니다. OECD 평균의 3배가 넘습니다. 게다가 적지 않은 노인 자살이 그저 '노환'으로 은폐되기도 합니다.

만약 자살이 단지 의학적 결과에 불과하다면 국가에 따라 자살률의 차이가 이렇게 심하지는 않을 것입니다. 자살과 관련된 정신장애의 국가별 차이는 그리 크지 않기 때문입니다. 게다가 한국처럼 노인 자살률만 두드러지게 높은 것도 설명하기 어렵습니다. 자살은 분명 어느 정도는 '사회적' 결과입니다.

사회학의 아버지로 불리는 에밀 뒤르켐Emile Durkheim은 자살이 사회적 현상이라고 생각했습니다. 자살이라는 현상을 네 개의 유형, 과도한 개인주의가 일으키는 이기주의적 자살, 종교적

3 생존을 위해 만들어진 공감

197

자살이나 자살 테러와 같은 이타적 자살, 사회 시스템이 무너질 때 일어나는 아노미적 자살, 사회의 경직성이 너무 심할 때 일어나는 숙명적 자살로 나누었죠.

사회가 건강했다면 자살을 하지 않았을 사람도 어떤 상황에서는 자살을 하도록 몰릴 수밖에 없다는 것입니다. 그의 주장이 전부 옳은 것은 아니지만, 우리에게 아주 중요한 지혜를 일러 줍니다. 지금으로부터 약 30여 년 전, 1986년 한국의 자살자 수는 고작 3057명에 불과했습니다. 그러던 것이 2003년 1만 명을 넘어서면서 세계 1위가 되었죠. 사회적 원인이 아니라면 도저히 이유를 찾기 어렵습니다.

───────── 자살은 정신장애에서 비롯할까?

연구에 따르면 자살을 시도하거나, 자살에 성공한 사람의 대부분은 정신장애를 가지고 있습니다. 상당수가 우울장애지만, 조현병이나 불안장애, 약물 의존 등도 많습니다. 그래서 정신장애가 자살의 원인이라고 생각하기도 합니다. 개인의 정신적 상태가 건강하지 못하기 때문에 자살이라는 병리적 행동에 이른다는 것이죠.

물론 맞는 말입니다. 하지만 이러한 주장은 다소 순환 논리적인 측면이 있습니다. 자살을 고려하는 사람은 절망감·우울감·수면장애·식욕 저하 등 다양한 증상을 보이게 됩니다. 불안감도 심해지겠죠. 그런데 이러한 증상을 보이면 자연스럽게 소위 '우울증' 혹은 '불안증'이 있었다고 진단을 받습니다. 이러한 논리는 마치 굶주림에 시달리다 죽은 사람을 보고, 아사의 원인은 '허기'였다고 판단하는 것과 비슷합니다.

물론 다른 사람보다 정신장애에 더 취약한 사람이 있습니다. 적절한 치료를 통해서 자살이라는 비극적 결과를 막을 수 있습니다. 하지만 정신장애가 자살의 유일한 원인이라고 속단하면 안 됩니다. 그런 인식에서 '정신이 멀쩡하면 자살을 안 한다' 혹은 '자살은 정신이 이상한 사람이나 하는 것이다'라는 편견이 시작됩니다. 정신장애는 자살의 여러 원인 중 하나이거나 자살에 이르는 중간 단계이거나 혹은 자살에 동반하여 나타나는 심적 상태인지도 모릅니다.

_____ 자살이 진화할 수 있을까?

자살은 진화학자를 괴롭히는 아주 독특한 현상입니다. 개체의 적합도를 떨어뜨리는 형질은 유전자 풀 안에서 살아남기 어렵습니다. 그런데 자살은 개체의 적합도를 심각하게 떨어뜨리기 때문에 자연선택에 의해 유지되는 것이 불가능합니다. 자살하겠다는 이성을 좋아하는 사람도 없을 테니, 성선택에 의해 유지되는 것도 어렵죠. 자살을 일으키는 유전자가 있다면, 오래전에 사라져야 합니다.

진화적으로 자살을 설명하기 위한 몇몇 시도가 있었습니다. 자발적 복종 전략 혹은 도움 요청 전략이라는 가설이 있습니

정신장애가 자살의 유일한 원인이라고 속단하면 안 됩니다.
정신장애는 자살의 여러 원인 중 하나이거나
자살에 이르는 중간 단계이거나 혹은
자살에 동반하여 나타나는 심적 상태인지도 모릅니다.

다. 집단의 우두머리로부터 공격을 피하기 위해 일부러 '열등한' 행동을 하는 전략이 진화했는데, 이러한 전략이 과도하게 나타나서 '실수로' 자살을 한다는 것이죠. 반대로 '도움을 주지 않으면 죽어 버리겠다. 그러면 너희도 좋을 것이 없을걸!'이라는 식으로 도움을 요청하는 협상 전략이라는 주장도 있습니다. 하지만 여전히 개체 적합도 저하라는 딜레마를 해결할 수 없습니다.

포괄 적합도 향상을 통한 친족 선택 가설도 있습니다. 자신은 죽더라도 친족에게 이익이 되면 자살이 적응적 행동일 수 있다는 것이죠. 식량이 부족해지면 모두를 위해서 스스로 목숨을 끊는다는 논리인데, 그 근거는 부족합니다. 기아 상태에서 한두 명이 자살을 한다고 해서 포괄 적합도가 향상되는지 의문입니다. 사실, 남은 가족들의 생활은 오히려 더 곤궁해집니다. 또한 자원이 풍부한 현대사회에서 자살이 더 많아지는 현상도 설명할 수 없습니다. 그런데 자살은 개체의 적합도 차원과 무관하게 일어날 수 있다는 주장이 있습니다.

——————— 자기 멸종을 향한 줄달음 선택

사실 의도적으로 자살을 하는 동물은 인간이 유일합니다. 물론 고래가 자살한다거나 침팬지가 자살한다는 보고가 있지만, 인간이 행하는 자살에 비견할 수 없습니다. 정말 '자살'인지도 명확하지 않습니다. 일부 사회적 곤충도 자살과 비슷한 행동을 보이지만, 벌이나 개미는 유전자 공유도가 높기 때문에 각각을 독립된 개체로 보기 어렵습니다. 교미 중에 몸을 내주는 곤충의 사례도 있지만 역시 그것을 자살이라고 보긴 어렵죠. 화톳불에 뛰어드는 나방을 보고 '자살'한다고 생각하는 것이나 다름없습니다.

자살은 '아마도' 인간의 전유물인 것 같습니다. 설사 자살을 하는 동물이 있다고 해도, 인간처럼 광범위하고 보편적으로 높은 수준의 자살을 하는 경우는 없습니다. 한국의 경우 사망 원인 5위가 자살입니다. 모든 사인 중 5위죠. 암, 뇌혈관질환, 심장질환, 당뇨병 다음입니다. 특히 이십 대의 경우 사망 원인 1위가 자살입니다. 이십 대 청년이 죽으면, 세 명 중 한 명은 자살로 죽은 것이죠.

자살이 비록 진화적 적응이 아니더라도, 진화의 결과물일 수 있다는 흥미로운 주장이 있습니다. 각 개체에게 유리한 행동이라고 해도, 전체 인구 집단에서는 오히려 불리하게 작용할 수 있다는 것입니다. 예를 들어 한정된 목초지에 양을 방목한다고 생각해 보죠. 각각의 양 입장에서는 풀을 많이 뜯어 먹는 편이 유리합니다. 양의 숫자는 점점 늘어납니다. 그러나 양이 너무 늘어나면 결국 목초지는 황폐화되고 양은 전부 죽게 됩니다. 자살을 의도치는 않았지만, 결과적으로 자살하게 되는 셈이죠. 이를 자기 멸종을 향한 줄달음 선택, 즉 진화적 자살이라고 합니다.

혹시 우리 사회에서 일어나는 자살도 의도하지 않은 집단 인구학적 결과물인 것은 아닐까요? 한정된 자원을 마구 남용하면, 결국 양 떼는 먹을 것이 없어서 죽게 됩니다. 목초지에 풀이 사라지기 시작하면 양들은 서로 경쟁하며 싸웁니다. 그리고 가장 늙고 병든 개체부터 죽기 시작하죠. 우리도 이처럼 한정된 자원을 모두 써 버린 것은 아닌지 모르겠습니다.

물론 인간이 원하는 자원은 풀이 아닙니다. 사실 식량이나 에너지도 아닙니다. 아마도 공경과 배려의 전통, 공동체 의식과 희생, 책임감, 상호 이해 등과 같은 무형의 자원은 아닐까요? 그동안 이러한 무형의 자원을 수돗물처럼 펑펑 쓰며 지금의 물질적 풍요를 이루었습니다. 하지만 수돗물이 공짜가 아니듯, 무형의 자원도 공짜는 아닙니다. 여전히 무형 자원을 펑펑 쓰고 싶어 하는 사람은 많은데, 자원을 만들어 나누려는 사람은 줄어들고 있습니다. 세계 1위를 지키는 압도적인 노인 자살률은, 벼랑 끝으로 질주하는 우리 세대에게 어르신들이 들려주는 마지막 경고 메시지인지도 모릅니다.

신분제 사회를 좋아하는 사람은 아마 드물 것입니다. 태어날 때부터 자신의 위치가 정해져 있다고 생각하면 가슴이 답답해져서 '그런 세상은 잠시도 살고 싶지 않다'고 하겠죠. 물론 '네 신분은 귀족이다!'라고 하면 생각이 바뀔지 모르겠지만요. 지구상에는 아직도 신분 질서가 공고하게 남은 곳이 있지만, 대부분의 민주 사회에서는 출신 신분이라는 말이 사라진 지 오래입니다. 과거 잔재일 뿐이죠. 그런데 이런 궁금증이 듭니다. 신분제가 정말 없어진 것일까요? 그렇게 수천 년 넘게 내려오던 제도가 싹 사라져 버린 것일까요?

더 높이 올라가고 싶어

사다리 사회

신분·계급·위계·계층·서열·지위 등은 인류학에서 아주 중요하게 다루는 개념들입니다. 각각의 의미는 논의의 맥락에 따라 의미가 상당히 달라집니다. 어떤 학자는 신분은 타고나는 것이고, 계급은 사회구조를 위한 것이라고 생각합니다. 하지만 계급이야말로 타고난 것이라고 하는 학자도 있습니다. 생산 수단의 유무로 계급을 결정하기도 하지만, 경제적 수준이나 문화적 수준을 계층으로 차등화하기도 합니다. 영장류 사회나 뒷골목 하류 문화에서는 서열이라는 말을 더 많이 쓰죠. 인간 사회는 어떤 식으로든 사다리 구조가 있습니다.

아니, '모든 인간은 평등'한데, 왜 이런 식으로 위아래를 나눌까요? 사실 서열을 정하는 것은 집단생활을 하는 영장류의 본성입니다. 특히 침팬지와 고릴라는 모두 서열이 지배하는 집단을 이룹니다. 흔히 보노보 침팬지는 평등한 집단을 이룬다고 알려져 있지만 그렇지 않습니다. 다만 일반 침팬지처럼 '폭력'으로 서열을 정하는 일이 드물다는 것이죠.

현대사회엔 '타고난 신분'이라는 개념이 사라지고 있습니다. 누구나 법 앞에서 평등하죠. 하지만 이것이 법의 테두리 안에서라면 위계질서를 인정한다는 말과 다르지 않습니다. 사장부터 말단 사원까지, 장군부터 이등병까지, 대통령부터 말단 공무원까지 위계를 나누어 각각에 맞는 권한과 책임을 부여하고, 이를 통해서 복잡한 사회를 움직여 갑니다.

_____ 평등 사회에 사는 계급주의자

현대사회에서 지위는 사회를 체계적으로 움직이기 위한 기능상의 분화입니다. 아니, 최소한 그렇게 간주됩니다. 예를 들어 대통령이 9급 공무원보다 '높긴 하지만 본질적으로 동일하다'는 공유된 믿음이 있습니다. 하지만 솔직하게 말하면 이러한 믿음은 '환상적 믿음'에 불과합니다. 사실 어떻게 봐도 대통령이 더 높거든요. 자동차도 더 좋고, 집무실도 더 좋죠.

일종의 이중 사고입니다. 오늘도 역 앞에는 허름한 옷차림의 노숙자가 '사람 나고 돈 났지, 돈 나고 사람 났냐!'라며 주사를 부립니다. 평등이라는 당위와 계급이라는 현실을 동시에 받아들여야만 하는, '실제로는 낮은 계급이지만, 명목상으로는 낮은 계급이 아닌' 자의 비애가 있습니다. 거나하게 취한 취객은 높은 지위를 얻고 싶은 것일까요? 아니면 경제적 지위로 신분이 결정되는 사회를 부정하려는 것일까요? 둘 다일까요?

과거 부모님의 신분에 따라 위치가 정해지던 때는 세상이 보다 단순했습니다. 노비로 태어난 자는 평생 그 신분을 벗기 어려웠습니다. 명문대가에서 태어난 출세한 양반이라도 결코 왕이 될 수는 없습니다. 각자 주어진 상황에서 살아갈 뿐이죠. 삶의 행복은 비슷비슷한 사람들과 얼마나 잘 어울리는지에 따라 결정되었습니다. 한편으로는 정말 불평등한 세상이지만, 다른 한편으로는 누구나 만족할 수 있는, 불만이 있어도 어쩔 수 없는 구조였죠.

그런데 현대사회는 좀 복잡해졌습니다. 명목상으로는 신분제도가 없어졌습니다. 하지만 동시에 노력하지 않으면 출세하지 못합니다. 출세出世, 즉 높은 지위에 오르는 것이죠. 그래서 새벽밥을 먹고 나와 학원을 가고, 졸린 눈을 비벼 가며 야근을 자청합니다. 아무리 노력해도 평등할 수밖에 없는 사회에서, 열심히 노력하여 출세하겠다고 굳은 의지를 다집니다. 이상한 일입니다.

_____ 반상 철폐의 역설

1학년과 2학년의 위계를 엄격하게 두는 대학 야구 클럽이 있습니다. 연배 중심의 클럽입니다. 그러면 1학년은 2학년이 되기위해 노력할까요? 아닙니다. 노력한다고 1학년이 2학년이 될수는 없죠. 자연스럽게 1학년 회원 사이의 결속이 생기게 마련입니다. 같이 모여서 2학년 흉을 보기도 하고, 심지어 단체로 2학년을 보이콧할 수도 있죠. 정신의 에너지는 수평으로 흐르게 됩니다. 야구는 딱 즐거운 만큼만 합니다. 물론 실력은 조금씩 늘 뿐입니다.

그런데 옆 대학의 야구 클럽은 다른 전통을 가지고 있습니다. 학년은 관계없이 야구를 잘하는 것이 중요합니다. 야구만 잘하면, 2학년도 1학년에게 존댓말을 해야 합니다. 능력 중심의 클럽입니다. 1학년 사이에 동기애가 있을 리 없습니다. 동기가 언제 나보다 높은 계급에 오를지 모르니까요. 정신적 에너지는 수직으로 향하게 됩니다. 불철주야 연습에 매진합니다. 실력이 쑥쑥 늡니다. 하지만 야구는 더 이상 즐겁지 않습니다.

사실 이런 역설은 우리의 정신세계의 신분제가 아직 공고하기 때문입니다. 진화심리학에서 말하는, 일종의 게놈 지연 현상입니다. 한국 사회는 오랜 옛날부터 엄격한 반상班常의 문화를 가지고 있었습니다. 개화기에 반상이 철폐되었지만 사실 용어와 제도를 없앤 것이지, 그 정신적 잔재마저 사라진 것은 아닙니다. 그래서 다른 이름의 위계가 금세 빈 자리를 차지해 버렸습니다.

조선의 과거 시험은 능력에 기반한 관리 등용 제도에 불과합니다. 하지만 사회적 신분이 벼슬에 따라 연동되면서, 그 중요성이 점점 높아졌습니다. 원칙적으로 양반과 평민의 구분은 벼슬의 유무에 따라 정해지는데, 벼슬은 과거에 합격해야 얻을 수 있었죠. 그래서 점점 많은 사람들이 과거 시험에 몰렸습니다. 조선 후기에는 매번 수십만 명에 달하는 응시자가 몰렸죠.

일반적인 상식과 달리 평민 출신 합격자가 약 절반에 달했고, 노비도 적지 않았습니다. 양반이라도 대를 이어 과거 시험에 계속 불합격하면 평민이 되었습니다. 과거 시험에 대한 사회적 집착은 일종의 문화가 되었습니다. 보통 5세부터 글공부를 시작했는데, 문과의 경우에는 평균 35세가 되어야 합격할 수 있었습니다. 30년을 글공부만 한 셈입니다. 노인이 되어서야 합격하는 경우도 적지 않았죠. 과거 낭인입니다.

세상이 바뀌었지만 신분제도는 그 이름을 달리하여 여전히 존재합니다. 고급 공무원·법관·교수·의사·고위 임원 등이 그 자리를 차지했습니다. 이러한 계급은 '노력만 하면' 얻을 수 있게 되었죠. 조선 시대는 한번 벼슬길에 오르면, 증손주까지는 양반으로 인정했다고 합니다. 하지만 현대사회는 모든 것이 개인의 능력으로 귀속됩니다. 경쟁이 치열하니 '양반'이 되기도 어렵고, 간신히 되어도 언제 밀려날까 전전긍긍합니다. 동료애는 사라집니다. 모두가 경쟁자이기 때문입니다. 반상 철폐의 역설입니다.

_____ 평등한 기회와 공정한 과정만이 답일까?

한국인은 부지런하고 근면하기로 유명합니다. 하지만 과거 부모 세대의 근면함은 어떻게 해서든 더 높은 신분을 얻고 싶었던 절박함에서도 일정 부분 기인합니다. 불과 수십 년 전만 해도 '노비 집안'이라고 욕하면 칼부림이 날 정도였습니다. 한국인의 뿌리 깊은 '상놈 콤플렉스'는 근대사회를 부흥시킨 원동력이 되었습니다. 노력해서 명문대만 들어가면, 사법 고시만 붙으면, 사장님만 되면 높은 신분을 얻을 수 있으니 전 국민이 단체 경주라도 하듯이 열심히 살았습니다.

하지만 후유증도 만만치 않았죠. 조선 시대 선비들은 일생 동안 과거 시험만 준비하느라 곤궁하게 살았습니다. 매 시험마다 수만, 수십만의 선비들이 몰렸으니 전 국민의 평균 학식은 높아졌겠죠. 하지만 그들이 원래 학문을 즐긴 것인지, 아니면 단지 벼슬길에 오르고 싶었던 것인지는 자명합니다. 현대사회도 마찬가지죠. 대학은 학문을 닦는 곳이 아니라, 신분을 높이기 위한 통과의례로 전락했습니다. 교수나 의사, 법관은 연구나 교육, 진료, 정의에 관심이 많은 사람이 택하는 직업이 아니라, 전 국민 레이스에서 승리한 사람이 가지는 전리품이 되었죠.

현대인은 기회의 평등성과 과정의 공정성에 깊은 관심을 가집니다. 금수저·흙수저 담론이 크게 유행합니다. 불공정한 채용 비리에는 전 국민이 공분합니다. 당연한 일입니다. 그러나 과연 기회가 평등하고, 과정이 공정하면 삶이 만족스러워질까요? 아무리 공정한 시험이라고 해도, 불합격자는 전혀 즐겁지 않습니다. 경쟁으로 점철된 상승 열망의 삶은 예나 지금이나 여전히 고달픕니다.

흔히 '노오오오력하면 성공한다'며 위트 있는 말로 현시대를 비꼬곤 합니다. 그러나 사실 진짜 문제는 '노력'에 있는 것이 아닙니다. 언제나 노력은 해야죠. 문제는 오히려 '성공'에 있습니다. 사회적 지위 향상이 성공의 유일한 척도라면 곤란합니다. 도대체 왜 성공해야 하는지, 그리고 무엇이 성공인지에 대한 고민이 필요합니다.

거짓이 없는 참된 마음을 일컬어 진심이라고 합니다. 맥락에 따라 진정성이라고 하는 경우도 있고, 성실성이라고 하기도 합니다. 정성·충정·속마음 등도 비슷한 뜻입니다. 거짓·협잡·과장·모략이 판치는 세상에서 '진심'이라는 말을 들으면 왠지 사막에서 오아시스를 만난 듯 반가운 기분이 듭니다. 진심입니다. 하지만 과연 진심이란 무엇일까요? 그냥 속에 있는 이야기를 다 있는 대로 꺼내면 진심 어린 마음일까요?

진심이라는 거짓말

강아지의 재롱을 보면 기분이 아주 좋아집니다. 주인을 보고 꼬리를 살랑살랑 흔드는 강아지의 본심을 오해할 수는 없습니다. 세상 어딘가에는 주인이 싫으면서도 가식적으로 꼬리를 흔드는 개가 있을 수 있겠지만, 대부분은 아주 솔직합니다. 좋으면 좋아라 하고 싫으면 싫어라 합니다.

어린아이도 그렇습니다. 3세 이전의 아이는 자신의 마음을 속이지 못합니다. 연구에 따라 다르지만 3세가 넘어야 드디어 거짓말을 할 수 있게 됩니다. 빈 컵을 들고 물을 마시는 놀이를 하는 것도 거짓이라고 하면, 2세부터도 원초적 거짓말이 시작된다고 할 수 있습니다만, 상대를 속이려는 의미의 거짓말은 좀더 나이가 들어야 할 수 있게 됩니다.

초등학교에 들어갈 무렵이 되면, 제법 거짓말이 능숙해집니다. 일부러 상대가 속지 않는 거짓말을 하면서 장난을 치기도 하고, 가끔은 악의적인 거짓말을 하기도 하죠. 부모와 자식의 두뇌 싸움이 시작됩니다. '착하던 우리 아이가 순수함을 잃었어'라는 한탄이 들려오는 시기입니다.

_____ 진실에 다가가는 방법, 거짓말

거짓말은 옳지 않은 행동으로 알려져 있지만, 사실 거짓말은 아주 중요한 발달적 과제이자 인지적 능력입니다. 아스퍼거 증후군을 앓는 아이는 거짓말을 잘 하지 못합니다. 착해서 그런 것이 아니라, 상대의 마음을 읽는 능력이 부족하기 때문입니다. 일견 순수해 보입니다. 말 그대로 '예' 할 것은 '예'하고, '아니요' 할 것은 '아니요' 하는 아이입니다.

인간은 그 어떤 동물보다도 높은 수준의 마음 읽기 능력을 갖추고 있습니다. 이러한 능력을 바탕으로 언어·예술·문학·협력 등 인간만의 다양한 문화를 일구어 냈습니다. 이러한 능력의 기저에 바로 '거짓말 모듈'이 있습니다.

거짓말을 하려면, 일단 자신과 상대가 서로 다른 진실을 마음속에 품을 수 있다는 사실을 이해해야 합니다. 자폐 환자에게 부족한 능력이죠. 동시에 내 마음속에 상대의 생각이 흘러가는 과정을 담을 수 있어야 합니다. 컴퓨터로 치면 일종의 멀티부팅입니다. 하지만 동시에 상대의 의도를 파악하기 위한 영역이, 자신의 본래 인지 영역을 침범하지 않도록 해야 합니다. 게다가 상대도 동시에 나와 똑같은 작업을 하고 있다는 사실도 이해해야 합니다. 대단히 어려운 인지 과정입니다.

아무렇지도 않게 진심을 이야기하는 사람이야말로 새빨간 거짓말쟁이입니다. 그 누구의 속마음도 완전히 하나로 일치할 수 없다는 것을 알고 있습니다. 경험적으로도 알고 있고, 자신의 마음을 돌이켜 보아도 역시 그렇습니다. 신경심리학의 연구도 일관된 결과를 보여 주고 있습니다. 모든 인간은, 최소 2세 이후에는, 마음속에 다양한 가식과 이심, 역심을 품고 있습니다. 그런데도 자신의 진정성을 믿어 달라고 하고, 타인은 거짓되었다고 주장합니다.

조지 오웰George Orwell의 소설, 『1984』는 오세아니아·유라시아·이스타시아의 삼국으로 이루어진 미래 세계를 다루고 있습니다. 주인공 윈스턴 스미스는 오세아니아에 살고 있죠. 오세아니아에는 몇몇 정부 부서가 있는데, 그중 하나가 바로 진리성Ministry of Truth입니다. 진실을 다루는 부서입니다. 오세아니아를 지배하는 당의 강령은 '전쟁은 평화, 자유는 복종, 무지는 힘'입니다. 서로 병립할 수 없는 명제를 함께 받아들이라고 강요합니다. 이것이 바로 우리 뇌가 끊임없이 하는 일입니다.

주변과 끊임없이 분란을 일으키면서도, 자신은 늘 조용하고 고즈넉한 삶을 꿈꾼다고 합니다. 자유롭게 살고 싶다면서 몇 년간 고시원에서 자신을 속박하고 이내 속박받는 직업의 대명사인 공무원이 됩니다. 책 한 권 제대로 읽은 적이 없으나, 마음속에서는 세상의 이치를 통달한 듯 느낍니다. 조지 오웰은 이를

'이중사고doublethink'라고 했습니다. 마치 디스토피아적 미래 이야기 같지만, 사실 지금 우리의 이야기입니다.

_____ 그래도 진심을 향해서

조지 오웰의 소설은 흔히 암울한 전체주의 국가에 대한 SF로 알려져 있습니다. 하지만 인간의 본성에 대한 예리한 통찰이 곳곳에서 드러납니다.

오세아니아의 국민은 '이중사고'를 통해서 행복하게 살아갑니다. 아니, 자신이 행복하다고 믿고 살아갑니다. 물자 부족에 허덕이며 배를 곯지만, 동시에 가장 풍족한 환경에서 살아간다고 믿습니다. 외국과의 전쟁은 패배 없이 늘 승리하지만, 동시에 수십 년 동안 왜 최종적인 승리를 거두지 못하는지에 대해서 궁금해하지 않습니다. 거짓이 진실이고, 진실은 또한 거짓인 세상입니다.

"이것은 한 사람이 두 가지 상반된 신념을 동시에 가지며, 그 두 가지 신념을 모두 받아들일 수 있는 능력을 의미한다. 당의 지식층은 자신들의 기억을 어떤 방향으로 변화시켜야 할지 알고 있다. 따라서 그들은 현실을 농락하고 있다는 것도 알고 있다. 그러나 그들은 또한 '이중사고'의 훈련에 의해서 현실은 침해받지 않았다고 생각하며 만족한다. 그러나 이런 과정은 의식적이어야 한다. 그렇지 않으면 정확하게 수행될 수 없다. 그런데 또한 이런 과정은 무의식

인간은 그 어떤 동물보다도
높은 수준의 마음 읽기 능력을 갖추고 있습니다.
이러한 능력을 바탕으로 언어·예술·문학·협력 등
인간만의 다양한 문화를 일구어 냈습니다.
이러한 능력의 기저에 바로 '거짓말 모듈'이 있습니다.

적이어야 한다. 그렇지 않으면 날조를 한다는 느낌이 들게 되고, 그로 인해 죄의식을 느끼게 되기 때문이다. 당의 본질적인 행위는 완전히 정직하게 수행된다는 확고부동한 신념을 가지고 있는 가운데 의식적인 기만을 감수하며 행해져야 한다."

— 조지 오웰, 『1984』

우리 인간의 뇌 속에서 끊임없이 일어나는 '이중사고'의 과정은 우리의 영혼을 피폐하게 만들고 삶의 진정한 목적을 잃어버리게 합니다. 사실 마음 읽기 모듈은 공감이나 협력에 도움을 주는 유용한 모듈이지만, 그렇다고 다른 모듈보다 '우월한' 심리 모듈이라고 할 수는 없습니다. 다른 사람과 끊임없이 교류해야 하는 복잡한 중층 사회에서 어떻게든 생존하기 위해 진화한 것입니다. 그뿐입니다.

그래서 진정한 의미의 '진심'은 혼자만의 시간을 통해서 얻을 수 있습니다. 소크라테스는 늘 자기 내면에서 들려오는 목소리, 즉 '다이몬'의 경고를 들었다고 했습니다. 플라톤도 비슷한 이야기를 했는데, 이 목소리는 자신이 가야 할 방향을 일러 주지는 못하지만, 가지 않아야 할 방향은 경고해 준다고 했죠. 다시 말해서 자기부정을 통한 지혜라고 할 수 있습니다.

우리는 모두 거짓된 사람입니다. 그렇게 진화했고, 그래서 번성할 수 있었습니다. 하지만 꼭 그렇게 해야 한다는 것은 아닙니다. 진정한 진심이란 자신이 100퍼센트 옳고 바른 생각과 행동을 한다는 것이 아니라, 자신의 마음에 다양한 거짓과 복잡한 협잡이 교차하고 있다는 것을 인정하는 것입니다. 아마, 그런 사실을 인정하면 타인의 거짓과 협잡도 조금은 너그럽게 바라볼 수 있을지 모르겠습니다. 인간의 거짓된 본성을 진심으로 인정하는 것입니다. 본성의 거짓을 인정하는 것입니다.

일본의 사무라이 한 명이 죽은 채 발견됩니다. 사무라이의 아내와 산적, 무당에 빙의된 사무라이가 관청에 소환됩니다. 살인·겁탈·결투·분노·배신이 어지럽게 섞인 사건입니다. 사건의 당사자는 서로 진술이 엇갈립니다. 각자의 입장에 따라서 살인 행위는 정정당당한 결투도 되고, 비겁한 습격도 됩니다. 낯선 남자와 눈이 맞은 화간和姦은 어쩔 수 없이 당한 겁탈이 되기도 합니다. 누구의 말이 옳은지 도무지 알 수 없습니다. 그런데 이 모든 상황을 목격한 나무꾼이 있었습니다. 진실은 무엇일까요?

1950년, 구로사와 아키라 감독은 영화 〈라쇼몽羅生門〉을 발표합니다. 처음에는 '이것도 영화냐'는 비판이 있었지만, 이듬해 베니스 영화제에서 황금종려상을 받으며 세계의 주목을 받습니다. 제멋대로 진실을 판단하는 인간의 추악한 측면을 잘 그려 낸 작품으로 지금도 회자됩니다.

믿음이 만드는 진실

진실이라는 이름의 거짓말

인류학자 그레고리 베이트슨Gregory Bateson 은 진실을 세 가지 열로 구분해 이야기합니다. 각각 좌측 열, 중간 열, 우측 열이라고 하죠. 좌측 열은 객관적 자료입니다. 결과·데이터·기록 등입니다. 중간 열은 해석적 개념과 관련된 것입니다. 자아·본능·불안·마음·목적 등에 관한 것이죠. 우측 열은 기본 원리입니다. 수학적 원리나 물리적 법칙에 관한 것입니다.

객관적 자료	해석적 개념	기본 원리들
기록	자아	
결과	본능	$5 + 12 = 17$
녹음	불안	에너지보존법칙
사진	마음	열역학법칙
데이터	목적	

우리는 흔히 좌측 열이 진실이라고 생각합니다. 시쳇말로 '팩트'입니다. 그러나 과연 그럴까요? 객관적 자료는 객관적이지 않습니다. 자료 자체의 진위나 취사선택의 가능성, 자료에 대한 기록과 자료 자체가 동일한지 여부를 알 수 없습니다. 자료의 가치는 다른 자료와의 상관관계를 통해서 드러나는데, 세상의 모든 기록과 자료를 다 확인할 수도 없습니다. 게다가 인간은 무제한적 인지능력을 가지고 있지 않습니다. 정보를 충분히 평가할 시간도 부족합니다. 대략적인 경험칙으로 판단합니다.

어떤 사람은 인간의 감정·정서·본능·자아·공감이야말로 진정한 진실이라고 합니다. 기억도 왜곡되고 기록도 조작될 수 있지만, 마음의 진정성은 의심할 수 없다는 것입니다. 하지만 인간은 자기중심적 공감 능력을 가지고 있습니다. 자신의 생태학적 목적에 따라서 세상을 판단합니다. 강력한 감정이 동반되지만, 그래서 더 왜곡되기 쉽습니다.

영화 〈라쇼몽〉은 진실에 관한 인간의 결함을 적나라하게 폭로합니다. 살인 사건에 관한 기록과 증언, 증거는 모두 상반됩니다. 좌측 열의 결함입니다. 이에 대한 사건 당사자의 반응도 제각각입니다. 여인으로서의 정절, 사무라이의 명예, 천하무적의 도적이라는 공명심, 살고 싶다는 욕망, 상대에 대한 연정, 처벌에 대한 두려움, 배우자에 대한 질투와 의심 등 이른바 중간 열의 진실입니다. 각자에게는 진실이지만 모두에게 진실은 아닙니다.

18세 소년이 자신의 친아버지를 날카로운 잭나이프를 사용해서 살해합니다. 정확하게 말하면 살해한 혐의로 구속되어 있습니다. 배심원 열두 명이 유무죄를 가리기 위해 소집됩니다. 은행원·사업가·주식 브로커·페인트공·영업 사원·노인·건축가·시계공·회사 임원·풋볼 감독 등 직업도 다양합니다. 처음에 이들은 모두 유죄로 평결합니다. 단 한 명을 제외하고 말입니다. 실화는 아닙니다. 1957년에 제작된, 헨리 폰다 주연의 〈12인의 성난 사람들〉이라는 영화입니다. 러닝타임 대부분이 좁은 방에서 배심원 열두 명이 나누는 평결에 관한 토론으로 진행되는 흑백영화입니다.

배심원 열두 명은 인간 본성의 각기 다른 부분을 상징합니다. 대략 다음과 같습니다.

- 회의와 형식과 권위를 중요하게 여기는 인물
- 우유부단하여 주변 사람의 의견에 따라 자주 마음이 바뀌는 인물
- 강한 주장을 내세우며 다른 이에게 강요하는 인물
- 자기 판단의 우월성을 믿으며 타인을 한심하게 바라보는 인물
- 의무감이 강하지만 연장자의 의견에 반대하지 못하는 인물
- 영리하지 않지만 주변의 의견을 듣고 가장 설득력 있는 것을 받아들이는 인물
- 말 많고 쉽게 흥분하고 성급한 결론을 내리는 인물

- 모든 의문의 전체적 측면을 고려하며 오직 진실을 추구하려는 인물
- 죽는 날을 기다리는 노인으로 과거의 비겁한 행동을 후회하는 인물
- 다른 사람의 의견에 무조건 반대만 하는 인물
- 갈등하면서도 주변 상황에 굴종하는 인물
- 모든 것을 수치와 데이터로 읽으려고 하는 인물

아마 감독은 우리 안에 있는 12개의 자아를 이야기하고 싶었는지 모릅니다. 인간의 마음에는 다양한 자아가 있습니다. 그리고 이들은 서로 치열한 토론을 벌입니다. 우리 내면의 성난 자아입니다. 이들의 난상토의를 통해서 자기와 세상, 미래에 대한 평결을 내립니다. 누구의 의견이 가장 큰 영향력을 가지는지는 각자 다릅니다.

─────── 무엇이 진실을 가릴까?

진실을 알기 위해서는 물리적 정보가 충분해야 합니다. 물론 앞서 말한 대로 그러한 '객관적' 진실도 100퍼센트 진실이라고 믿기는 어렵습니다. 여기서는 일단 심리적 이유에 관해 이야기해 보겠습니다. 진리 여신의 눈을 가리는 심리적 원인에는 무엇이 있을까요?

첫째는 귀인성입니다. 이는 행동이나 결과를 판단할 때 동기를 중심으로 판단하는 경향입니다. 〈12명의 성난 사람들〉에서 한 배심원은 말합니다. 용의자가 '아버지를 죽여 버리겠다'라고

말했으니 살해 동기가 있었다고 주장합니다. '죽여 버리겠다'라는 말은 누구나 쉽게 하는 것은 아니라는 것이죠. 그러나 배심원 간의 논쟁이 심해지자 흥분한 그는 다른 배심원에게 '죽여 버리겠다!'라고 소리칩니다. 스스로 귀인성의 오류를 증명한 셈입니다.

둘째는 공격성입니다. 영화는 시종일관 덥고 좁은 배심원실에서 진행됩니다. 의견이 갈린 배심원은 서로 공격하고 미워합니다. 우리는 주어진 상황과 환경에 따라 판단하는 경향이 있습니다. 덥고 짜증나고, 주변 분위기도 적대적이면 더욱 과격한 판단을 내립니다. 베이트슨이 말한 중간 열의 진실이 가진 결함입니다.

셋째는 매력입니다. 배심원은 서로의 의견을 들으면서 좋아하는 인물과 싫어하는 인물이 생깁니다. 짧은 시간 내에 우정과 비슷한 감정이 형성됩니다. 그리고 이러한 연대감은 판단을 흐리게 만드는 요인이 됩니다. 사건과 무관한 개인적 호감이 네 편 내 편을 가르게 만드는 것입니다.

넷째는 집단 역동입니다. 손을 들어 평결을 했을 때는 용감한 단 한 명만 무죄에 손을 들었습니다. 그러나 무기명 투표를 하자 둘로 늘어납니다. 인간은 집단의 분위기에 굴복하는 경향이 있습니다. 영화에선 주인공 헨리 폰다가 용감하게 반대했지만, 현실 세계에 그런 사람은 별로 없습니다.

다섯째는 믿음의 보속성補續性입니다. 그저 편견과 선입관에

흔히 진실이 존재하지만 가려지기 쉽다고 말합니다.
그러나 어떤 의미에서 진실은
아예 존재하지 않을지도 모릅니다.
기억과 감정, 이성은 모두 기만적인 속성을 가지고 있습니다.

서 비롯한 믿음이라고 해도, 일단 어떤 방향이 정해지면 잘 바뀌지 않습니다. 자신의 주장과 자기를 동일시해 주장을 관철하지 못하면 마치 자신이 상처를 입는 것처럼 여깁니다. 그러니 자존심을 지키기 위해서 끝까지 주장을 굽히지 않습니다. 별 고민 없이 어쩌다가 갖게 된 의견임에도 불구하고 말입니다.

여섯째는 편견입니다. 우리는 어떤 대상을 '그들 중 하나'로 보는 경향이 있습니다. '흑인 중 하나', '빈민 중 하나', '여자 중 하나', '외국인 노동자 중 하나', '금수저 중 하나'와 같은 식으로 판단합니다. 그리고 그러한 집단의 속성을 개인에게 그대로 적용하는 오류를 저지릅니다. '흑인은 사실상 모두 살인자라는 사실을 우리 모두 알고 있지 않소'라고 하는 식입니다.

_____ 과연 진실이 있을까?

흔히 진실이 존재하지만 가려지기 쉽다고 말합니다. 그러나 어떤 의미에서 진실은 아예 존재하지 않을지도 모릅니다. 기억과 감정, 이성은 모두 기만적인 속성을 가지고 있습니다. 인간의 인지와 감정 체계는 '진리 추구'를 위해 진화한 것이 아니라 '개체의 생존과 번식'을 위해 진화했습니다. 따라서 인간은 자신에게 이익이 되는 방향으로 판단하고 느낍니다. 사기꾼처럼 얕은꾀를 부린다는 것이 아니라, 마음속 깊은 층위에서 영혼을 울리는 강력한 자기기만이 일어납니다. 강한 확신이 들수록 자신의 판단을 의심해 보아야 하는 이유입니다.

베이트슨은 우측 열의 진실에 주목했습니다. 세상이 움직이는 기본적인 원리입니다. '5 + 7 = 12'라는 진리는 누구에게나 동일합니다. 키가 큰 용의자가 키가 작은 아버지를 찔렀는데, 상처가 아래에서 위로 날 수 없다는 사실이나, 기차가 지나갈 때는 '죽여 버리겠다'는 소리가 들릴 수 없다는 사실도 그렇습니다. 인간이 가진 기억의 불완전성이나 감정에 휩쓸리는 판단적 착오에 대한 심리학적 사실도 바로 기본적인 원리에 해당합니다. 그 외는 모두 '임의적' 진실에 불과한지도 모릅니다.

세상의 여러 일이 모두 명백하게 가려지는 것은 아닙니다. 영화는 영화일 뿐입니다. 세상의 기본적 원리는 아직 충분히 밝혀지지 않았습니다. 우리는 모르는 것이 더 많습니다. 인류의 지혜는 아주 불완전한 데다가 우리 모두가 인류 지혜의 정수를 꿰뚫고 있는 것도 아닙니다. 오늘도 세상의 여러 법정에서 수많은 판결이 내려질 것입니다. 분명 상당수는 오판일 것입니다. 법정 밖에서 일어나는 판단은 잘못된 것이 더욱 많을 것입니다. 의심할 여지 없이 장담할 수 있는 판단은 '판단이 틀릴 수 있다'는 것뿐입니다.

아무리 그래도 최대한 올바른 판단을 하고 싶다면 어떻게 해야 할까요? 속 시원한 해결책은 아닙니다만, 두 가지 방법을 제안합니다. 첫째, 충분한 시간을 두고 기다리는 것입니다. 시간이 지나면 감정도 가라앉습니다. 여러 의견을 들어 볼 수도 있습니다. 인간은 일단 어떤 식으로는 판단을 내리면 그 판단을 고수하고 싶어 하기 때문에, 처음부터 유보적인 태도를 취하는 것이 현명합니다. 〈12인의 성난 사람들〉에서 배심원이 첫 판단을 그르친 중요한 이유 중 하나는 8시에 시작되는 야구 경기였죠. 얼른 경기를 보고 싶으니 성급한 결정을 내린 것입니다. 둘째, 자신이 믿고 싶은 진실과 자신이 서로 관련되어 있는 것은 아닌지 의심하는 것입니다. 만약 판단의 대상이 되는 사람과 동일한 집단에 있거나, 같은 처지에 있거나, 과거에 비슷한 경험을 한 적이 있다면, 자신의 결정을 심각하게 고민해 보아야 합니다.

우리는 보는 것을 믿는 것이 아니라, 믿고 싶은 것을 봅니다.

공감 능력은 인류가 가진 독특하고 위대한 정신 작용입니다. 다른 사람의 마음을 읽고 감정을 느끼는 것은 아주 당연한 일처럼 보이지만, 사실 인류 외에는 공감 능력을 가진 동물이 거의 없습니다. 침팬지 등의 대형 유인원이나 돌고래·코끼리·개 등이 공감 능력을 가지고 있다는 증거가 있지만, 인류가 가진 광범위하고 포괄적이며 즉각적이면서 정확한 공감 능력에 비견하기 어렵습니다. 인류가 신으로부터 받은 특별한 선물입니다. 하지만 공감 능력이 늘 좋은 결과를 낳는 것은 아닙니다.

공감의 불편한 역설

공감이라는 단어는 다양한 뜻으로 쓰입니다. 단순하게 다른 사람의 의견에 동의하는 것부터 깊은 마음의 교감까지, 층위와 대상이 다양합니다. 국어사전에서는 공감을 '남의 감정·의견·주장 따위에 자기도 그렇다고 느끼는 기분'이라고 설명합니다. 물론 맞는 말이지만, 너무 개괄적인 정의입니다. 좀 더 깊이 들어가 보겠습니다.

공감(sympathy, empathy)은 상호주관적인 공명intersubjective resonance 입니다. 타인에 대한 다소 낮은 수준의 '동정sympathy'과 깊은 수준으로 상대의 마음에 들어가면서도 어느 정도 거리를 유지하는 '공감empathy'으로 나누는 사람도 있지만, 그리 '공감' 가는 주장은 아닙니다. 공감은 타인의 주관적 느낌을 자신 안에서 느끼는 것이지만, 자신이 주체로서 경험하는 느낌과는 구분되는 어떤 마음의 상태를 말합니다.

프로이트는 공감을 감정이입einfuehlung라고 했는데, 이는 독일 철학자 테오도어 립스Theodor Lipps의 미학 이론과 일맥상통합니다. '미적 쾌감은 자기 자신의 활동을 대상 속에서 향유하는 것'이라는 의미에서의 감정이입이죠. 프로이트의 저작, 『집단심리학과 자아의 분석Group Psychology and the Analysis of Ego』에 의하면, 흉내를 통한 동일시가 공감으로 이어진다고 합니다. 또, 공감이 '다른 이의 정신세계를 향해, 그 모든 지향을 받아들이는 기전'이자, '타인 속에서 우리의 에고가 낯설게 느끼는 어떤 것을 이해할 때 꼭 필요한 능력'이라고 합니다. 슬퍼하는 사람을 보고 그 슬픔을 느끼지만, 동시에 자신의 슬픔이 아니라는 것을 알고 있는 독특한 심적 상태죠.

비정상적 공감 능력과 세일럼 재판

공감 능력은 높으면 높을수록 좋은 것이 아닐까요? 타인의 생각과 감정을 느끼려면 반드시 필요한 정신 작용인 데다가, 공감을 못하는 사람은 왠지 감정이 없는 이기적인 냉혈한을 연상시키니 말입니다. 하지만 그렇지 않습니다. 공감 능력이 너무 과도하면 곤란합니다. 과도하게 공감 능력이 발달하면 피암시성이 커지게 됩니다. 타인으로부터 느낀 공감적 사고와 정서를 자신의 것과 잘 구분하지 못하는 것이죠. 간단히 말해서 분위기에 쉽게 휩쓸리고, 타인의 주장에 곧잘 세뇌됩니다.

1692년 미국 매사추세스주, 세일럼 마을에 살던 한 목사의 딸과 조카가 발작을 시작합니다. 몇 주가 지나도 통 차도가 없자, 목사는 병의 원인이 마녀 때문일 것이라고 생각합니다. 목사의 딸과 조카는 하녀 한 명을 범인으로 지목합니다. 그런데 놀랍게도 그 하녀는 자신의 죄를 인정하고, 다른 여자도 공범이라며 자백합니다. 본인 스스로 자신이 마녀라고 인정한 것입니다.

마녀재판은 마을 전체로 확산됩니다. 어떤 사람은 가짜로 발작을 한 뒤 무고한 사람을 지목하는 방법으로 평소 원한을 해결하려고 했죠. 터무니없는 방법이었지만 통했습니다. 마을 사람들은 발작으로 고통받는 사람에게 쉽게 공감했고, 그들이 지목한 마녀 혹은 사탄을 법정에 넘겼습니다. 고문을 받던 용의자들은 허위 자백을 하기도 했고, 일부는 정말 자신이 '마녀'라고 믿기도 했습니다.

재판은 속전속결로 진행됩니다. 증거는 오직 소녀의 증언과 고문을 통한 자백이었습니다. 무거운 돌로 몸을 짓누르는 고문을 했는데, 80세 나이에 기소된 한 노인은 돌에 눌려 죽었죠. 평소 평판이 좋던 인물들도 체포됩니다. 이들을 보고 소녀들이 발작 증상을 보였기 때문이죠. 변호에 나선 인물도 체포됩니다. 악마의 사주를 받은 혐의였죠. 결국 총 185명이 체포되고, 남성 6명, 여성 13명이 교수형을 당했습니다. 이 사건으로 모두 25명이 목숨을 잃었는데, 마녀로 몰린 여인의 네 살 된 딸도 같이 감옥에 갇혀 세상을 떠났습니다.

　공감에 기반한 연대는 고통스러운 현실을 자양분으로 합니다. 우리는 고통을 같이 나눈 사람에게 더 큰 공감을 느낍니다. 자신의 삶이 고통스럽다고 여길수록, 고통받는 자에게 더 쉽게 공감하고 연대하게 됩니다. 17세기 이민 초기의 미국 사회가 바로 그랬죠. 이들은 척박한 땅을 어렵게 개척하며 마을을 만들어 나갔습니다. 그들은 서로의 삶에 대해 아주 잘 알고 있었고, 강력한 공감의 공동체를 형성했습니다.

　하지만 불행한 시기에 연대하던 이들은, 행복한 시기에는 분열하게 됩니다. 프랑스 소설가 베르나르 베르베르Bernard Werber는 "힘을 합쳐 성공하는 순간, 각자의 공적에 비해 보상이 부족하다고 느낀다. 각자는 자기가 공동의 성공에 기여한 유일한 공로자라고 생각한다. 그리고 서서히 소외감에 빠진다."라고 했습니다. 강력한 공감에 기반한 공동체 내에 소외감과 박탈감의 불이 붙기 시작하면, 걷잡을 수 없는 집단 반응을 유발합니다. 따뜻한 공감은 증오의 공감으로, 협력의 연대는 분열의 연대로 바뀌게 됩니다.

　세일럼 마을 사람은 모두 독실한 기독교인이었습니다. 신대륙 개척 초기의 숱한 고통을 함께 겪으며 살아온 마을 사람에게, 사탄의 공격을 받아 발작하는 소녀의 고통은 절대 남의 일 같지 않았을 것입니다. 그들은 소녀를 공격하는 마녀를 응징하려고 했습니다. 그들의 믿음으로는 정의롭고 옳은 일이었겠죠.

하지만 결국 네 살 먹은 아기부터 여든 살 노인에 이르기까지 수많은 사람의 목숨을 앗아 가게 됩니다.

게다가 마녀를 지목한 소녀 중 한 명은 푸트넘 가문이었는데, 포터 가문과 토지 문제로 분쟁 중이었습니다. 포터 가문에서만 무려 46명이 마녀로 지목된 이유입니다. 이성적인 판단과 합리적인 절제가 결여된 과도한 공감 능력은, 옳고 그름과 무관하게 더 깊이 공감되는 쪽의 역성을 들게 합니다.

슬픔과 고통에 공감하는 능력은 아주 소중한 인간성의 본질입니다. 하지만 무엇이 더 깊은 공감을 불러온다고 해서 그것이 더 옳다는 것은 아닙니다. 공감의 역설입니다.

연일 상승하는 부동산 가격을 보며 우울해하는 사람이 많습니다. 아직 집을 가지지 못한 사람은 물론이고, 수도권 외 지역에 사는 사람은 상대적 박탈감에 시달립니다. 이미 집을 가진 사람도 '더 좋은 위치에 있는 집을 사 둘걸'이라며 후회합니다. 강남 거주자도 예외가 아닙니다. 강남도 다 같은 강남이 아닌 데다가 하늘 높은 줄 모르고 오르는 집값을 보면, 자식 세대는 과연 송곳 꽂을 땅이라도 가질 수 있을지 불안합니다. 불안과 우울은 마음속에서 일어나는 내적 현상이라지만, 요즘 돌아가는 형편을 보면 꼭 그런 것 같지도 않습니다. 아파트 시세에 따라 마음도 오르락내리락하니 말입니다.

내 보금자리는 어디에?

_____ 보금자리 불안

구석기시대에 우리 조상은 어떻게 살았을까요? 사람은 적고 땅은 넓습니다. 네 땅 내 땅의 개념도 없으니, 아무 곳이나 널찍한 곳을 골라 살았을 것 같습니다. 하지만 그렇지 않습니다. 고고인류학적 연구에 따르면, 우리 조상은 넓은 땅을 놔두고 굳이 좁은 곳에 옹기종기 모여 살았습니다. 현대사회의 수렵채집인들도 보통 작은 부락을 이루어 삽니다. 가족 단위로 한 지붕 밑에서 지내는 것이죠. 인류의 오랜 삶의 방식입니다.

특히 정주 생활이 시작되면서, 가족이 같이 쉴 수 있는 보금자리는 아주 중요해졌습니다. 생존과 번식을 위해 필요한 기본적인 생태적 공간입니다. 짝을 맺으면 집을 지어 같이 삽니다. 연인에 대한 프러포즈는 사실 '같은 집에서 살자'는 제안이죠. 그리고 그 집에서 아기를 낳고 키웁니다. 새끼를 다 키우면 둥지를 버리는 새도 있지만, 인간은 그렇지 않습니다. 집에서 태어나, 집에서 늙고, 집에서 죽습니다.

집을 그려서 마음 상태를 알아내는 심리검사가 있습니다. 보통은 지붕이 있고, 문과 창문, 울타리가 있는 집을 그립니다. 아파트에만 살았던 아이들도 보통 독립된 '단독주택'을 그립니다. 집과 함께 가족도 같이 그리곤 합니다. 마음에 병이 있으면, 이러한 기본적인 요소가 결여된 그림을 그립니다. 인간에게 보금자리란 몸과 마음의 안식처이면서 동시에 행복한 가족의 표상입니다. 유전자에 깊이 새겨져 있죠. 아무리 세상이 바뀌어도 달라지지 않습니다. 보금자리를 만들어 사랑하는 사람과 같이 살고 싶어 합니다.

그러니 집이 없으면 불안해지는 것은 당연합니다. 내 집이 주는 심리적 안정이 없기 때문이죠. 지금은 사정이 제법 나아졌지만, 부모님 세대만 해도 셋방살이의 설움을 기억하는 분이 많습니다. 단 한 칸이라도 '내 집'을 가지고 싶은 것은, 모든 사람이 가진 보편적인 바람입니다. 그런 희망이 이루어질 수 없을 때, 절망하고 슬퍼합니다. 집값 상승이 집단적 불안을 유발하는 심리적 원인이죠.

_____ 이상 자유 분포

요즘 분위기를 보면 마치 모든 사람이 서울에 살고 싶어 하는 것 같습니다. 그렇다면 서울에 주택을 5000만 채 지으면 문제가 해결될까요? 서울 중에도 특히 강남에 살고 싶어 한다니,

강남구에 1000세대가 들어가는 100층짜리 아파트를 5만 동만 지으면 간단합니다. 하지만 누구도 그런 이상한 곳에는 살고 싶지 않을 것입니다.

이상 자유 분포라는 진화생태학적 개념이 있습니다. 생태학자 제프 파커Jeff Parker와 빌 서덜랜드Bill Sutherland는 경쟁 수준이 높은 지역과 낮은 지역의 생태적 적합성은 결국 동일한 수준으로 수렴한다고 말한 바 있습니다. 인간을 포함한 동물은 높은 이동성을 가지고 있기 때문에, 생존에 적합한 최적 장소로 자유롭게 이동하여 분포한다는 것입니다.

쉽게 풀면 이렇습니다. 양질의 자원이 집중된 지역, 즉 살기 좋은 곳에 수많은 개체가 몰려들게 됩니다. 그러나 좁은 장소에 많은 개체가 몰려들면, 이익은 감소하고 비용은 늘어납니다. 그래서 이익이 점점 줄어들면 개체들은 다른 곳으로 퍼지게 됩니다. 이런 과정이 반복되면서 집단은 잘게 나뉘고, 다양한 지역에 다양한 부락이 만들어집니다. 당연한 말입니다. 그렇지 않다면 전 세계 사람이 모두 도시 하나에 모두 모여 살았을 테죠.

_____ 새로운 적소

신혼부부의 상당수는 전세나 월세로 신혼집을 얻습니다. 제 돈으로 집을 사서 가정을 꾸리는 것은 아주 예외적인 경우죠. 심지어 현대 그룹을 일군 고 정주영 회장도 서대문구 현저동 달동네 셋방에서 신접 생활을 시작했다고 합니다. 땅은 한정되어 있고, 사람은 많으니 어느 정도는 어쩔 수 없는 일입니다.

　도시에 사는 것은 시골에 사는 것보다 분명 유리합니다. 일자리도 많고, 볼거리나 놀 거리도 많죠. 그러나 인구밀도가 높은 곳에 살면 치러야 하는 비용도 만만치 않습니다. 비싼 돈을 주고도 작은 집마저 구하기 어려울 뿐 아니라, 소음과 공해에 시달려야 합니다. 도시에는 일자리가 많다지만, 사람도 많으므로 구직이 어렵기는 마찬가지입니다. 게다가 사람에게 필요한 절대적 공간이 있는데, 아무리 강남 한복판이라고 해도 두 평짜리 집에서 다섯 식구가 산다면 행복하기는 어렵습니다.

　기존 거주 지역을 고수하는 데 드는 비용이 높아지면, 집단 내의 개체는 대안적 전략을 취하게 됩니다. 다시 말해서 새로운 생태적 적소가 나타나는 것입니다. 감당할 수 없을 정도로 집값이 오르면, 사람들이 새로운 곳을 찾아 떠나게 되는 것이죠. 거스를 수 없는 자연의 법칙입니다.

　사실 강남이 처음부터 지금의 강남이었던 것은 아닙니다. 대치동 은마 아파트는 분양 초기에 미분양이 나기도 했습니다. 격세지감이 느껴지는 일입니다만, 당시에는 모든 것이 갖추어진 강북을 떠나 새로 만들어진 강남에 갈 이유가 없었습니다. 아마 강남에 처음 입주하던 사람들의 심정은 그리 밝지 않았을 것입니다. 돈을 열심히 모아서 강북으로 돌아가겠다고 각오한 신혼부부도 있었을 것입니다. 하지만 세월이 지나고 사람이 모이면, 척박하던 지역은 풍요로운 곳으로 바뀝니다.

기존 거주 지역을 고수하는 데 드는 비용이 높아지면,
집단 내의 개체는 대안적 전략을 취하게 됩니다.
다시 말해서 새로운 생태적 지조가 나타나는 것입니다.
감당할 수 없을 정도로 집값이 오르면,
사람들이 새로운 곳을 찾아 떠나게 되는 것이죠.
거스를 수 없는 자연의 법칙입니다.

누구도 감당할 수 없을 정도로 집값이 오르는 이유가 무엇일까요? 다양한 원인이 있겠지만, 심리적으로는 자기충족적 예언에 기인할 가능성이 높습니다. 모두들 값이 오를 것이라고 믿기 때문에, 비싼 값을 치르고 집을 삽니다. 그러면 당연히 집값은 오르고, 기존의 믿음은 확고해집니다. 사실 예언을 실현시킨 사람은 본인 자신이지만, 과연 예언이 옳았다고 믿는 것이죠. 하지만 이러한 현상은 오래가지 않습니다. 집값이 내리기 시작하면, 완전히 반대 방향으로 자기충족적 예언이 시작됩니다. 폭등과 폭락이 친한 친구인 이유죠.

인간이 집을 가지고 싶은 이유는 단순합니다. 자신의 집에서 행복한 삶을 꾸리고 싶기 때문입니다. 그뿐입니다. 그런데 비싼 집을 사려면 비싼 값을 치러야 합니다. 그 비용은 어디서 나올까요? 모두 자신의 시간, 즉 한 번뿐인 인생과 맞바꾼 것입니다. 집은 행복한 인생을 위한 것인데, 집값을 치르느라 혹은 대출금을 갚느라 인생의 상당 부분을 저당 잡혀야 한다면 본말이 전도된 일입니다.

서울의 집값이 비정상적인 수준인지 혹은 정상적인 수준인지에 대해 논란이 많습니다. 경제학적으로는 잘 모르겠습니다만 심리학적으로는 간단합니다. 자신이 누릴 수 있는 다른 행복을 희생하면서까지 소중한 자원을 집에 투자해야 하는 지금의 상황은 분명 비정상입니다. 감당할 수 없는 집값은, 보금자리에서 누려야 할 행복의 시간을 갉아먹습니다. 비싼 비용을 치르면서 기존의 지역에 머무를 것인지 혹은 1970년대 강남행을 택한 신혼부부처럼 새로운 곳을 택할 것인지 여부는 개인이 선택할 몫입니다. 분명 우리 인간은 보금자리가 있어야 행복할 수 있습니다. 그러나 비싼 보금자리가 더 큰 행복을 약속하는 것은 절대 아닙니다.

시간에 대한 개념을 가진 동물은 거의 없습니다. 일부 연구에 따르면 원시인도 시간에 대한 개념이 명확하지 않았다고 합니다. 현대인도 크게 다르지 않습니다. 인간은 공간에 대한 인지적 개념을 차용하여 시간을 다룹니다. 그래서 과거는 지나온 길, 미래는 가야 할 길, 현재는 가나긴 길의 중간쯤으로 연상합니다. 이러한 은유에 따르면 인생은 긴 여행입니다. 우리는 자신의 삶을, 출발지와 종착지가 있는 긴 여정으로 생각하곤 합니다.

그만 멈춰 서야 할 때

모든 것에는 시작과 끝이 있다는 보편적인 인식이 있습니다.

윌리엄 애덤스William Y. Adams는 서구 사상의 기저 신념 중 하나로 자연법을 들었습니다. 자연법이란 세상의 시작과 끝은 정해진 자연의 질서에 따라 일어나며, 예정된 계획에 의해 이루어진다는 것이죠. 마치 철로가 깔린 길을 따라가는 기차처럼 종착역이 정해져 있다는 뜻일까요? 아직 '아무도 가 보지 않은 미래'라는 길이지만, 동시에 누군가 이미 기찻길을 닦았다는 이율배반입니다.

우리는 과거의 일을 기억하고, 미래의 일을 예상합니다. 그러나 사실 우리는 오직 현재에 있을 뿐입니다. 현재에 맞추어 머릿속 과거와 미래를 알맞게 재구성할 뿐이죠. 그래서 일부 정신장애에서는 과거와 현재, 미래가 어지럽게 뒤섞이곤 합니다. 시간이 느리게 가기도 하고, 아예 멈추기도 하죠. 미래를 기억하거나 과거를 예상하는 일도 있습니다. 어제와 오늘을 혼동하는 경우는 꽤 흔합니다.

인간은 흔히 공간에 대한 개념을 사용하여 시간을 유추합니다. 시간은 '뒤로 가는' 것이고, 내일은 '앞에서 오는' 것입니다. 인생을 살다 보면 '오르막과 내리막'을 만납니다. 막다른 길에 접어들기도 하고, 갈림길이 나타나기도 하죠. 삶의 끝에는 큰 강이 있다고 하는데, '한번 건너면 돌아올 수 없는 강'입니다.

——————— 시간의 역설

시간의 개념이 생기면서, 문명의 시작되었다는 주장이 있습니다. 농경을 시작하면서 파종과 수확 시기가 중요해졌고, 지금이 일 년 중 언제인지를 알아야 했다는 것이죠. 이는 달력을 낳고, 천문과 기상에 대한 전문가를 만들고, 점술과 종교를 만들고 등등을 했다는 주장입니다. 하지만 제법 많은 수렵채집 사회에서도 시간과 절기라는 개념이 관찰되기 때문에 설득력이 조금 약한 주장입니다. 물론 구석기 원시인에게 달력이나 시계는 없었겠지만 말이죠.

한 해의 끝이나 시작이 언제인지는 생태적 환경이나 사회·문화적 상황에 따라 늘 변동되어 왔습니다. 양력은 서양의 것이니 음력을 따라야 한다는 분도 있겠지만, 사실 1896년에 조선이 양력을 채택한 것은 중국의 연호를 따르지 않겠다는 의지였습니다. 하지만 백 년 이상 지난 지금도 음력을 선호하는 분이 있

현대인의 삶은 멈추지 않는 기차처럼 앞으로 질주합니다.
마치 이미 정해진 종착역이 있는 것처럼 말이죠.
그렇게 브레이크 없는 기차처럼 달려가다가 어느 순간
연료가 떨어지면 철로 중간에 딱 멈추어 서 버립니다.

습니다. 이제는 중국도, 일본도 사용하지 않는 달력인데도요.

기원전 4000년 이전 고대 바빌론은 인류 최초로 농경이 시작된 메소포타미아 지역에 있었던 고대국가입니다. 고대 바빌론 사람이 남긴 새해에 대한 최초의 기록이 있습니다. 춘분이었죠. 즉 씨앗을 뿌리는 때가 한 해의 시작이었습니다. 로마도 이를 따라 하다가 율리우스 카이사르 황제가 지금과 비슷한 달력을 만듭니다. 7월이 July인 이유도, 바로 율리우스Julius의 이름을 딴 것입니다.

우여곡절을 거쳐서 율리우스력은 현재의 그레고리력으로 바뀌게 됩니다. 보다 정확한 달력이었죠. 교황 그레고리는 1582년 10월 4일의 다음 날을 10월 15일로 정해 버립니다. 그래서 그레고리력을 즉시 받아들인 이탈리아와 프랑스의 역사에는 1582년 10월 5일부터 14일이 빈칸으로 남아 있습니다. 태어난 사람도 없고, 죽은 사람도 없고, 일어난 사건도 없습니다. 졸지에 모든 사람이 9일씩 나이를 더 먹게 되었죠.

아무튼 문명인의 삶은 시간이라는 팽팽한 줄로 단단히 묶여 있습니다. 수많은 세상일은 합의된 약속에 의해 조율됩니다. 연신 달력을 확인하고, 시간을 확인합니다. 그렇게 시간과 공간이라는 씨줄과 날줄로 엮여 살아갑니다. 다른 사람과 약속을 맺고 원하는 일을 도모하려면 시간을 잘 지켜야 합니다. 복잡하게 얽힌 길 위에서 서로 엇갈리지 않고 마주치려면 어쩔 수 없는 일이죠.

그런데 종종 우리는 마치 자기 자신과도 시간 약속을 한 듯 살아갑니다. 8시에는 공부하고, 9시에는 휴식하고, 10시에는 취침하는 식의 방학 시간표를 작성해 본 적이 있을 것입니다. 미래에 대해서도 이런 계획을 세웁니다. 28세에는 직장을 얻고, 30세에는 결혼을 하고, 32세에는 아기를 낳고, 50세에는 10억 자산을 만들고, 60세에는 은퇴하고 등등이죠. 한 번뿐인 인생은 마치 앞으로 지나쳐야 할 기차역처럼 빈틈없이 결정되어 있습니다. 기차가 제시간에 역에 도착하면 대성공이고, 연착하면 다소 실패입니다. 멈추기라도 하면 시쳇말로 '이생망(이번 생은 망했다)'입니다.

_____ 제한 자원으로서의 시간

그러나 생태학적 관점에서 시간은 일종의 자원입니다. 자원을 의미 있게 쓰면 사실상의 시간이 늘어나고, 그렇지 않으면 시간이 줄어드는 셈이죠. 생존과 번식 적합도를 위해서 자신에게 주어진 시간을 '쓰는' 것입니다. 구할 수 있는 식량의 양이나 배우자의 숫자도 자원이지만, 가장 중요한 제한 자원은 시간입니다. 단 한 번만 제공될 뿐 아니라, 그 양도 엄격하게 제한되어 있기 때문이죠. 그래서 진화생태학 연구에서는 시간이 아주 중요한 변수로 사용되곤 합니다.

그런데 시간은 아주 독특한 특징이 있습니다. 점점 줄어들기만 한다는 것이죠. 80년의 삶을 두고 보면, 10세 무렵의 1년은

70분의 1입니다. 남은 삶의 약 1.43퍼센트죠. 하지만 75세의 1년은 5분의 1입니다. 남은 삶의 20퍼센트죠. 전체 인생의 1.5퍼센트 정도라면, 기꺼이 투자해서 다른 자원과 맞바꿀 수 있을지 모릅니다. 하지만 남은 시간의 20퍼센트를 써야 한다면, 신중할 수밖에 없습니다. 인생은 단 한 번이니까요.

현대인의 삶은 멈추지 않는 기차처럼 앞으로 질주합니다. 마치 이미 정해진 종착역이 있는 것처럼 말이죠. 사람들은 가장 먼 곳에 있는 역까지 가는 경주라도 하듯, 쉴 새 없이 앞으로만 달려갑니다. 급한 마음이 들어 작은 역은 무정차 통과합니다. 주변 경치를 바라볼 여유도 없습니다. 그렇게 브레이크 없는 기차처럼 달려가다가 어느 순간 연료가 떨어지면 철로 중간에 딱 멈추어 서 버립니다. 그리고 끝입니다.

생애사적 진화 이론에 따르면, 생물체의 시간은 삶의 주기에 따라 적합도상의 가치가 다릅니다. 어린 시절의 1년과 어른 시절의 1년이 다르죠. 일반적으로는 생애 초기의 시간이 보다 중요합니다. 내일을 기약할 수 없던 험난한 환경에 살던 우리의 선조는 어떻게든 무조건 살아남는 편을 택했습니다. 첫 1년을 넘기지 못하면 다음 2년도 없기 때문입니다. 그렇게 우리는 지금이 마지막인 것처럼 살아가는 본성이 있습니다. 오늘 죽으면 내일도 없으니까요.

하지만 우리 인간은 자연을 개척하고, 사회를 건설하고, 지식을 축적했습니다. 100퍼센트 확신은 할 수 없지만 어느 정도는 미래를 기약할 수 있게 되었죠. 아등바등 살지 않아도 내일 굶지 않는다는 것을, 안절부절 두려움에 떨지 않아도 도적이 쳐들어오지 않는다는 것을, 당장의 이성에게 매달리지 않아도 더 멋진 대상이 나타난다는 것을 알고 있습니다. 최소한 머리로는 말이죠.

삶도 마찬가지입니다. 강박적인 스케줄이 지배하는 기차를 잠시 세우고 역 주변을 돌아볼 수 있으면 좋겠습니다. 속도를 조금 늦추고 간이역에도 느긋하게 정차해 보세요. 종착역에 도착하면 삶이라는 여행은 바로 끝나기 때문입니다. 역설적인 말이지만, 앞으로 남은 기차역이 적을수록 각각의 역은 더욱 소중해집니다. 그동안 가득 실어 나르기만 하던 화물칸을 활짝 열어, 좁은 객실에 갇혀 있던 승객도 신선한 공기를 마실 수 있도록 해 주세요.

삶이라는 이름의 기차는 편도만 있습니다. 지금 지나는 역을 놓치면, 다시는 되돌아오지 못합니다.

1974년 1월 7일, 북부 세력은 느닷없이 남쪽 영토를 공략하기 시작합니다. '4년전쟁Four-Year War'으로 불리는 장기간의 전쟁으로 인해 북부를 지배하던 카사켈라 세력은 남부의 카하마 세력을 접수하고 영토를 크게 늘립니다. 남부 지역 남성 6명이 사망하고, 여성 5명이 죽거나 납치되었죠. 아, 남성과 여성이라고 불러도 될지 모르겠네요. 이들은 침팬지였으니까요.

전쟁은 인간의 본성일까?

원래 곰베 국립공원의 북부와 남부 지역은 하나로 통일되어 있었습니다. 이들은 최소 수십 년 동안 평화롭게 살았는데, 리키라고 불리던 수컷이 가교 역할을 하고 있었죠. 그런데 1970년 말 리키가 사망합니다. 그러면서 북부와 남부의 교류가 중단됩니다. 1971년부터 균열이 점점 심해지더니 결국 1974년부터 무려 4년 동안 피를 흘리는 참극이 계속됩니다.

그동안 학계에서는 전쟁이 오직 인간 사회에서만 일어나는 독특한 현상이라고 생각했습니다. 그러나 곰베 침팬지 전쟁의 사례가 알려지면서, 이런 주장에 의문이 제기되었죠. 처음에는 침팬지가 인간 사회의 '나쁜 물'이 들어 전쟁을 한다는 반론이 강하게 제기되었습니다. 자연 세계에서 동족 간 전쟁은 없다는 오랜 믿음이 있었기 때문입니다. 그러나 계속된 연구를 통해 이러한 고정관념은 점점 깨지기 시작합니다.

'4년전쟁'이 정말 '전쟁'이냐는 의문은 가시지 않았습니다. 일부에서는 제인 구달Jane Goodall이 '의도치 않게' 전쟁을 유발했다고 주장하기도 했습니다. 구달이 바나나를 주면서 침팬지 사이의 갈등이 생겼다고도 했죠. 그러나 비슷한 전쟁 사례가 계속 관찰되면서, 점차 반론은 수그러듭니다.

우간다 은고고 지역 침팬지를 관찰한 연구에 따르면, 이들은 미리 정찰병을 보내고 매복과 기습 전술도 구사했습니다. 약 10~14일 간격으로 주기적인 전투를 벌였는데, 전투원은 항상 수컷이었죠. 암컷은 전리품으로 확보하고 상대측 새끼 침팬지는 죽여 버렸습니다. 사실 죽여서 먹었습니다. 심지어 다른 부족의 침팬지를 용병으로 동원하기도 했습니다.

도대체 침팬지들이 이렇게 잔혹한 전쟁을 끊임없이 벌인 이유가 무엇일까요? 미시간 대학의 존 미타니John Mitani 교수의 연구에 따르면, 침팬지 전쟁의 주 목적은 영토 확장입니다. 전투는 '국경'의 경계 밖에서 주로 일어났는데, 은고고 전쟁에서는 무려 22.3퍼센트나 영토를 확장했습니다. 이들의 전쟁은 그 규모나 지속성 그리고 목적으로 볼 때, 인간 사회의 전쟁과 별로 다를 바 없습니다.

_____ 평화로운 구석기인

구석기시대, 즉 1만 년 이전에는 전쟁의 흔적이 없습니다. 물론 문자가 없던 시절이지만, 아무리 고고학적 연구를 들춰 봐도 전쟁의 자취가 남아 있지 않습니다. 동굴벽화에도 전쟁을 묘사한 그림은 없습니다. 발굴되는 화석이 아주 드문 수백만 년 전 오스트랄로피테신은 그렇다고 치더라도, 수십만 년 전 호모 에렉투스의 고고학적 발굴 장소에도 전쟁의 증거가 전혀 없는 것은 놀라운 일입니다.

사실 전쟁은 문명이 시작된 이후, '발명'된 것으로 생각했습니다. 신석기 혁명, 농업 생산력 확대와 정주 생활, 경제적 불평등과 계급사회의 시작, 자원과 영토를 둘러싼 갈등, 전쟁의 시작…… 대략 이런 도식입니다. 자연 속에 평화롭게 살던 인류는, 문명의 타락과 함께 전쟁의 참화에 고통받게 됩니다. 심지어 전쟁이 인류 문명을 촉발했다는 가설도 있습니다. 효율적으로 전쟁을 치르기 위한 명령 체계, 리더십, 자원 비축, 대규모 방어 시설 등이 문명사회의 시작이었다는 것이죠.

하지만 침팬지들이 벌이는 전쟁을 볼 때, 이러한 주장은 별 설득력이 없습니다. 전쟁은 발명된 것이 아닙니다. 다만 오랫동안 잠자고 있던 원시적인 전쟁 본능이 되살아난 것이죠. 인간의 본성은 원래 평화로 가득한데, 일부 지배층의 욕심 때문에 하기 싫은 전쟁에 억지로 끌려간 것이 아닙니다. 그러면 도대체 구석기인은 어떻게 평화롭게 살 수 있었을까요?

흥미로운 가설이 있습니다. 인류가 창을 발명하면서 역설적으로 평화가 시작되었다는 것이죠. 고도로 효과적인 투창 기술로 인해 서로 막대한 피해를 입자 전쟁을 포기했다는 주장입니다. 마치 냉전 시대, 미소 간 힘의 균형, 즉 핵무기와 대륙간탄도미사일을 통한 '공포의 평화'를 연상하게 하는 주장입니다. 물론 설득력은 대단히 약합니다. 근거도 없을뿐더러, 왜 방패는 만들지 않았냐는 간단한 의문도 풀지 못하는 가설이죠.

아주 단순하고 믿을 만한 가설이 있습니다. 구석기시대에는 단지 '전쟁을 할 필요가 없었다'는 것입니다. 이게 도대체 무슨 말일까요?

호모 에렉투스가 살던 시대의 인구밀도는 아주 낮았습니다. 약 170만 년 전부터 수십만 년 전까지 살던 호모 에렉투스의 인구 데이터는 불명확합니다. 그러나 아무리 많아도 세계 인구는 최대 6만 명이 되지 않으리라 추정합니다. 6만 명이 아프리카와 유럽, 아시아의 광대한 영역에 넓게 퍼져 살았죠. 호모 사피엔스가 나타난 후에도 많아야 30만 명에 불과했을 것으로 보입니다.

광대한 생태학적 적소가 있으니, 굳이 다른 집단과 전쟁을 벌일 이유가 없습니다. 좁은 밀림에서 살아가는 침팬지와 달리, 두발걷기를 진화시킨 인류는 대단히 먼 거리를 효과적으로 이동할 수 있습니다. 높은 지적 능력을 사용하여 다른 동물이 살아가지 못하는 척박한 환경에서도 아주 잘 적응합니다. 사막에도 살고, 북극에도 삽니다. 치고받고 싸우기보다 차라리 새로운 땅으로 떠나는 편을 택한 것입니다.

인간과 침팬지의 공통 조상은 약 600만 년 전에 갈라졌습니다. 인간 본성의 가장 깊고 어두운 곳에는 전쟁을 향한 원시적 본능이 자리하고 있습니다. 그러나 침팬지와 따로 살기로 결정한 후, 불과 1만 년 전까지 인류는 아주 평화롭게 살아왔습니다. 수백만 년간 유례없는 평화를 일궈 낸 일등 공신은, UN도 아니고 평화유지군도 아닙니다. 강력한 힘의 균형도 물론 아닙니다. 다름 아닌 새로운 땅, 새로운 가능성에 대한 희망입니다.

인류는 좁은 영토를 두고 싸우기보다 새로운 곳을 개척하는 쪽을 택했습니다. 월등한 지적 능력은 이를 가능하게 해 주었죠. 아라비아반도의 사막을 지나, 시베리아와 극지방을 지나 신대륙으로, 그리고 동남아시아를 거쳐 바다 건너 호주까지 퍼져 나갔습니다. 하지만 원래 살던 곳을 고수하던 인류의 사촌 침팬지는 600만 년 전이나 지금이나 변함없이 여전히 좁은 밀림 속에서 서로 죽고 죽이며 살아갑니다.

물론 위의 비유는 과학적으로는 조금 잘못된 것입니다. 인류의 조상이 어느 날 다 같이 모여서, '우리 이제 그만 싸우고, 차라리 신대륙을 찾아 나서자'고 합의한 것은 아닙니다. 다만 전쟁을 벌이는 것보다 새로운 적소를 찾는 편이 훨씬 높은 적합도를 보였을 것이라고 해야 정확합니다. 어쨌든 인간 정신에는 전쟁을 몰고 오는 파괴적 본능도 있지만, 또한 새로운 가능성을 찾아내는 창조적 본능도 있습니다. 둘 중 어느 것을 꺼낼 것

●

침략자와 구석기인 그리고 현대인의
근본적인 차이가 무엇일까요?
평화를 유지하는 힘은 새로운 땅,
즉 새로운 기회의 가능성입니다.
미래가 있는 사람은 총을 들지 않습니다.

인지는 우리 선택에 달린 일입니다.

세계정세가 요동칩니다. 동아시아의 미래도 한 치 앞을 예상하기 어렵습니다. 섣부른 낙관론은 금물입니다. 곰베 침팬지 전쟁을 보고 제인 구달은 크게 낙담합니다. 침팬지의 잔혹한 동족 살해 행동은 분명 부정할 수 없는 '본성의 어두운 측면dark side'이었죠.

하지만 우울한 비관론도 피해야 합니다. 인류의 역사를 600만 년이라고 치면, 우리는 599만 년간 평화롭게 살았고 고작 1만 년간 전쟁을 벌이며 싸웠습니다. 침팬지와 구석기인 그리고 현대인의 근본적인 차이가 무엇일까요? 평화를 유지하는 힘은 새로운 땅, 즉 새로운 기회의 가능성입니다. 미래가 있는 사람은 총을 들지 않습니다.

▷

～～～～～～～～～～～～～～～～～～～～～～～～～～

동물도 마음이 있을까요? 어떻게 보면 당연한 이야기 같지만 알고 보면
논란이 적지 않습니다. 논란의 한쪽 끝에는 인간을 제외한 동물에게는
마음 같은 것이 전혀 있지 않다는 주장이 있습니다. 오직 정해진 대로 움
직이는 로봇에 가깝다는 것이죠. 그러나 정반대의 주장도 있습니다. 파
도를 따라 출렁거리는 해파리를 보면서 '즐거움에 겨워 춤을 추는구나'
라고 생각하기도 하죠. 심지어 식물도 생각할 힘이 있다는 극단적인 주
장도 있습니다. 아마 진실은 그 중간 어디쯤 있을 것입니다.

쇠똥구리의 권리

_____ 동물도 마음이 있을까?

동물도 인간과 동일하게 생각하고 느낀다고 여기는 보편적 심리가 있습니다. 이러한 인지 경향은 아마도 타인과 생각을 나누고 느낌을 공유하기 위한 공감 능력이 진화하면서 나타난 것으로 보입니다. 다른 사람의 마음을 읽으려면 그 사람이 무슨 생각을 하는지 잠시 내 머릿속으로 가져와야 합니다. 마음 읽기 모듈은 기본적인 인간 본성입니다.

그런데 이런 마음 읽기는 종종 동물을 인간처럼 의인화하는 실수를 범합니다. '담배 피우는 호랑이, 쑥을 먹는 곰'처럼 동물도 인간과 질적·양적으로 같은 생각과 감정을 가지고 있다는 것이죠. 하지만 그럴 리 없습니다. 각자 진화적 적응 환경에 적합한 신경 인지적 모듈을 진화시켰습니다. 따라서 인간 외 동물은 인간의 방식으로 판단하거나 느끼지 않습니다.

쇠똥구리는 똥을 동그랗게 만들어 자신의 집으로 가져갑니다. 그리고 그걸 먹고 삽니다. 이런 지저분한 습성을 가진 쇠똥구리는 오늘도 한숨을 푹푹 내쉬면서 '똥이나 굴리는 내 팔자야'라고 한탄하고 있을까요? 인상을 잔뜩 찌푸린 채 구역질을 참아 가며 냄새나는 똥을 억지로 먹고 있을까요? 자식을 보면서 '다음 생에는 맛있는 음식을 먹는 동물로 태어나길' 바라며 슬픔의 눈물을 뚝뚝 흘리고 있을까요?

그럴 리 없습니다. 모르긴 몰라도 쇠똥구리는 똥을 볼 때마다 아주 기뻐할 것입니다. 오히려 똥이 없는 곳은 그들에게 척박한 사막입니다. 쇠똥구리에게 '똥은 비위생적이니 더욱 교양 있는 음식을 먹으라'고 할 수도 없습니다. 죽으라는 말과 같습니다. '더러운 똥 같은 것을 먹고 사느니 그냥 죽는 편이 낫다'며 쇠똥구리를 안락사시키는 것은 너무나도 인간 중심적인 사고에서 비롯된 잘못입니다. 쇠똥구리에게는 똥이 복지이자 권리입니다.

───────── 동물의 지각 능력

똥 이야기는 그만하고 개 이야기를 해 보죠. 개를 키워 본 분은 잘 알겠지만, 개는 생각할 수 있습니다. 사실 '생각할 수 있다'는 정도가 아니라, 아주 뛰어난 사고 능력을 가지고 있습니다. 게다가 다양한 감정을 느끼고 표현할 수 있습니다. 슬퍼하고 기뻐합니다.

주인이 개를 너무 사랑하다 보니, 자기 생각과 감정을 과도하게 '투사'해 버린 것일까요? 그렇지 않습니다. 정교한 실험을 통해서 심리적 투사의 요소를 제거해도, 동물 대부분은 여전히 생각할 수 있고 느낄 수 있다는 것이 확인됩니다. 물론 쇠똥구리의 사례처럼 '인간과 동일한' 생각과 감정을 가진 것은 아닙니다.

하지만 과연 동물이 지각할 수 있을까요? 여기서 말하는 지각sentience이란 느끼고 인식하고 주관적으로 경험할 수 있는 능력입니다. 생각이나 느낌과는 개념이 좀 다릅니다. 앞서 말한 대로 동물이 생각할 수 있다는 것은 너무나도 분명한 사실이고, 느낌을 가지는 것도 확실합니다. 그러나 자기 생각이나 느낌에 대해 개가 '주관적으로 인식'하고 있는지에 대해서는 논란이 있습니다. 어쨌든 개는 말을 못하니까 물어봐도 답을 얻기 어렵죠. 과연 동물은 자신이 무슨 생각을 하고 어떤 느낌을 느끼는지에 대해서 스스로 '지각'하고 있을까요? 혹은 단순한 생각과 느낌은 있으나 그것에 대한 주관적 지각은 없는 것일까요?

사실 지각이라는 단어가 잘 와닿지 않기 때문에, 저는 느낌이라는 단어가 더 적당하다고 생각합니다. 우리말의 감정은 단순히 자극에 대한 감각이나 느낌이 아니라 그러한 상태 자체를 이해한다는 뜻을 포괄하기 때문이죠. 영어의 '이모션emotion'과는 조금 뜻이 다른 것 같습니다. 느낄 수 있는 동물 정도라고 할까요? 이것도 아주 잘 들어맞지는 않죠. 일본어에서는 감각感覺 혹은 직감直感이라고 합니다. 직각直覺이라고 하기도 하죠. 언젠가는 느낌·감정·지각·정서·정감·직감·감각·정동·직각 등 우리말 단어에 대한 명확한 의미 규정이 내려지면 좋겠습니다.

아무튼 동물의 복지와 권리를 이야기할 때는 '지각知覺'이라는 개념을 흔히 사용합니다. 즐거움과 고통을 느낄 수 있는 주관적 감정을 말합니다. 단지 수동적으로 판단하고 느끼는 것이 아니라 능동적으로 고통을 피하고 자유를 원하고 즐거움을 추구하려는 것이죠. 그리고 그런 자신의 상태를 스스로 알아차리는 것을 말합니다. 그런데 최근 여러 연구에 따르면 동물도 이러한 자신의 내적 상황을 스스로 '지각'할 수 있는 것으로 보입니다.

──────── 동물의 권리에 대한 논란

강아지에게 예방접종을 해 주려고 동물 병원에 가면 종종 난리가 납니다. 강아지는 예방접종의 의미에 대해서 잘 이해하지 못하기 때문이죠. 쇠바늘이 몸에 들어오니 고통스러워할 것입니다. 분명 동물은 사고 능력이 떨어집니다. 주변 상황을 종합적으로 파악하여 추론하고 판단하는 능력은 인간보다 열악합니다. 그러니 장기적으로 미래의 건강을 고려하여 지금 주사 고통을 참아 내는 수준의 인지능력을 기대하기는 어렵습니다.

그러면 어떻게 해 주어야 할까요? 몇 가지 주장이 있습니다. 일단 동물에게 무엇을 해 주어야 하는지 판단할 때는 자연 상태를 기준으로 삼아야 한다는 견해가 있습니다. 예를 들어 동물의 수준에서 바라볼 때 예방접종은 단지 고통일 뿐이니 그런 행위를 해서는 안 된다는 것이죠. 오랜 진화적 적응 환경 내에서의 자연적 삶을 강조합니다. 모든 동물을 인간 세상에서 '해방'시켜야 한다는 극단적인 주장도 있습니다.

그러나 이는 현실성이 부족할 뿐만 아니라 과연 그 '자연'이 무엇이냐는 논란이 있을 수밖에 없습니다. 야생동물이라면 그나마 간단한데, 가축은 애매합니다. 개는 약 3만 6000년 전에 인간의 친구가 됐습니다. 연구에 따르면 개가 인간에게 먼저 다가왔고, 같이 살았습니다. 사냥을 돕고 종종 식량이 되어 주었죠. 대신 안전과 먹이를 대가로 받았습니다. 『침입종 인간』의 저자인 인류학자 팻 시프먼Pat Shipman은 개와 인간이 사냥을 매개로 일종의 전략적 동맹을 형성한 것으로 추정합니다.

동맹 덕분인지는 몰라도 오늘날 인간은 70억 명으로 늘었고 개는 9억 마리로 늘었습니다. 양쪽에게 모두 '윈윈'이었죠. 그러니 개에게 '이제 동맹을 끝맺을 테니 다시 늑대로 돌아가라'라고 하는 것은 이상합니다. 인간과 같이 어울려 사는 것이 개에게는 이미 수만 년 동안 이어 온 '자연적 상태'이기 때문입니다.

앞에서 언급했듯 고통을 줄이는 것이 가장 우선이라는 주장도 있지만, 반대로 결국 잠재적인 질병의 고통을 줄여 줄 테니 예방접종을 해야 한다고 주장할 수도 있습니다. 방법상의 논란은 있더라도 고통을 줄이는 것이 최선이라는 목표는 같습니다.

고통 최소화 주장은 종종 행복 최대화 주장으로 이어집니다. 마치 '최대 다수의 최대 쾌락'이라는 공리주의를 동물의 세계까지 확장한 것 같습니다.

그런데 이러한 주장은 곧 모순에 부딪힙니다. 쾌락과 행복의 기준이라는 것이 다분히 인간 중심적인 데다가 그 자체가 오히려 동물의 생존권을 위협할 수도 있기 때문입니다. 예를 들어 고향으로 돌아와 알을 낳고 사경을 헤매는 연어에게 심폐 소생술을 해 주는 것이 옳은 일일까요? 기진맥진하여 도무지 가망이 없으니 안락사를 해야 할까요? 분명 연어는 심한 고통을 느끼고 있을 것입니다. 그러나 이는 대자연의 법칙입니다. 강어귀를 가로막고 '강물을 거슬러 올라갔다가는 십중팔구 죽을 테니 그냥 산란을 포기해라'라고 설득하는 것도 이상합니다.

_____ 동물의 지각과 동물의 권리

사실 동물의 권리에 대한 논쟁이 쉽게 해결되지 않는 이유는 동물이 자신의 의사를 표현하지 못하기 때문입니다. 그러니까 어떤 사람은 '동물은 자연으로 돌아가는 것을 좋아할 것이다'라고 생각하고, 어떤 사람은 '고통을 줄여 주는 것을 좋아할 것이다'라고 생각하고, 어떤 사람은 '인간처럼 대우해 주는 것을 좋아할 것이다'라고 생각합니다. 하지만 동물의 말을 번역해 주는 기계가 나오기 전에는 해결될 수 없는 문제입니다. 그런 기계가 나올 리도 만무합니다.

지금까지는 동물의 지각 능력을 기준으로 동물의 복지와 권리를 판단하자는 주장이 가장 설득력이 있는 것 같습니다. 다시 말해서 동물은 자신의 진화적 적응 환경 내에서 무엇이 그들에게 좋은지 무엇은 좋지 않은지 알고 있다는 것이죠. 물론 동물의 지각 능력 수준에서 말입니다. 그리고 이를 결정하는 가장 중요하고 확실한 기준은 바로 생존과 번식입니다. 즉 동물이 자신의 생존과 번식에 미치는 영향의 좋고 나쁨에 대해 즉각적으로 느끼는 기준에 따라서, 동물에게 어떤 대우를 해 주는 것이 바람직한지 판단해야 한다는 것입니다.

예를 들어, 썩은 먹이를 찾는 하이에나에게는 '썩은 고기'가 좋은 먹이입니다. 썩은 음식이 하이에나의 생존을 도울 뿐 아니라 그런 먹이를 볼 때 좋아하는 자신을 느낄 것이기 때문이죠. 물론 하이에나에게 갈비 구이나 햄버거를 주어도 생존을 도울 수 있습니다. 하지만 썩 좋아할 것 같지 않네요. 반대로 썩은 맛이 나는 플라스틱을 줄 수도 있습니다. 아주 좋아하겠지만 생존을 돕기는 어렵겠죠.

가축은 인간과 공생하며 살아왔습니다. 인간은 70억 명인데, 닭은 200억 마리가 넘습니다. 아마 수천 년 후에는 '닭이 지구를 지배한 시대'로 오늘날을 규정할지도 모릅니다. 개·고양이·말·소·양·낙타·염소 등 다양한 반려동물과 가축은 인간과 일종의 전략적 제휴 관계를 맺고 살아왔습니다. 그러니 갑자기 소와 말에게 야생으로 돌아가라고 하면 곤란합니다. 곧 죄다 죽을 것입니다. 또한, 최대의 쾌락을 제공하기 위해서 떠받들고 살 수도 없습니다. 모든 사람이 닭을 네 마리씩 나누어 인간과 동일한 수준의 삶을 살도록 해 주는 것도 불가능합니다.

다만 그들을 지각 있는 존재로 받아들이고, 생존과 번식이라는 기준에서 그들이 지각할 수 있는 수준의 복지를 누릴 수 있도록 해 주는 것이 현재까지는 동물권을 규정하는 가장 납득할 만한 기준이 아닐까 싶습니다. 예를 들어 노동을 하는 소가 불쌍하니, 소를 농사일에 쓰지 못하게 하자는 것은 좀 이상합니다. 소는 인간에게 노동력을 제공하는 방식으로 야생의 소보다 더 나은 생존과 번식 기회를 얻었기 때문입니다. 다만 이유 없이 소에게 채찍질하는 것은 권리를 해하는 것입니다. 소를 학대해 봐야 생존과 번식을 돕지 못하며, 소도 그런 행동을 바람직하게 지각할 리 없기 때문입니다. 닭을 잡아먹는 것도 비슷합니다. 물론 잡아먹힌 닭은 생존권을 잃은 셈이지만, 그런 방식을 통해서 훨씬 큰 번식적 이익을 얻었습니다. 하지만 그렇다고 닭이 스스로 생존과 번식을 위협하는 것으로 느낄 만한 환경을 주는 것은 옳지 못합니다. 너무 좁은 우리에서 밀집 사육을 하거나 다른 닭이 다 보는 앞에서 도살하거나 수컷 병아리를 산 채로 갈아서 처분하는 것 등입니다.

사실 동물권에 대한 논란은 아주 복잡합니다. 앞서 말한 대로 존재성 자체에 의미를 두는 철학적인 입장부터 고통 최소화에 초점을 준 입장, 어느 정도 이성을 가진 동물만 권리를 인정하자는 입장, 인간으로부터 해방시켜야 한다는 입장, 인간처럼 대우해 주어야 한다는 입장 등 아주 넓은 스펙트럼을 가지고 있습니다. 가축을 아예 없애자는 주장도 있고, 동물실험을 전면적으로 금지하자는 주장도 있습니다. 아직 결론을 내리기 어렵습니다. 영원히 결론짓기 어려울지도 모릅니다.

하지만 앞서 말한 대로 생존과 번식은 모든 생물의 기본적인 욕구입니다. 살고 싶어 하고 새끼를 낳고 싶어 합니다. 그리고 이 두 가지 욕구를 촉진하는 상황을 좋아하고, 이를 스스로 금방 알아차립니다. 특히 인간과 가축은 오랜 기간 서로 협력해 왔습니다. 서로 먹고 먹히는 것은 피할 수 없는 자연의 법칙이지만 수천수만 년간 공생해 온 가축에게 최소한의 존엄을 누리게 해 주었으면 좋겠습니다. 지각을 가진 존재로서 동물의 생존권과 번식권을 최대한 존중하고, 충분한 이유가 없다면 이를 침해하지 않아야 합니다.

불완전하기에 기대되는

삶

우리는 어린 시절에는 어린아이의 생각을 하고, 어른이 되면 어른의 생각을 합니다. 비록 나이가 들면 어린 시절의 기억을 잊어버리지만 마음속 어딘가에는 그때의 경험이 남아 지금의 우리를 만듭니다. 아이는 노는 것이 일입니다. 잘 놀아야 합니다. 어린 시절에 노는 것을 일하듯이 열심히 하는 아이가 나중에는 일하는 것을 마치 놀듯이 즐기면서 잘 해내게 됩니다.

원래 놀이와 학습은 분명하게 구분되지 않는 과업입니다. 돌을 만지작거리며 놀던 아이가 주먹도끼도 만들고, 나뭇조각을 가지고 놀던 아이가 창과 활도 만들었을 것입니다. 그렇게 놀이는 학습이 되고, 학습은 다시 일이 되고, 일은 다시 교육이 됩니다. 전통적으로 놀이·학습·일이 이루어지는 공간은 바로 가정입니다. 부모와 형에게 일을 배우고, 동생과 자식에게 가르치는 것입니다. 네모난 건물에서 선생님에게 배우는 학습 방식은 불과 백 년도 채 되지 않았습니다.

그렇게 실컷 놀다 보면 사춘기가 찾아옵니다. 세상은 남자와 여자로 이루어져 있다는 것을 알게 되고, 고민이 깊어집니다. 남자와 여자의 숫자는 동일하지만 왠지 그렇게 느껴지지 않습니다. 남자 입장에서는 남자가 너무 많은 것 같고, 여자 입장에서는 여자가 너무 많은 것 같습니다. 그렇지 않다면 이렇게 짝을 찾기 어려울 리 없기 때문이죠. 도무지 괜찮은 사람을 찾기 어렵고, 괜찮은 사람은 이미 다 짝이 있습니다. 이렇게 짝을 찾기 어려우니 다들 아기도 적게 낳는 것이 아닌가, 복지국가라면 국민에게 짝도 찾아 주어야 한다며 죄 없는 국가에 말도 안 되는 심통을 부립니다.

구석기시대는 어땠을까요? 십 대 후반에서 이십 대 초반에 짝을 만나 서넛의 자식을 낳고 키웁니다. 오십 대가 되면 할머니·할아버지가 됩니다. 그러니 이모·고모도 많고 사촌도 많습니다. 운이 좋으면 증손주도 봅니다. 그렇게 가족이 커지고 친족이 만들어지는 것이 전통적인 가족입니다. 그러나 반드시 대가족을 이루고 살아야 한다는 것은 아닙니다. 반대로 현대사회니까 더 이상 이렇게 살 수는 없다는 이야기도 아닙니다. 사실 과거 우리 조상이 늘 풍성한 대가족을 이루고 살았던 것만은 아닙니다.

삶은 짧고 거칠고 야만스러웠습니다. 먹을 것을 찾아 흩어지고 기아와 질병으로 죽는 일은 비일비재했습니다. 부모 없는 자식은 항상 있었고, 고향을 떠나 핵가족으로 사는 경우도 많았습니다. 인간의 조건은 생태학적 환경에 큰 영향을 받습니다. 현대사회에서 점점 늦어지는 혼인도, 점점 낮아지는 출산율도 어떤 면에서는 환경에 따른 결과인지 모릅니다. 인류의 존재 이유를 '인구의 무한한 증가'라고 믿는 것이 아니라면, 결혼하지 않아도 자식을 낳지 않아도 괜찮습니다. 각자가 자신의 상황에 맞추어 선택할 일입니다. 물론 다들 원하는 만큼의 아기를 낳으며 만족하고 있는지 확신하지 못하겠습니다만.

흔히 젊음은 젊은이에게 주기 아깝다고 합니다. 열정은 넘치지만 신중함은 없습니다. 끊임없이 뜨거워지기만 합니다. 자신의 생각이 모두 옳다고 생각하고, 자신이 본 세상이 전부라고 여깁니다. 그런데 젊은 사람과 늙은 사람이 있는 것처럼, 젊은 세상도 있고 늙은 세상도 있습니다. 어쩌면 사회라는 것이 처음 생긴 이후로 세상은 늘 젊었는지도 모릅니다. 20세기 초까지 대부분의 사회는 20세 이하의 인구가 절반을 넘었습니다. 항상 그랬습니다. 지금도 저개발국가의 상당수는 아주 '젊습니다'. 역사책을 가득 채운 투쟁과 싸움의 기록을 보면, 우리 조상이 살던 세상은 늘 너무 젊고 열정적이었던 것은 아니었나 싶습니다.

사실 지금도 마찬가지입니다. 가진 자와 못 가진 자, 배운 자와 못 배운 자, 내국인과 외국인, 남성과 여성, 나이 든 사람과 젊은 사람, 갑과 을로 나뉘어 싸우고 미워하고 경쟁합니다. 서로의 생각이 무조건 옳다고 주장하고 다른 이의 주장을 배척합니다. 그 열정만은 인정합니다. 한편, 전 세계적인 고령화 시대에 거는 단 한 가지 막연한 희망이 있다면 바로 이것입니다. 패기파보다 관록파가 더 많아진 세상은 '예상과 달리' 더 바람직하게 바뀔 수도 있을까요?

마냥 성장만 할 것 같은 삶은 이제 중년에 접어듭니다. 나이가 들고 안정을 찾게 됩니다. 성격도 바뀌고 관심사도 바뀝니다. 젊음과 패기를 강조하는 요즘이지만, 이는 얼마 되지 않은 전통입니다. 역사적으로 원숙한 경륜은 불같은 패기보다 늘 앞선 가치였습니다. 관록이 붙으면 세상을 좀 더 지혜롭게 바라볼 수 있습니다. 사려 깊은 태도와 오랜 경험은 이제 정말 '삶'을 제대로 살 수 있도록 해 주는 강력한 자양분이 됩니다.

빛나는 황금기를 겪은 후에는 황혼에 접어듭니다. 아직 끼니를 걱정하는 사람이 있고, 질병에 고통받는 사람이 있지만, 인류의 수명은 비약적으로 늘어났습니다. 이른바 백 세 시대, 인류에겐 초유의 사태입니다. 비록 수렵채집 사회에서도 제법 많은 사람이 60~70세 넘도록 살았지만 적지 않은 사람이 일찍 죽었기 때문에 '균형'을 이뤘습니다. 그러나 이제는 상황이 다릅니다. 전체 인구의 절반이 노인이라면 세상은 어떻게 될까요? 아무도 예단할 수 없습니다. 경험 많고 지혜로운 노인이 많은 세상일 테니 어떻게든 해결해 나갈 것이라고 믿고 싶을 뿐입니다.

진화인류학에 관심이 없는 분들도 아마 '던바의 숫자'에 대해서는 들어본 적이 있을 겁니다. 인간이 안정적으로 만날 수 있는 사람의 숫자가 100명에서 231명 사이, 평균 148명이라는 주장입니다. 로빈 던바는 털 고르기와 언어, 집단의 크기, 뇌의 크기 간의 관계를 회귀식으로 정리하는 기발한 착상을 통해서 아주 흥미로운 주장을 합니다. 인류의 뇌 크기 증가와 언어의 진화가 바로 사회적 관계를 맺기 위해 나타났다는 것입니다. 하지만 반론도 적지 않습니다. 바로 도구 가설입니다.

주먹도끼의 반격

~~~~~~

──────── 도구가 사람을 만든다

구글에서 사회적 뇌 가설social brain hypothesis을 검색하면, 1만 8300개 결과가 검색됩니다. 그러나 기술적 뇌 가설technical brain hypothesis은 겨우 여섯 개가 검색됩니다. 그것도 모두 같은 내용을 다루고 있죠. 물론 도구 사용 가설tool use hypothesis로 검색하면 더 많은 결과가 나오긴 하지만, 아무튼 실망스러운 숫자입니다.

이는 인류 진화에서 도구가 미친 영향을 잘 모르기 때문이 아닙니다. 사실 도구가 인류 진화를 촉발한 가장 중요한 원인이라는 주장은 진화론이 등장하던 시기부터 있었습니다. 찰스 다윈은 인류가 네 발에서 두 발로 걷기 시작한 이유가 도구 사용이라고 생각했습니다. 두 팔이 자유로워야 도구를 사용할 테니 어쩔 수 없이 두 발로 걸었다는 것이죠. 1968년에 개봉된, 스탠리 큐브릭이 감독한 영화 〈2001: 스페이스 오디세이〉에는 인류의 조상이 뼈를 두들기다가 집어 던지는 장면이 나옵니다. 뼈는 하늘을 날다가 곧 우주선으로 바뀌죠.

1959년 인류학자 케네스 오클리Kenneth Oakley는 이렇게 말합니다.

"인간이 곧추선 자세를 가지게 되자, 두 손은 자유를 얻게 되었다. 도구를 만들고 조작할 수 있게 된 것이다. 두 손을 쓰기 위해서는 정신과 신체의 공조 능력이 필요했지만, 또한 자유롭게 된 두 손은 이러한 공조 능력을 향상시키는 원동력이 되었다."

사실 도구는 고고인류학에서 대단히 중요하게 다루어집니다. 일단 선사시대는 구석기·신석기시대로 나뉘고, 이후에도 청동기시대, 철기시대로 나뉘죠. 도구의 변화가 곧 진화를 가르는 기준입니다. 석기시대도 올도완·아슐리안·무스테리안·샤텔페로니안·오리냐시안·그라베티안·솔류트리안·막달레니안 시기 등 도구의 모양과 정교함, 종류 등에 따라서 다양한 시기로 나뉩니다. 아슐리안 석기가 발견되는 지역과 발견되지 않는 지역을 가르는 '모비우스 라인Movius Line' 같은 개념도 있습니다. 오랫동안 남는 것이 석기라서 그런 점도 있었겠지만, 아무튼 도구는 곧 인간성을 뜻하는 말이었습니다.

─────── 도구 사용 가설의 몰락

그러나 찰스 다윈이라는 거물의 주장에도 불구하고, 도구 사용 가설은 설득력이 약했습니다. 약 350만 년 전 오스트랄로 피테신은 도구를 사용했는데, 뇌 크기는 침팬지와 별로 차이가 나지 않습니다. 하지만 현생 침팬지의 도구는 그냥 자연에 있는 것을 가져다 쓰는 정도죠. 차이가 확연합니다.

반대로 오스트랄로피테신 이후에 나타난 호모 하빌리스는 뇌가 꽤 커졌지만, 도구 수준은 그다지 발전하지 않았죠. 돌을 날카롭게 깬 수준에 불과합니다. 미리 설계해서 잘 다듬은 것이 아닙니다.

호모 하빌리스 이후에 나타난, 호모 에렉투스의 뇌는 급격하게 커졌습니다. 그러나 도구는 약간 정교해졌을 뿐입니다. 아프리카에서는 아슐리안 석기가 등장해서 제법 그럴듯한 도구를 만들었지만, 아시아 지역의 석기는 여전히 별 발전이 없었습니다. 물론 돌 대신 대나무를 사용했다는 주장도 있지만, 근거는 미약합니다.

그런데 약 19만 년 전 호모 사피엔스가 등장한 이후 이상한 일이 일어납니다. 호모 사피엔스 이달투와 현대인의 뇌 크기는 별 차이가 없습니다. 그러나 기술 수준의 차이는 비교가 불가능한 수준으로 벌어집니다. 말 그대로 뼈다귀가 우주선이 된 것이나 다름없습니다. 그래서 1988년 인류학자 토머스 윈Thomas Wynn은 다음과 같이 결론 내립니다.

"도구의 진화에 대한 고고학적 증거, 그리고 뇌 크기 증가에 대한 증거를 볼 때, 인간 지능이 보다 나은 도구를 만들기 위해서 발달했다는 단순한 시나리오를 기각해야 합당하다."

_____ 사회적 뇌 가설의 등장

사회적 관계가 인류의 뇌 성장을 추동했다는 주장은 1973년부터 있었습니다. 인류학자 해리 제리슨Harry Jerison은 육식동물과 우제류의 뇌 크기를 비교해서, 육식동물의 뇌 크기는 양성되먹임을 통해 점점 커졌다는 것을 밝혔죠. 물론 육식을 많이 하던 인간도 마찬가지입니다.

사냥은 일반적으로 협동을 통해 일어납니다. 그리고 협동 사냥을 하려면 평소부터 사회적 관계를 맺어 두어야 합니다. 이러한 사회적 관계를 맺는 과정에서 다양한 술수와 전략이 나타날수밖에 없습니다. 집단 내에서 권력을 얻으려면 동맹 맺기, 화해, 우정 유지, 기만 전술 등을 자유자재로 써야 합니다. 1988년 인류학자 리처드 바이른Richard Byrne과 앤드류 휘튼Andrew Whiten은 16세기 이탈리아의 정치가, 마키아벨리의 이름을 따서 이른바 마키아벨리적 지능 가설을 제시합니다.

1993년 리버풀 대학의 로빈 던바는 이 주장을 입증하기 위해 다양한 영장류 사회를 조사하여 신피질의 부피와 집단의 크기 간의 관계를 찾아냅니다. 인과관계는 애매하지만, 집단이 큰 영장류일수록 뇌 내 신피질의 용적도 큰 경향을 보입니다. 던바는 22개 영장류 집단의 털 고르기 시간과 집단 크기도 서로 상관

관계가 있다는 사실을 밝힙니다. 이 세 결과를 연결하면 인류의 조상은 평균 148명의 집단을 이루고 살았으며, 이를 위해서는 하루 중 42퍼센트의 시간을 털 고르기에 보내야 한다는 결론이 나옵니다. 그런데 하루의 절반 동안 털 고르기를 할 도리는 없습니다. 하루 시간 중 30퍼센트 이상 털 고르기를 해야 하는 순간, 보다 효율적인 방법인 언어를 만들었다고 추정했죠. 이 시점을 역산하면 약 20~30만 년 전입니다.

던바는 인류 집단의 적정 크기와 언어 진화의 시기를 한꺼번에 예측하면서 엄청난 주목을 받았습니다. 다양한 사회적 현상을 설명하는 기본적인 인류학 가설로 자리잡았죠.

━━━━━━ 기술적 뇌 가설의 반격

하지만 사회적 뇌 가설은 문제점이 있습니다. 일단, 너무 많은 가정을 거쳐 결론을 도출하고 있죠. 가정 하나만 어긋나도 모든 이론이 무너집니다. 우선 오랑우탄의 경우, 집단이 작지만 뇌는 크죠. 독립적인 생활을 하는데도 큰 대뇌를 가지고 있습니다. 반면에 복잡한 사회적 시스템을 가진 카푸친이나 마카크 원숭이는 지능도 낮고 뇌도 작습니다.

기술적 뇌 가설의 반격이 시작됩니다. 생태적 환경에 대한 적응이라는 보다 넓은 의미의 기술적 뇌 가설이 등장했습니다. 급기야 2018년 5월 영국의 마우리시오 곤잘레스 페레로Mauricio Gonzalez Forero와 앤디 가드너Andy Gardner 는《네이처》지에 아주 홍

미로운 논문을 발표했습니다. 하나의 핵심 요인에 국한하지 않고, 전체 에너지를 생태적 환경 내에서 자원의 획득, 다른 개체와의 협력, 다른 집단과의 경쟁이라는 세 가지 과제에 배분할 경우 어떤 결과가 나오는지 보여 줍니다.

이 연구에서 인간이 처리해야 하는 과업을 크게 다음의 네 가지로 할당했습니다. 첫째 나와 자연의 관계, 둘째 우리와 자연의 관계, 셋째 자신과 타인의 관계, 넷째 우리와 그들의 관계입니다. 놀랍게도 첫 번째 요인이 60퍼센트, 두 번째 요인이 30퍼센트, 네 번째 요인이 10퍼센트일 때, 호모 사피엔스와 가장 비슷한 뇌와 신체 크기를 가지는 것으로 나타났습니다. 다른 초기 호미닌의 경우에도 각 개체 간 갈등을 반영해야 하는 경우는 호모 하빌리스 뿐이었는데, 그래봐야 고작 10퍼센트에 지나지 않았습니다.

요약하면 인간의 몸과 마음은 약 90퍼센트가 자연과 싸우는 과정에서 빚어진 것입니다. 60퍼센트는 혼자서, 30퍼센트는 힘을 합쳐 싸우며 진화했죠. 고작 10퍼센트만이 다른 집단과 싸우면서 진화했습니다. 물론 군이 할당량을 나누자면 그렇다는 것입니다. 이렇게 생태 환경에 적응하면서 다양한 도구를 사용하고, 거주지를 찾고, 먹이를 획득하고, 위험을 회피하는 등의 행동이 호모 사피엔스의 '주 업무'라는 것입니다. 마키아벨리 가설처럼 협잡을 꾸미고, 동맹을 맺고, 술수를 부리며, 뒷담화를 하는 것은 인간성의 본질이 아닐지도 모릅니다. 인류의 높은 지능은 서로 싸우면서 진화한 것이 아니라, 서로 힘을 합쳐 환경과 싸우다가 진화한 것입니다.

사회생활이 참 힘들다는 분이 많습니다. 사실 당연한 일입니다. 우리의 뇌, 즉 우리의 마음은 기본적으로 9할이 자연을 향해 조율되어 있습니다. 다른 이와 협력할 때도, 그 목표의 3할이 자연입니다. 그래서 누구나 휴일이 되면 자연을 찾아 떠나고 싶은 걸까요? 로빈 던바가 들으면 서운하겠지만 대인 관계가 인간 진화의 원동력이었다는 주장이 점점 흔들리고 있습니다.

어린이날은 상당히 독특한 공휴일입니다. 한국의 공휴일은 대략 11개가 있는데, 종교적 기념일과 국경일, 전통 명절을 빼면 딱 하나가 남습니다. 바로 어린이날이죠. 어린이의 위상이 상당합니다. 그런데 어린이 하면 무엇이 제일 먼저 떠오르시나요? 아마 많은 분이 '놀이'를 떠올릴 것입니다. 네, 물론 어른도 노는 것을 좋아하지만 어린이와는 비교가 안 됩니다.

놀아야 사는 어린이

놀이는 어린이의 특권입니다. 유엔아동권리협약 제31조에 의하면, 어린이는 연령에 적합한 놀이와 오락 활동에 참여할 수 있는 권리가 있습니다. 아동복지법 제52조에도 국가는 아동에게 놀이, 오락 등의 서비스를 제공하는 시설을 설치하도록 정해놓고 있습니다. 어린이날을 만든 소파 방정환은 '어린이들이 고요히 배우고 즐거이 놀 만한 각양의 가정 또는 사회적 시설을 행하라'라고 했습니다. 세계아동헌장, 아동권리선언 등에서도 역시 비슷한 '놀' 권리를 이야기합니다. 어린이는 국가에서 인정한 '노는 사람'입니다.

불과 수십 년 전만 해도 동네에서 놀이터를 찾기 힘들었습니다. 학교에는 엉성한 그네나 시소, 철봉 정도가 있을 뿐이었죠. 문방구점에서 파는 장난감이라는 것도 조악하기 짝이 없었는데, 그나마도 구하기가 쉽지 않았습니다. 남자아이들은 동전 모양의 그림이 새겨진 종이 딱지를 가지고 놀았고, 여자아이들도 도화지에 인쇄된 인형에 옷 모양 종이를 '포개면서' 놀았죠. 그나마도 없으면 조약돌을 모아 놀았습니다.

지금은 온통 놀 곳 천지입니다. 아이 키우는 집은 아시겠지만, 신혼 초의 우아한 인테리어는 곧 아이를 위해서 다시 '세팅'됩니다. 집집마다 형형색색의 매트와 정교한 놀잇감이 가득합니다. 아파트에는 온갖 놀이 시설이 갖추어진 놀이터가 있고, 번화가에는 거대한 놀이방이 성업 중입니다. 전문 직원 여러 명이 '고객'의 즐거운 놀이를 돕기 위해 대기하고 있습니다. 사회적 인프라만 보면, 이미 한국 사회는 '어린이 세상'입니다.

하지만 정말 그럴까요?

─────── 우리 아이들은 충분히 놀고 있을까?

한국의 어린이들은 잘 놀지 못합니다. 놀이 시간은 미국이나 유럽 국가는 물론이고, 일본보다도 짧습니다. 우리나라 초등학생은 하루에 평균 4시간 30분을 노는데, 전 세계에서 가장 짧은 수준입니다. 게다가 지난 10여 년 동안 더욱 줄어들고 있습니다. 놀 시간이 없어서 놀지 못합니다.

왜 놀 시간이 줄었을까요? 공부 시간이 너무 늘어나서 그렇습니다. 초등학생은 주말에도 거의 다섯 시간을 공부하는데, 이는 정말 이상한 일입니다. 사실 어른들도 주말에 일하기 어렵습니다. 그래서 다양한 제도적 방법으로 제한합니다. 총 근무시간도 정하고, 급여도 더 많이 받습니다. 그런데 정작 아이들은 예외죠. 점점 더 많은 시간을 공부합니다. 아침부터 밤까지, 주말도 없이 공부합니다. 어른의 여가는 점점 길어지고, 어린이의 여가는 점점 줄어듭니다.

놀이의 질도 떨어지고 있습니다. 인류학적인 의미에서 놀이는 즐겁고 자연스러운 활동입니다. 그리고 또래와의 상호 관계를 포함해야 합니다. 아이들은 놀이의 세계 안에서 각자 역할을 정하고, 위계도 나눕니다. 놀이 중에 권력의 불균형을 경험하고, 서로 다투고, 이내 타협해 나갑니다. 즉 즐겁게, 스스로, 같이 놀아야 진짜 노는 겁니다. 그런데 우리나라의 어린이들은 그렇게 놀지 않습니다. 주로 텔레비전을 보거나 컴퓨터를 합니다. 다른 사람과 같이 노는 시간은 전체 여가 시간의 30퍼센트에 불과합니다. 스마트폰이 증가하면서 이런 문제는 더 심각해지고 있죠.

물론 인터넷이나 텔레비전도 해야 합니다. 시대가 바뀌었는데 무조건 산과 들에서 놀아야 한다는 것은 아닙니다. 기성세대는 골목길에서 놀던 추억이 있을 것입니다. 하지만 지금은 그것도 어렵습니다. 우두커니 서 있는 자동차가 공간을 빼앗았습니다. 점점 좁은 실내 PC방, 놀이방 등으로 노는 공간이 한정됩니다. 대문 밖에만 나서면 어딘가 노는 아이들이 모여 있던 시기는 끝났습니다.

'아이의 놀이'에 대한 인류학적 연구는 그다지 많지 않습니다. 인류학자의 주 관심은 언제나 '어른'이었습니다. '놀이인류학회'가 어린이의 놀이를 연구한 것은 불과 수십 년밖에 되지 않았습니다. 그럼에도 불구하고 인류학자 헤더 몽고메리Heather Montgomery가 몇 가지 연구 결과를 정리했습니다.

놀이는 보편적인 인류학적 현상입니다. 다시 말해서 아이들이 놀지 않는 문화는 단 하나도 없습니다. 전 세계 모든 아이는 놀기를 좋아합니다. 게다가 또래와의 놀이는 대단히 중요한 발달적 과정입니다. 인류학자 데이비드 랜시David F. Lancy에 의하면 주된 놀이는 아이들 사이에서 이루어집니다. 어머니와 아이의 놀이는 일부 서구 중산층 사회에서만 관찰되는 예외적 현상이라고 했죠.

즉 진정한 의미의 놀이는, 비슷한 또래의 친구들이 모여서 자발적인 규율·질서·규칙·위계 등을 만들고, 이를 실행하는 과정입니다. 팽이를 치든, 야구를 하든, 소꿉놀이를 하든 중요하지 않습니다. 부차적 문제입니다. 만화영화 시청을 놀이라고 할 수도 있겠지만, 그다지 양질의 놀이는 아닙니다. 그러나 만화영화를 보더라도, 동네 친구들이 한 방에 같이 모여 떠들며 보면 훌륭한 놀이가 됩니다.

놀이는 사회적 관계의 연습이라는 측면만 있는 것이 아닙니다. 진화적인 면에서, 놀이는 기술적 적합도를 향상시켜 줍니다. 아마 구석기시대의 어린이는 돌을 가지고 깨트리며 놀았을 것입니다. 그러면서 나중에 어른이 돼서 정교한 석기를 만들었겠죠. 지금도 제3세계 농촌 지역의 어린이는 산과 들을 돌아다니며 다양한 박물학적 지식을 직접 체득합니다. 청소년기가 되면, 놀이는 반쯤 일이 됩니다. 어른이 되면 여전히 비슷한 놀이를 '훨씬 숙련된 방법'으로 하게 됩니다. 그때부터, 놀이였던 것이 일이 됩니다.

_____ 아이들을 '놀게' 해 주기

어린이의 놀이는 어른의 휴식과는 완전히 다른 것입니다. 느긋하게 온천물에 몸을 담그고 편안한 음악을 듣는 것은 어른의 휴식이지만, 어린이에게는 아닙니다. 아이들이 노는 모습을 보면 금방 알 수 있습니다. 아이들의 놀이에도 나름대로 정교한 규칙과 질서가 있습니다. 아이들은 진지한 태도로, 최선을 다해 놉니다. 놀이 중에 벌어지는 갖가지 실수들은 배꼽을 잡고 깔깔거리는 파격의 경험이자 교정적 합의 과정입니다.

이러한 경험은 발달 과정 중에 체화되어 '일은 즐겁다'는 경험으로 발전합니다. 과거 우리 선조들의 삶은 늘 험난하고 궁핍했지만 어른의 일은 아이 때부터 하던 놀이의 연장이었습니다. 잘 노는 어린이는 일도 잘하는 어른이 되었죠. 일을 하다 실수를 해도 얼굴이 하얗게 질리지 않았습니다. 어린 시절 놀던 버릇대로 호탕하게 웃을 수 있었습니다. 어떤 의미에서, 우리 조상들은 평생 놀면서 살았습니다.

그런데 이제 놀이는 부차적인 활동으로 밀려났습니다. 놀이는 공부에 자리를 내주고, 일은 노동에 자리를 내주었습니다.

놀이에서 일로 이어지던 즐거운 삶은, 공부에서 노동으로 이어지는 고단한 삶으로 변했습니다. 놀이의 일부는 '성적이 매겨지는' 학습 과정의 일부로 편입되었고, 다른 일부는 '숙제를 다 하면 받는 보상'이 되었죠. 점수를 매기는 놀이는 더 이상 놀이가 아닙니다. 상으로 받는 것도 진짜 놀이가 아닙니다.

현대사회에서는 숫자로 표시할 수 없는 현상을 마치 '존재하지 않는 것'처럼 취급합니다. 놀이의 지위가 '불필요한 애들 장난'으로 격하된 가장 중요한 이유라고 생각합니다. 사실 초등학교 방과 후 교실에서 하는 여러 활동은, 어떤 의미에서는 반쯤 놀이에 가깝습니다. 다만 지도교사가 있고 점수도 매기고 상도 주면서, 억지로 정형화된 학습의 틀을 씌웠을 뿐입니다.

치열한 경쟁 사회에서 '모름지기 어린이는 뛰어놀아야 한다'고 아무리 떠들어 봐야 별 반향이 없을 것 같습니다. 발칙한 제안이지만, 차라리 '놀기'를 의무화하면 어떨까요? '매일 친구랑 세 시간 동안 아무거나 하며 아무렇게나 놀기'라는 식으로요. 공부를 잘하는 어린이가 아니라, 많이 노는 어린이에게 더 좋은 평가를 내리는 것입니다. 물론 놀이의 성취도를 매기는 것은 아닙니다. 그때부터는 다시 공부가 됩니다. 단지 놀이의 시간으로 평가하는 것입니다. 오래 놀수록 좋은 점수를 받도록 바꾸면 우리나라 어린이는 지겹도록 놀 수 있을 것입니다. 실현 가능할까요?

요즘 놀이 학교가 유행이라고 합니다. 이른바 독일식 놀이

학교와 영어 놀이 학교가 있는데, 수강료는 매달 100만 원 정도라고 하네요. 슬픈 일입니다. 진짜 놀이가 아닙니다. 다양한 '놀이' 도구의 사용법을 배우는 것에 불과합니다. 어린이는 몇 명의 또래와 충분한 시간이 주어지면 어떤 상황에서도 신나게 놀 수 있습니다.

놀이는 타고난 진화적 본성입니다. 가르칠 필요가 없습니다. 놀이 학교에 가야 해서 친구랑 놀 시간이 없다면 정말 이상한 일입니다. 인류는 놀도록 진화했습니다. 특히 어린이는 노는 사람, 아니 반드시 놀아야 하는 사람입니다.

사춘기는 인간에게 독특하게 나타나는 현상입니다. 비록 일부 영장류에서 사춘기에 나타나는 것과 비슷하게 암컷은 매력적인 신호를 보내고, 수컷은 공격적으로 변하는 현상이 관찰되지만, 인간의 사춘기와 비교하기는 어렵습니다. 사춘기는 분명 생물학적 변화와 밀접한 관련이 있습니다. 하지만 보다 넓은 사회·문화·생태학적 맥락에서만 제대로 정의할 수 있는 인간적 특징이죠.

사춘기가 무엇인지 물으면, 이차성징이나 질풍노도를 언급하며 대강 얼버무리는 경우가 많습니다. '뭔가 힘들고 애매한 시기지만 어차피 곧 끝날 것이다'라는 것입니다. 하지만 정말 그럴까요? 현대사회의 사춘기는 점점 더 복잡한 양상으로 변화하고 있습니다.

사춘기의 진화인류학

_____ 점점 앞당겨지는 사춘기

인류의 사춘기는 뇌 발달과 깊은 관련이 있습니다. 진화학에서는 이시성heterochrony 현상이라고 합니다. 진화 과정 중 발달의 특정 시점을 조정하여 특정 형질의 출현을 당기거나 늦추는 것을 일컫습니다. 다시 말해, 인류는 아동기와 청소년기를 연장시키는 방법으로 뇌의 발달을 위한 기간을 확보했습니다.

침팬지 새끼와 인간 아이의 두개골은 꽤 비슷합니다. 그러던 것이 성체가 되면서 둘 사이의 차이가 확 벌어집니다. 이를 유형화neotany 현상이라고 하는데, 이것도 일종의 이시성 현상이죠. 성체가 된 침팬지의 얼굴이 새끼일 때의 얼굴과 상당히 달라지는 것을 비교하면 쉽게 알 수 있습니다. 즉, 인간은 어린 모습 그대로 최대한 오래 살면서 '발달'을 지속한다는 것입니다. 사실 정신적인 측면까지 고려하면, 인간은 영원한 '어린이'인지도 모릅니다.

그런데 현대사회의 소년·소녀는 사춘기를 점점 일찍 겪고 있습니다. 이차성징이 점점 빨라지고 있는 것입니다. 이러한 현상은 특히 소녀에게 두드러집니다. 청소년기 평균 건강과 영양 상태가 좋아진 오늘날, 만 10세에 초경을 하는 경우도 드물지 않습니다. 반대로 아동으로 보내는 시간은 점점 짧아집니다.

초경이 빨라지는 이유는 과거보다 호전된 영양 공급과 건강 상태에 기인하지만 정신사회적 원인도 한몫합니다. 인류학적 연구에 의하면, 성인 여성과 늘 같이 지내는 소녀는 초경을 늦게 하는 경향이 있습니다. 가임기 여성의 페로몬 작용으로 추정되는데, 과거에는 어머니·이모·언니가 그런 역할을 했을 것입니다. 그러나 맞벌이 부부가 많은 현대사회에서는 이런 역할을 해줄 성인 여성, 즉 어머니와 같이 지내는 시간이 너무 적은 것입니다.

아버지의 부재도 이른 초경을 유발하는 요인입니다. 심리학자 미셸 설베이Michele K. Surbey는, 친아버지가 없거나 양아버지와 같이 사는 경우 소녀의 초경이 보다 앞당겨진다고 했습니다. 진화적으로 과거 환경에서 식량과 안전을 제공하는 아버지의 부재는 엄청난 위기 상황이었습니다. 사춘기까지 살아남을 수 있을지 여부가 불확실한 상황이라면, 일단 최대한 빨리 성숙하는 전략을 취할 수밖에 없었습니다. 아버지와 어머니를 직장에 빼앗긴 소녀의 몸은, 현재를 아버지와 어머니가 없는 '위기' 상황이라고 판단하고 있을지도 모릅니다.

　소위 질풍노도의 시기로 널리 알려진 청소년기의 방황은 사실 그리 보편적인 현상은 아닙니다. 많은 전통사회에는 사춘기나 청소년기라는 개념이 아예 없습니다. 아동기가 끝나면 바로 성인으로 인정받았습니다. 성인으로 넘어가는 기준은 결혼·임신·성인식 등 모두 다르지만 현대사회처럼 십 년 이상 지속되는 청소년기는 흔한 일이 아닙니다. 그래서 사회학자 에드거 프리덴버그Edgar Z. Friedenberg는 '고도로 복잡한 사회'에서만 청소년기가 필요하며, 상당수의 전통사회에서 아동기의 끝은 성인기의 시작이라고 주장했습니다.

　사춘기의 의미는 신체적 조건이나 연령보다는 사회적 상황에 크게 좌우됩니다. 십 대 중반이면 상투를 틀던 사회의 19세 청년과, 현대사회의 고등학교 3학년 학생의 사회적 책임·의무·권리의 범위는 다를 수밖에 없습니다. 사실 우리 조상들은 십 대 초반이면 여성은 임신을 해야 했고, 남성은 견습 일을 시작해야 했습니다. 하지만 현재는 법적으로 부모의 동의가 있으면 18세, 동의가 없다면 20세 성인이 되어야만 결혼할 수 있습니다. 취업도 제한적으로만 허용됩니다. 이러한 현상은 주로 교육 기간의 연장 때문에 일어났는데, 성인으로서의 사회적 의무가 유보되는 기간이 점점 늘어난 것입니다. 한국과 같은 고도 산업사회에서는 거의 30대 초반까지도 독립적 성인으로서의 사회적 의무가 지연되고 있습니다.

다시 말해서 청소년기가 앞뒤로 연장되고 있는 것입니다. 이러한 현상은 어떤 결과를 낳을까요? 일단 이른 초경은 유방암, 난소암 등 여성 암의 발병률을 높입니다. 게다가 이른 사춘기는 높은 우울 및 불안장애, 약물 남용으로 이어지기도 합니다. 아직 원인은 확실하지 않지만, 일부에서는 아직 미성숙한 뇌가 성호르몬에 일찍 노출되는 것을 지적합니다. 짧아진 아동기가 청소년기뿐 아니라, 성인기 이후의 정신적 문제도 야기할 가능성이 있기 때문입니다.

뒤로 늘어진 청소년기도 문제입니다. 13세부터 19세까지를 뜻하는 틴에이저Teenager라는 용어는 20세기 중반 이후에 등장한 것으로 알려져 있습니다. 십 대들이 상당한 구매력을 가지게 된 시기에 등장한 용어입니다. 얼른 독립하고 싶다는 청소년의 소망은 반항적 문화 코드를 입고 다양하게 상품화되지만, 역설적으로 '긴' 청소년기를 보내고 싶어 하는 모순적 심리도 상품화됩니다. 길어진 청소년기에 쾌재를 부르는 사람도 있는 것입니다. 혹시 현대사회의 청소년 혹은 젊은 성인들은 주변부에 오래 머물도록 자의 반 타의 반 강요받는 것은 아닐까요?

하지만 이런 상황이 쉽게 바뀔 것 같지는 않습니다. 그렇다면 이들을 어떻게 대하는 것이 좋을까요? 마음은 아직 어린아이지만, 성숙한 몸을 가진 소년·소녀가 점점 많아지고 있습니다. 그리고 이들은 사회적 독립이나 첫 임신이 삼십 대 초반까지 늦어지고 있는 현실 속에서, 무려 20년 동안 아동기와 독립적 성인기 사이에 갇혀 있습니다. 이들을 아직 아이로 보아야 할까요? 어엿한 성인으로 보아야 할까요?

과거에는 남보다 빨리 배우고, 얼른 자라고, 먼저 익히는 아이를 '수재'로 판단했습니다. 하지만 이제 그렇게 급하게 성장할 이유가 없습니다. 수명도 늘어나고, 청소년기도 점점 늘어지고 있는 상황입니다. 사춘기라는 '위험한 시기'이자 '중요한 시기'를 얼른 급하게 당겨서 겪게 해 줄 이유는 없습니다. 게다가 청년의 기준은 점점 완화되어 35세, 심지어 40세를 이야기하는 경우도 있습니다. 그러니 어떤 식으로든 십 대 청소년들을 보다 더 오랫동안 '어린이'로 대해 주는 것도 나쁘지 않을 것입니다.

하지만 바람과 달리 사춘기는 점점 더 앞당겨지고, 귀중한 유아기는 10세 무렵에 끝나는 현실입니다. 그리고 청소년으로 오래 살아갑니다. 과연 이러한 변화는 인류의 미래에 어떤 영향을 가져올까요? 아직은 알 수 없는 일입니다.

대학생 새내기인 A군은 요즘 스트레스를 많이 받습니다. 대학교만 들어가면 금세 여자 친구를 사귈 수 있을 줄 알았는데, 막상 학교에는 왜 이리 남자들만 우글거리는지 모르겠습니다. 공대에 들어간 것이 실수였을까요? 남자가 봐도 멀끔한 친구 녀석은, 몇 안 되는 동기 여학생에게 사랑을 고백했다가 보기 좋게 차였습니다. 도대체 왜 이렇게 남자가 많은 겁니까?

왜 남자가 더 많을까?

─────── 생물학적인 남녀 비율

물론 A군의 고민은 합리적이지 않습니다. 남학생이 선호하는 공대에 들어갔으니 남자가 많은 것은 당연한 일입니다. 여학생이 선호하는 학과에 들어갔다면, 뭇 여성의 주목을 한 몸에 받았을지도 모르죠. 물론 모든 포유류의 출생 시 성비는 거의 1 대 1입니다. 일견 '공평'해 보입니다. 하지만 정말 그럴까요? 남녀 성비에는 아주 흥미로운 진화적 사실이 숨겨져 있습니다.

생물의 세계에서는 일부다처제가 흔합니다. 남성이 생산하는 정자의 숫자는 여성이 생산하는 난자의 수에 비해서 압도적으로 많습니다. 이론적으로는 단 한 명의 남성만 있어도, 전 세계 여성 모두가 자손을 낳는 데 무리가 없습니다. 그러면 자연은 왜 이렇게 많은 수컷을 만들어 낸 것일까요? 암컷을 많이 만들고, 수컷을 적게 만들었다면 A군의 고민도 없었을 텐데요.

인간 사회도 낮은 수준의 일부다처제를 보입니다. 법적으로 일부다처제가 허용되는 국가가 있을 뿐 아니라, 부부가 이혼할 경우 남성의 재혼률이 더 높기 때문에 사실상 일부다처제라고 할 수 있습니다. 남성이 평생 만나는 파트너의 숫자가, 여성이 평생 만나는 파트너의 숫자보다 많습니다. 그런데 안타깝게도 성비가 비슷할 경우, 일부다처제는 필연적으로 짝을 찾지 못하는 남성을 양산하는 경향이 있습니다.

_____ 피셔의 성비 이론

흔히 성염색체가 X와 Y로 나뉘기 때문에, 당연히 성비는 1 대 1일 수밖에 없다는 이야기를 합니다. 그러나 이는 정확한 대답이 아닙니다. 실제로 임신 3개월 무렵, 남녀 비는 1.2 대 1입니다. 남자 태아가 더 많다는 것입니다. 그러나 남자 태아는 태반 내 사망률이 높기 때문에, 출생 시에는 이 비율이 1.06 대 1로 떨어집니다. 그리고 출생 이후에도 남성은 여성보다 더 많이 요절합니다. 그래서 15~20세 무렵이 되면 거의 1 대 1이 되죠. 신기한 일입니다.

1930년 『자연선택의 유전적 이론The Genetical Theory of Natural Selection』이라는 책에서, 로널드 피셔Ronald Fisher는 이러한 현상을 명쾌하게 설명합니다. 예를 들어 어느 집단의 남녀 비가 2 대 1이라고 합시다. 그러면 당신은 아들을 낳는 것이 좋을까요, 딸을 낳는 것이 좋을까요? 당연히 딸입니다. 훨씬 좋은 사윗감을 고를 수 있죠. 반대도 마찬가지입니다. 물론 자연선택이 이렇게 의도적인 과정을 거쳐서 일어나는 것은 아닙니다. 하지만 성비 불균형은 음성 되먹임에 의해서 다시 1 대 1로 균형을 찾는 경향이 있을 수밖에 없습니다.

그렇다면 일부다처제 사회에서는 딸을 낳는 것이 유리하지 않을까요? 아무래도 아들은 결혼도 못해 볼 가능성이 높으니 말이죠. 그러나 실제로는 그렇지 않습니다. 만약 운 좋게 내 아들이 아내를 10명 얻는다면, 잭팟을 터트리는 것이죠. 그러니 아들을 낳는 것도 충분히 괜찮은 전략입니다. 이래저래 남녀 비는 1 대 1로 수렴하게 됩니다. 심지어 일부 인류학자들은 돈 많고 지위가 높은 집안은 아들을 많이 낳고, 그렇지 않은 경우에는 딸을 많이 낳는다는 주장을 하기도 했습니다. 일부 부합하는 증거도 있지만, 아직 논란이 분분합니다.

———————— 이성 간 선택과 동성 내 선택

앞서 말한 이유로 인해서 고등학교를 졸업할 무렵 남녀의 비율은 대략 1 대 1입니다. 그런데 인류 사회는 약간의 다혼제 경향이 있기 때문에, 남성 입장에서는 마치 남성이 여성보다 많은 것처럼 느껴지게 됩니다. 즉 남성 간의 경쟁이 발생하게 됩니다. 이를 동성 내 선택이라고 합니다. 또한 여성은 자신에게 접근하는 남성을 까다롭게 고를 수 있습니다. 대상이 많은 대신, 남성처럼 여러 이성을 거느리기 어려우므로 아주 신중해지죠. 이를 이성 간 선택이라고 합니다.

그러므로 A군은 모종의 압박감을 느낄 수밖에 없습니다. 몇 안 되는 잠재적 여자 친구를 둘러싼 남성 간의 경쟁이 치열할 뿐 아니라(동성 내 선택), 용기를 내어 여성에게 다가서도 대개는 '쌀쌀'맞은 대접을 받게 됩니다(이성 간 선택). 남성이 감수할 수밖에 없는 불가피한 현상입니다.

이게 끝이 아닙니다. 사실 남녀 간의 성비는 거의 1 대 1이지만, 실제로는 단기적인 변동이 적지 않은 편입니다. 어떤 상황에서는 남성이 많고, 어떤 상황에서는 여성의 수가 많아지죠. 이를 유효 성비operant sex ratio라고 합니다. 이는 A군에게 아주 중요한 힌트가 될 수 있으므로 좀 더 자세히 알아보겠습니다.

일단 남성은 가임 기간이 여성보다 깁니다. 비록 여성이 더 오래 살지만, 아기를 낳을 수 있는 기간은 남성이 더 길죠. 그래서 유효 성비(여성 수를 남성 수로 나눈 값)는 1보다 낮아집니다. 즉 여성은 늘 약간 부족하게 됩니다. 게다가 일반적으로 여성은 자신보다 나이가 많은 남성을 선호하는 경향이 있습니다. 그러므로 젊은 남성 입장에서는 유효 성비가 더 낮아지게 되죠. 시간에 따른 인구 증가나 감소와 맞물려 아주 복잡한 현상을 일으키게 됩니다.

예를 들어 1960년대 미국은 전후 호황으로 인한 베이비 붐 현상을 맞았습니다. 남자 아기와 여자 아기의 숫자가 모두 늘어났죠. 그런데 약 20년 후, 1980년대 초반이 되자 흥미로운 현상이 발생했습니다. 25~30세경 남성(베이비 붐 이전 세대) 수에 비해서 20~25세 무렵의 베이비 붐 세대 여성 수가 초과하게 된 것입니다. 유효 성비가 역전되었고 한때는 0.7까지 떨어졌죠. 하버드 대학의 심리학자 마르시아 거튼태그Marcia Guttentag에 의하면, 유효 성비의 변화는 사회적 관습의 변화를 유발합니다. 그들은 1980년대 미국의 성적 자유주의나 아이에게 무책임한 남성의 증가, 높은 이혼율 등의 사회적 현상은 베이비 붐으로 인한 일시적 유효 성비 증가에 의한 것이라고 주장했습니다. 물론 이를 입증하기는 아주 어렵습니다.

_____ 우리가 맞이할 성비 변화

그러면 앞으로 A군은 어떤 변화를 목격하게 될까요? 한국 사회는 1977~1986년에 에코 베이비 붐(전후 베이비 붐 세대의 자식 세대) 이후로 출산이 점점 줄어들고 있습니다. 1987년도 출생아 수는 62만 명으로, 에코 베이비 절정 무렵의 1990만 명 수준에 비해서 무려 약 30만 명이나 적습니다. 게다가 1980년대 중반 의학 기술의 발달로 태아 성 감별이 가능해지면서 기형적으로 유효 성비가 증가하는 현상이 일어났습니다. 이런 인위적인 남초 현상이 2010년 초까지 무려 20년 이상 지속되었습니다. 베이비 붐 이후, 그리고 성 감별이 유행한 1980년대 중반부터 1990년대 중반까지 태어난 아이들이 이제 이삼십 대입니다.

아마, 여성이 적어지면 여성의 지위가 더 올라갈 것이라고 예상할 수 있습니다. 그러나 그렇게 간단하지가 않습니다. 예를 들어 아테네는 남성 성비가 1.34에서 1.74에 이르기도 했습니다. 남성 3명에 여성 2명꼴이었죠. 여자아이는 태어나자마자 죽이는 일이 흔했기 때문입니다. 여성의 수가 적었지만 아테네 여성은 교육도 받지 못했고 집에만 있어야 했으며, 재산권도 없었습니다. 이와 반대로 스파르타는 남성이 부족했습니다. 호전적인 특성상 남성들이 전쟁에 나가 죽는 일이 흔했기 때문이죠. 그러나 스파르타의 소녀들은 교육을 받을 수도 있었고, 개인 재산도 가질 수 있었습니다. 실질적으로 남편을 통제할 수 있었습니다. 기원전 4세기경 스파르타 내 토지의 40퍼센트는 여성이 소유했습니다. 여성의 성비가 줄어든다고 여성의 지위가 높아지는 것은 아니라는 것이죠.

이른바 거튼태그−시코드 이론Guttentag-Secord Theory에 의하면, 유효 성비가 증가하면, 즉 남성이 많아지면 사회는 좀 더 보수적으로 변화합니다. 1980년대 미국에서 일어났던 변화와 정반대죠. 여성은 전통적인 아내와 어머니 역할을 하려는 쪽으로 바뀝니다. 자유분방한 사회, 이혼율이 높은 사회에서 점점 가족 중심적이고 오래 부부 관계를 유지하는 쪽으로 바뀌게 되죠. 여성의 성비가 낮을 때에 비해서 여성들은 보다 보수적이 되기도 하죠. 남성에 대한 권한은 커지지만, 사회적 진출은 적어집니다.

물론 사회적 변화나 문화적 분위기는 아주 다양한 요인에 의해 결정되므로 유효 성비 하나만으로 예측할 수 없습니다. 하지만 거튼태그−시코드 이론에 비추어, 당장 A군에게 도움이 될

만한 조언을 하면 다음과 같습니다. 당분간 여성들은 보다 충실하고 믿음직한 남성을 선호하게 될지도 모릅니다. 그리고 전보다는 좀 더 보수적으로 남성을 까다롭게 고를 것입니다. 짧고 가벼운 관계보다 깊고 긴 관계를 추구하려고 할 수도 있습니다. 쓰고 보니 이건 언제나 통용되는 좋은 남성의 자질이네요.

열렬히 사랑하는 연인이 있다고 해 보죠. 그런데 예기치 못한 교통사고로 여자는 기억상실증에 걸렸습니다. 그녀는 자신의 과거를 모두 잊었습니다. 하지만 이전에 연인이었던 그 남자를 만날 때마다 이유를 알 수 없는 설렘을 느낍니다. 결국 처음 만나 사랑을 나눈 장소에서 갑자기 모든 기억이 되살아나, 둘은 다시 사랑에 빠집니다.

드라마에 나올 법한 이야기입니다. 실제로 기억상실증은 영화나 드라마의 단골 소재죠. 하지만 실제로 기억상실증은 매우 드문 현상입니다. 머리를 세게 부딪는 정도로 기억이 사라지거나 다시 돌아오는 일은 더더욱 없습니다. 하지만 놀라지 마세요. 이 글을 읽는 모든 분들은 과거에 기억상실증을 겪은 적이 있습니다. 그동안 경험한 거의 모든 기억을 완전히 망각하는 심한 수준의 기억상실증, 바로 '유년기 기억상실증'입니다.

세 살 기억 여든까지

유년기 기억상실

초등학교 입학 전 유년기를 자세히 기억하고 있는 사람은 거의 없습니다. 혹시 기억이 난다고 하더라도 단편적으로 몇몇 기억만이 남아 있거나, 나중에 가족의 이야기나 사진 등을 보고 만들어진 '조작된' 기억이 대부분입니다. 실제로, 만 5세 이전에 다른 집으로 입양된 아이는 친부모에 대해 거의 기억하지 못합니다. 심지어 자신이 입양됐다는 사실 자체도 기억하지 못하는 경우가 다반사죠.

하지만 이상한 점이 있습니다. 2~3세 때 배운 낱말이나 감정, 동작 등은 이후에도 계속 사용합니다. 기억이 완전히 사라지는 것은 아니라는 뜻입니다. 왜 그럴까요.

답은 간단합니다. 서로 다른 기억이기 때문입니다. 그리고 기억상실증은 그중 특정한 종류의 기억을 대상으로 일어납니다.

심리학자 엔델 털빙Endel Tulving은 기억을 크게 외현 기억과 내재 기억으로 나눴습니다. 외현 기억은 다시, 의미 기억과 삽화적 기억, 자서전적 기억으로 나누고, 내재 기억은 절차적 기억, 감각적 기억 등으로 나눕니다.

이 가운데 기억상실증의 대상이 되는 것은 삽화적 기억과 자서전적 기억입니다. '다섯 살 생일에 무슨 일이 있었나?' 같은 자서전적 기억은 나이가 들면 거의 사라집니다. 입양 전 부모에 대한 기억도 마찬가지죠. 반면 절차적 기억에 해당하는 젓가락질이나 자전거 타는 법, 지각적 기억에 해당하는 '난로는 뜨겁다'나 '소금은 짜다' 같은 기억은 사라지지 않습니다.

기억을 분류한다니 이론적이고 추상적으로 느껴질 수도 있습니다. 하지만 이들 기억은 뇌의 각기 다른 부위에 저장된다는 사실이 1950년대에 뇌과학적으로 확인되었습니다. 여기에는 H. M.이라는 환자의 기이한 사례가 큰 도움이 되었습니다. 이니셜로만 알려진 이 환자는 어린 시절에 자전거를 탄 사람과 부딪혀서 머리를 크게 다쳤습니다. 머리 부상으로 심각한 간질을 앓게 됐는데, 도무지 간질 약이 듣지 않았습니다. 결국 최후의 방법으로 양측 측두엽(머리의 양 옆에 위치한 대뇌 부분)과 해마(옆머리 안쪽에 위치한 'C'자 모양 부분)를 잘라 내는 수술을 받았습니다. 수술은 성공적이었지만, 대신 후유증으로 심각한 기억상실증을 앓게 되었습니다.

H. M.은 새로운 사실은 잘 학습할 수 있었지만, 그 기억이

몇 분밖에 지속되지 않았습니다. 새로운 기억을 받아들이지 못하니 수술을 받은 이전만 기억하고 이후는 전혀 기억하지 못하는 '시간이 멈춘 사람'이 되었습니다. 나중에는 거울에 비친 자기 얼굴도 몰라보게 됐는데, 젊은 시절의 자기 얼굴만을 기억하기 때문에 늙어 버린 자신을 알아보지 못한 것입니다.

H. M.은 '작업 기억(수분 가량 유지되는 단기 기억)'을 '장기 기억'으로 전환하는 능력을 잃었습니다. 그런데 그는 측두엽과 해마를 잘라 냈으므로, 연구자들은 이를 토대로 장기 기억을 담당하는 뇌 부위가 해마라는 사실을 밝혀낼 수 있었습니다(작업 기억은 전전두엽에서 담당합니다). 게다가 H. M.의 사례를 수십 년간 연구해 오던 신경학자 브렌다 밀러Brenda Miller가 추가로 놀라운 사실을 발견했습니다. H. M.은 늘 거울에 별을 그리곤 했는데 그림 실력이 나날이 향상된 것입니다. 물론 그는 자신이 매일 같은 그림을 그리고 있다는 사실을 기억하지 못했습니다. 밀러는 이런 관찰 결과를 바탕으로 외현 기억(별을 그린다는 기억)과 내재 기억(그림 실력)도 뇌의 다른 영역이 담당한다는 사실을 밝혀냈습니다. 외현 기억은 전전두엽과 해마를 거쳐서 저장되며, 내재 기억은 운동을 담당하는 소뇌, 편도, 선조체에 주로 저장됩니다.

H. M.의 사례에서도 유년기 기억상실은 외현 기억에서 주로 일어난다는 점을 확인할 수 있습니다. 만약 내재 기억도 사라진다면 우리는 걸음마나 젓가락질부터 다시 배워야 할지도 모릅

니다. 하지만 관련한 뇌 부위가 다르기에 다행히 그런 일은 일어나지 않습니다.

그렇다면 이런 유년기 기억상실증은 언제, 왜 일어날까요? 시기에 대해서는 어느 정도 연구가 되어 있습니다. 미국 에모리 대학의 퍼트리샤 바우어Patricia Bauer·마리나 라르키나Marina Larkina 교수 팀은 5세가 된 어린이 83명을 모은 뒤, 3세 때 겪었던 일을 회상하게 했습니다. 주로 캠핑이나 생일 파티와 같은 중요한 사건에 대한 것이었습니다. 그리고 5년 동안 아이들을 불러서 같은 기억을 다시 회상하게 했습니다. 그 결과, 7세까지만 해도 3세 때에 있었던 일을 60퍼센트 이상 기억하던 아이들이, 8세가 되자 갑자기 40퍼센트도 기억하지 못하게 된다는 사실을 발견했습니다. 7세에서 8세로 넘어가는 시점에 유년기의 기억이 급격히 사라져 버린 것입니다. 우리의 삶은 초등학교에 들어갈 무렵부터 새롭게 시작한다고 해도 틀린 말이 아닙니다.

그 이유는 아직 논쟁 중입니다. '정신분석학의 아버지' 지그문트 프로이트가 제안한 외상 이론부터 유아의 뇌신경 발달이 미숙해서라는 이론, 유년기의 기억이 중요하지 않기에 진화 과정에서 제거됐다는 이론, 언어와 이야기(내러티브) 구사 능력이 약해 기억을 저장하지 못해서라는 주장까지 다양합니다. 최근에는 이들을 나이에 따라 종합한 이론이 주목받고 있습니다.

기억도 뉴런을 따라 '초기화'됩니다.

해마는 새로운 뉴런이 지속적으로 재생되며,
출생 후 몇 년 동안은 엄청나게 빠른 속도로 만들어집니다.
이렇게 새로 만들어진 뉴런은 기존 뉴런보다
새로운 정보를 더 효과적으로 기억하고 저장할 수 있습니다.

그런데 최근 캐나다 토론토 대학의 시나 조슬린Sheena Josselyn 교수와 폴 프랭크랜드Paul Frankland 교수는 유년기 기억상실증에 대한 새롭고 유력한 가설을 제시했습니다. 마치 젖니가 빠지고 새로 튼튼한 간니가 나는 것처럼, 기억을 담당하는 뇌의 뉴런(신경세포) 일부도 새로운 뉴런으로 바뀐다는 것입니다. 기억도 뉴런을 따라 '초기화'됩니다.

원래 뉴런은 한번 형성되면 좀처럼 다시 재생되지 않는 것으로 알려져 있습니다. 하지만 예외적으로 해마(특히 치상회齒狀回라는 해마의 일부분)는 새로운 뉴런이 지속적으로 재생되며, 특히 출생 후 몇 년 동안은 엄청나게 빠른 속도로 만들어집니다. 성인의 수백에서 수천 배에 달할 정도입니다. 인간과 비교적 가까운 원숭이는 출생 시 이미 만들어진 해마의 40퍼센트가 출생 후 재생된 뉴런으로 대치됩니다. 이렇게 새로 만들어진 뉴런은 기존 뉴런보다 새로운 정보를 더 효과적으로 기억하고 저장할 수 있습니다.

뉴런은 다른 뉴런 수천 개와 밀접한 연결(시냅스)을 유지하고 있습니다. 그런데 만약 해마에서 많은 뉴런이 새로 만들어지면, 이들이 기존 뉴런들 사이를 파고들면서 종래의 시냅스를 끊어버릴 가능성이 있습니다. 특히 해마 내 치상회와 CA3라 불리는 부분 사이의 연결은 외현 기억 유지에 아주 중요한 곳입니다.

연구진은 이 가설을 입증하기 위해 두 가지 실험을 했습니다. 먼저 성체 쥐를 수조에 넣어 목적지까지 헤엄을 치도록 훈련시

켰습니다. 처음에 쥐는 온 수조를 헤매며 돌아다니다가 점차 경로를 기억하면서 목적지에 신속하게 도달하게 되었습니다. 훈련이 끝나자 실험한 쥐의 절반에게 특수 처리를 해 해마의 뉴런 재생을 2~3배 증가시켰습니다. 인위적으로 새끼 쥐의 뇌로 돌려놓은 셈입니다. 그러자 새끼 쥐의 뇌로 조작된 쥐들은 목적지까지 헤엄치는 길을 잊고, 다시 처음부터 헤매는 경향을 보였습니다. 새로 만들어진 뉴런이 기존의 기억을 파괴했기 때문입니다.

이번에는 반대 과정을 실험했습니다. 새끼 쥐가 특정한 상자에 들어갈 때마다 전기 자극을 줬더니, 쥐들은 점차 이를 기억하고 상자를 피하게 되었습니다. 이후 실험 쥐의 절반에게 특수한 처리를 해 뉴런의 재생이 일어나지 않도록 조작했습니다. 즉 새끼 쥐의 뇌가 성체 쥐의 뇌로 '교체'되지 않도록 한 것입니다. 이 쥐들에게 4주 후에 다시 상자를 보여 주자, 조작하지 않은 (즉, 정상적으로 뉴런 교체가 일어나 성체가 된) 새끼 쥐들은 과거를 '잊고' 다시 활발하게 상자 안으로 들어갔습니다. 하지만 뉴런 교체가 일어나지 않은 쥐들은 여전히 상자를 피했습니다.

이 연구가 시사하는 것은 무엇일까요? 새로운 뉴런이 만들어지면 기존 기억이 사라지고, 새 뉴런이 만들어지지 않으면 기존 기억도 그대로 유지된다는 것입니다. 이 연구를 당장 인간에 적용하기는 어려움이 있습니다. 그러나 유년기 기억상실증의 원인을 설명해 줄 유력한 가설로 보입니다.

앞서 제시한 연구에 따르면, 3세 무렵의 기억은 7~8세를 지나면서 갑자기 상당 부분 사라집니다. 하지만 로빈 피부시Robyn Fivush의 통합 이론에 따르면, 자서전적 기억은 5세 무렵에 완성됩니다. 왜 2년이나 지나서 기억이 갑자기 사라지는 걸까요? 바우어 등은 지수함수적 망각곡선(지수함수는 급격히 줄어드는 곡선 그래프 형태를 띱니다)을 이용한 흥미로운 주장을 했습니다. 사실은 자서전적 기억 능력이 완성되면서부터 망각은 시작되지만(내러티브의 구조를 띠는 의미 있는 기억은 자서전적 기억으로 편입되고, 나머지는 사라집니다), 그 과정이 지수함수적인 양상으로 일어나기 때문에, 특별히 초기에 더 많은 기억이 한꺼번에 사라지는 것처럼 '착시'가 일어난다는 것입니다.

예를 들어 보죠. 5세부터 기억이 쌓이기 시작해 7세쯤 도달했을 때 약 1년치(즉, 절반의 기억)를 망각한다면 전체 기억의 50퍼센트를 잊은 것입니다. 그러나 55세에 도달한 성인이 1년치 기억을 잊으면 고작 2퍼센트의 기억을 망각한 것입니다.

유년기 기억은 아주 소중한 추억입니다. 그 기억이 대부분 사라진다니 속상한 일이 아닐 수 없습니다. 잊어버린 유년기의 기억을 되살릴 수 있는 방법이 있을까요? 아쉽게도 그런 방법은 없습니다. 하지만 우리의 아이들이 유년기의 기억을 더 많이 남길 수 있도록 도와줄 수는 있습니다. 아이들에게 자신의 이야기를 더 재미있고 정교하게 들려주고, 반복해 주세요. 매일매일의 이야기를 직접 말하도록 해 주고, 이를 보다 짜임새 있게 재구성해 주는 것입니다. 그리고 즐거웠던 일들을 자주 반복해서 함께 이야기해 보세요. 아이는 나중에 어른이 되어서도 즐겁고 행복한 유년기의 기억을 보다 더 많이, 오랫동안 간직할 수 있을 것입니다.

출산율이 점점 떨어지고 있습니다. 심지어 한 여성이 가임 기간(15~49세)에 낳을 것으로 기대되는 평균 출생아 수인 '합계출산율'이 지난해 1 이하로 떨어졌습니다. 흔히 출산율이 떨어지는 것은 문명사회에서 일어나는 당연한 현상으로 생각합니다. 하지만 과연 그럴까요? 그렇다면 앞으로 인구는 점점 줄어들다가 결국 없어지는 것일까요?

저출산의 미스터리

'합계출산율'이란 여성 한 명이 평생 낳는 아기의 평균 숫자입니다. 한 명을 낳으면 '본전' 같지만 그렇지 않습니다. 남성은 아이를 낳을 수 없기 때문이죠. 게다가 출생 당시의 성비는 약간 남성 편향입니다. 아기가 100명 태어나면 대략 55명이 아들입니다. 이뿐 아닙니다. 아기를 낳았다고 해서 100퍼센트 건강한 성인이 된다는 보장이 없습니다. 번식 가능 연령에 이르기 전에 질병이나 사고로 일찍 죽을 수도 있죠. 따라서 합계출산율은 2보다 조금 높아야만 간신히 개체군의 숫자, 즉 인구가 줄어들지 않고 유지될 수 있습니다.

물론 일시적으로는 수명 연장에 의해서 출산율이 낮아도 버틸 수는 있습니다. 기존의 사람들이 더 오래 살면 되니까요. 또 국소적으로는 외부 유입을 통해서 완충할 수도 있습니다. 이민을 받는 것이죠. 예를 들어 미국의 경우 아기 두 명이 태어날 때마다 이민자 한 명이 들어옵니다. 이민의 나라 미국답습니다. 하지만 눈 가리고 아웅 하는 것이나 다름없습니다. 출산율 저하는 전 세계적 현상입니다. 저개발국가는 아직 높은 출산율을 보이지만, 많은 국가의 출산율이 점점 소위 선진국의 뒤를 따라 점점 낮아지고 있습니다. 경제 수준이 높아지면서 출산율이 낮아지는 것은 거의 피할 수 없는 것으로 보입니다.

저출산에 대한 여러 가지 사회적 우려가 큽니다. 국가 전체의 경제 규모가 줄어든다든가 사회가 전반적으로 노령화되어 활기를 잃는다든가 늘어나는 연금 부담을 감당할 수 없다든가 하는 등의 걱정이 앞섭니다. 이런 걱정에 비하면 한가한 고민인지 모르겠습니다만, 학문적으로도 저출산은 꽤 골치 아픈 현상입니다.

종족 유지의 본능

흔히 인간은 '종족 유지의 본능'이 있다고 합니다. 하지만 결론부터 말하면 그런 본능은 없습니다. 호모 사피엔스의 멸종을 막기 위해서 자진해서 아기를 낳겠다는 사람은 없습니다. 물론 한민족의 미래를 위해서 이른 출산을 계획하는 사람도 '제가 알기로는' 없습니다. 과거 나치 독일 등 일부 전체주의국가에서 민족의 이익을 위해 출산을 장려한 적이 있었지만, 그리 성공적이지는 못했습니다. 군인과 노동자를 양산하기 위해서 아기를 낳으라는 말은 '본능'에 부합하기보다는 오히려 '본성'에 완전히 반하는 일이기 때문입니다. 번식은 어떤 위대한 목적을 가지고 일어나는 숭고한 현상이 아닙니다. 그런 형질을 가진 개체가 더 많이 늘어나기 때문에 자연스럽게 그렇게 된 것입니다. 생명이 처음 나타난 이후 끊임없이 되풀이된 현상입니다.

사실 그 반대도 마찬가지입니다. 인구 폭발을 우려하던 때가 불과 수십 년 전입니다. 산아제한이 기본적인 국가정책이었습니다. 하지만 국가 혹은 지구의 미래를 위해 아기를 낳지 말라고 하는 것도 아주 이상합니다. 특정 개체가 전체 생태계의 안정성을 '의식적으로' 고려하여 번식률을 스스로 조절하는 일은 일어나기 어렵습니다. 절벽 아래로 뛰어드는 나그네쥐 떼의 행동을 보고, 먹이가 부족해지자 집단 전체를 위해 '숭고한 자살'을 한다는 주장이 있었습니다. 하지만 지금은 그런 가설을 진지하게 주장하는 학자는 드뭅니다.

모든 생물체는 주어진 생태적 맥락에 따라 될 수 있는 대로 많은 새끼를 낳으려고 합니다. 간단한 사고실험을 해 보죠. 새끼를 많이 낳는 유전자와 적게 낳는 유전자가 있습니다. 각각의 개체는 이 중 단 하나의 유전자만을 가집니다. 시간이 지나면 새끼를 많이 낳는 유전자를 가진 개체가 더 빨리 늘어날 수밖에 없습니다. 아무리 지구 환경 전체를 고려하여 스스로 번식을 조절하려는 위대한 개체가 있다고 해도, 그런 유전자를 가진 개체는 점점 소수로 밀려날 수밖에 없습니다.

그러므로 다른 이유인 국가·민족·경제·지구·인류·전통을

●

생식 행동은 수십억 년 역사를 가진 강력한 적응적 형질입니다.
인간은 헤아릴 수 없이 많은 내적·외적·생태적 조건에 따라서
엄청나게 정교한 번식적 이익의 계산을 통해
출산 여부를 결정합니다.
간단한 유인책으로 깊은 층위에서 결정되는
적응적 행동 양상을 바꾸려는 시도는 실패할 가능성이 큽니다.

들이대면서 아기를 더 낳아라 혹은 덜 낳아라 해 봐야 별 소용이 없습니다. 생식 행동은 수십억 년 역사를 가진 강력한 적응적 형질입니다. 인간은 헤아릴 수 없이 많은 내적·외적·생태적 조건에 따라서 엄청나게 정교한 번식적 이익의 계산을 통해 출산 여부를 결정합니다. 물론 의식적으로 결정하는 것은 아닙니다. 어쨌든, 간단한 유인책으로 깊은 층위에서 결정되는 적응적 행동 양상을 바꾸려는 시도는 실패할 가능성이 큽니다.

물론 임산부를 지원하거나 유·소아 양육을 돕는 정책은 반드시 필요합니다. 하지만 '사회적 도움이 필요한 자에게 그들이 원하는 도움을 준다'라는 대원칙하에 접근해야 합니다. '이렇게 해 주면 그들도 신나서 아기를 낳겠지'라는 식의 접근은 기본적으로 옳지도 않고, 실제로 효과를 보기도 어렵습니다.

_____ 과연 몇 명을 낳아야 할까?

저출산에 대한 사회적 대책의 유효성에 대한 논란은 일단 접어 두고, 최적 출산율에 관해 이야기해 보죠. 몇 명을 낳는 것이 '진화적으로' 가장 적당할까요?

구석기시대 호미닌은 아기를 몇 명 낳았을까요? 이에 대해 명확한 증거를 찾기 어렵습니다. 출생 신고를 하지 않던 시절이니까요. 하지만 현생 수렵채집인 및 고고학적 연구 결과를 종합하면 대략 4.8명을 낳았을 것으로 추정합니다. 물론 4~8명으로 범위가 넓기는 합니다. 20세 무렵에 첫아기를 낳고, 약 3~4년

터울로 아기를 낳았습니다. 그리고 40세 무렵에 막내를 낳았습니다.

다섯 명 정도라고 해도 절대 적은 수가 아닙니다. 그러면 지금도 다섯 명 정도 낳는 것이 적합할까요? 그런데 플라이스토세 무렵에는 영아 및 소아 사망률이 아주 높았습니다. 성인기까지 살아남을 확률은 절반에 불과했고, 생존율이 20~30퍼센트에 지나지 않았습니다. 다섯 명을 낳아도 세 명 가까이 되는 자식이 어린 시절에 죽으니, 결국 두 명 정도를 낳는 것이나 진배없었습니다. 반면에 현대 서구 사회의 영아 사망률은 아주 낮습니다. 천 명당 두 명 수준이죠. 그러므로 구석기시대의 합계출산율은 현대사회의 합계출산율보다 두 배 이상 높았지만, 그 결과는 거의 비슷했을지도 모릅니다.

조심스러운 의견입니다만, 현대 서구 사회 혹은 동아시아 사회의 낮은 출산율은 전 인류사를 통틀어 계산하면 '그렇게까지 낮은' 것이 아닌지도 모릅니다. 기술적 지식과 사회적 지식을 다음 세대에 전달해 주기 위해서 유년기가 늘어나고, 막내를 낳은 후에도 오래오래 살도록 진화했다는 주장이 있습니다. 어떤 의미에서 늘 예기치 못하는 환경에서 살아남아야 하는 수렵채집 사회에서, 세대 간에 전달되던 지식의 양은 대대로 일정한 삶의 방식대로 살아가는 농경 사회에 비해 적지 않았을 것입니다. 그리고 현대사회는 더 말할 것도 없습니다.

이 가설은 복잡한 인구학적 시뮬레이션을 하지 않아도 신혼

부부의 '증언'을 통해서 쉽게 추측할 수 있습니다. 자식을 하나 혹은 둘만 낳으려는 '요즘 세대'는 이기적으로 삶을 즐기기만 하려는 것이 아닙니다. 수입이 두 배가 되거나 혹은 무상으로 아이를 봐 주는 보모가 있으면 모르겠습니다만, 세 명 혹은 네 명을 낳으면 답이 잘 안 나옵니다. 현실적으로 몹시 어려운 일입니다. 물론 자식을 굶기지만 않을 정도로 키운다면 열 명도 낳을 수 있습니다. 하지만 그렇게 자식을 키우고 싶은 분은 별로 없을 것입니다. 대학과 결혼까지 고민하면 한두 명이 최대치인지도 모르죠.

무엇을 해야 할까?

최적 출산율에 대한 지루한 논쟁은 출산율을 단지 경제학적인 측면에서 바라보기 때문인 듯합니다. 몇 명을 낳아야 인구가 유지되고, 몇 명을 낳아야 경제가 성장한다는 식의 접근 방식입니다. 하지만 앞서 말한 대로 국가 경제를 위해서 아기를 낳는 사람은 거의 없습니다. 애국심이 투철하다는 국회의원도 자식을 그리 많이 낳는 것 같지는 않으니 말입니다. '소소한' 사회적 지원책을 보고 막대한 판돈이 걸린 '번식 도박'을 감행하기는 어렵습니다.

모든 생물은 생태학적 여건에 따라서 얼마나 많이 번식할 것인지 결정합니다. 살기 좋은 환경에서는 낳지 말라고 해도 많이 낳습니다. 그러나 어려운 환경에서는 아무리 낳으라고 해도 별

무소용입니다. 최근의 저출산 현상이 유연한 생태학적 번식 조절 기전에 의한 적응적 현상인지 혹은 게놈 지연에 의한 부적응적 현상인지는 논란이 분분합니다. 후자의 가설은 영국 뉴캐슬 대학 대니얼 네틀Daniel Nettle 교수가 주장했는데, 저출산이 '일종의 부적응 혹은 현대 환경과 과거 환경에서 진화한 의사 결정 시스템 간의 불일치'라는 것입니다.

아직 정답은 모릅니다. 그런데 만약 전자의 주장이 옳다면 지금의 환경이 번식에 유리하지 않다는 뜻입니다. 만약 후자가 옳다면 어떤 이유인지 몰라도 지금의 환경이 '오래된 번식 조절 기전'에 잘못된 신호를 보내고 있다는 것입니다. 두 가지 경우 모두 비슷한 결론에 도달하게 됩니다. 현대인은 지금의 삶을 그리 탐탁해하지 않는다는 것입니다.

사실 출산율 저하에 대한 가설은 많습니다. 자원 축적을 추구하는 심리적 경향 때문이라는 가설, 문화적 성취를 추구하려는 경향이 자손의 숫자를 늘리려는 생물학적 경향과 충돌한다는 가설, 핵가족화로 인해 확장 가족의 양육 도움을 받지 못하기 때문이라는 가설 등입니다. 다들 일리가 있습니다. 하지만 이러한 가설에 대해서는 마땅히 할 수 있는 것이 없습니다. 인간의 심리는 쉽게 바뀌지 않습니다. 다시 대가족으로 돌아갈 가능성도 작습니다.

아마 출산율 저하는 자녀에게 최적의 투자를 하려는 진화적 경향과 과거 환경에 맞추어진 의사 결정 시스템의 불일치에 의한 효과가 적당히 섞여서 나타나는지도 모릅니다. 아이를 낳을 것인지 말 것인지 혹은 몇 명을 낳을 것인지 여부는 아주 개인적인 차원의 결정입니다. 부부가 선택할 문제이지, 국가나 사회가 왈가왈부할 일이 아닙니다. 하지만 그럼에도 불구하고 출산율을 높이고 싶은 간절한 마음이 있다면 가장 중요한 생태학적 장애물을 제거해야 합니다. 바로 세대 간 지식 전달에 드는 막대한 비용과 시간을 사회 전체가 분담하는 것입니다.

아빠는 왜?

— 작자 미상(초등학교 2학년 학생)

엄마가 있어 좋다, 나를 이뻐해 주어서

냉장고가 있어 좋다, 나에게 먹을 것을 주어서

강아지가 있어 좋다, 나랑 놀아 주어서

아빠는 왜 있는지 모르겠다

아빠 없는 하늘 아래

_____ 아이에게 아빠가 꼭 필요할까?

2010년 한 예능 프로그램에서 「아빠는 왜?」라는 초등학생의 시가 소개됐습니다. 재미있는 동시지만 적지 않은 아빠들의 마음이 편치 않았을 것입니다. 실제로 이 동시를 주제로 가정에서의 아버지 역할에 대한 제법 진지한 토론이 있기도 했습니다.

아버지 혹은 남편의 역할에 대한 가장 고전적인 인류학적 설명은 바로 '보호'와 '사냥'입니다. 즉 강력한 신체적 능력을 바탕으로 가족을 외적으로부터 보호하고, 먹잇감을 사냥하여 양질의 식량을 집으로 가져온다는 것이죠. 현생 수렵채집인의 식량 공급 패턴을 보면 제법 그럴듯한 주장입니다. 동물성 단백질 대부분과 벌꿀 거의 전부를 남성이 획득합니다. 모두 양질의 음식이지만 구하기 어려운 것이죠.

하지만 시대가 바뀌었습니다. 마트에 가면 쉽게 고기를 구할 수 있고, 달콤한 벌꿀도 너무 많아서 곤란할 정도입니다. 물론 아버지가 대신 돈을 벌어 오지 않느냐고 항변할 수 있겠습니다. 하지만 여성의 사회 참여가 늘어나면서 이런 주장도 설득력을 잃고 있습니다. 외적을 막아 준다는 말도 별로 공감을 얻지 못합니다. 저만 해도 아빠가 된 지 10년이 넘었지만, 집에 쳐들어 온 '도둑'을 잡아 본 경험은 단 한 번도 없습니다. 설사 그런 일이 생겨도 직접 몽둥이를 들고 싸우기보다는 얼른 '112'를 누를 것입니다.

——————— 만약 아버지가 없다면

만약 정말 아버지가 없다면 어떻게 될까요? 그래도 정이 들었으니 아빠를 가족에 끼워 주기는 하지만, 설령 없다고 해도 크게 문제 될 것은 없지 않을까요? 물론 가족의 의미를 단지 기능성으로 평가할 수는 없습니다. '유용한 역할을 하지 못하는 가족은 있을 필요도 없단 말이냐?'라고 항변할 수도 있을 것입니다. 그래서 과거의 아버지가 담당하던 역할을 잃어버린 지금의 '무익한' 아버지도 어떻게든 '버림받지' 않고 살아가고 있는지도 모르죠. 체면은 영 말이 아닙니다만.

하지만 고개 숙인 아버지의 눈이 번쩍 뜨일 이야기가 있습니다. 아버지의 부재가 딸의 건강에 좋지 않은 영향을 미친다는 연구가 발표된 것입니다. 1980년대 이후 진행된 수많은 연구에 따르면, 아버지가 없는 딸에게 비만·심혈관 질환·약물 남용·비행·우울장애·불안장애 등이 늘어난다는 사실이 밝혀졌습니다.

게다가 성관계도 보다 일찍 시작하고 성적 학대를 받는 경우도 많아집니다. 최소한 딸에게는, 아버지가 있어야 할 의학적 이유가 있다는 것이죠.

그런데 도대체 어떻게 이런 일이 일어날까요?

########## 아버지가 없으면 딸은 아프다

아버지가 없는 가정에서 자란 딸이 보다 이른 사춘기를 경험한다는 사실은 수십 년 전부터 알려졌습니다. 초기 유년기에 아버지의 존재 여부가 여성의 생식 시점을 결정하는 중요한 발달적 신호로 작동한다는 가설이 수립되었습니다. 다시 말해서 아버지가 없으면 딸은 보다 이른 시점에 여성 호르몬 분비가 시작되고, 이는 다양한 생식 관련 질환의 위험성을 높이고 정신성 행동 변화를 유발하게 된다는 것이죠.

진화인류학자 퍼트리샤 드라퍼Patricia Draper와 헨리 하펜딩Henry Harpending 등에 의하면, 생애 최초의 5~7년 동안 영유아는 세계에 대한 정보를 수집해 이에 걸맞은 발달 전략을 선택합니다. 그리고 과거의 진화적 적응 환경에서 아버지가 존재한다는 사실은 '보다 안전하고 예측 가능한 미래'를 보장하는 강력한 신호였다는 것이죠. 하지만 아버지가 존재하지 않는다면, '보다 위험하고 예측하기 어려운 미래'를 상정하여 이에 걸맞은 생애사적 전략을 취하게 됩니다.

후자의 전략을 흔히 '빠른 생애사 전략'이라고 합니다. 위험하고 험난한 환경이라면 보다 이른 초경과 사춘기, 임신, 출산을 시도하는 편이 유리합니다. 앞으로 안정적인 20~30년의 삶을 기약하기 어렵다면 일단 얼른 자식을 낳는 쪽이 진화적으로 유리할 것입니다. 하지만 이른 사춘기, 이른 임신은 다양한 문제를 낳습니다. 일단 과도한 에스트로겐에 노출돼 유방암, 난소암 등 여성 암 발병 가능성이 높아집니다. 또한 빠른 생애사적 행동 전략은 불안·우울·자해·알코올중독·약물 남용 등으로 이어질 수 있습니다.

이를 이른바 아버지 부재 가설father absence hypothesis이라고 합니다. 또한 아버지 부재에 의해서 정신사회적 발달이 보다 촉진되는 현상을 정신성적 가속화 이론psychosocial acceleration theory이라고 부르기도 합니다. 보다 이른 임신과 출산을 도모하는 방향으로 사회적 행동 양상이 변화하게 된다는 것입니다.

하지만 아버지 부재 가설에 대해 비판이 제기되기 시작했습니다. 모두 그런 것은 아니지만 아버지가 없는 상황은 상당 부분 부모의 갈등에서 비롯합니다. 즉, 잦은 부부싸움 혹은 혼외 관계 등으로 인해서 결과적으로 아버지가 없는 상황이 생긴다는 것이죠. 그렇다면 아버지 부재에 의한 빠른 생애사적 전략도, 실은 아버지가 없어서 그런 것이 아니라 부모의 그런 행동 경향을 닮았기 때문일 수도 있습니다.

물론 아버지 부재에 의한 행동 전략의 변화는 아들보다 딸에게 보다 많이 일어나기 때문에 이러한 반론은 조금 설득력이 약합니다. 하지만 그럼에도 불구하고 어떤 동일한 유전적 원인에 의해서, 부모의 갈등과 딸의 빠른 생애사 전략이라는 두 가지 결과가 같이 나타날 가능성을 배제할 수는 없습니다. 만약 그렇다면 단지 아버지가 없기 때문에 딸이 이른 성적 성숙에 이르는 것은 아닙니다. 다시 아버지의 지위가 위태로워졌습니다.

_____ 아버지 부재와 유전자 LIN28B

2017년 뉴욕 주립 대학 가브리엘 슐로머Gabriel L. Schlomer와 조현진 교수는 초경 연령에 미치는 유전자와 환경의 상호작용에 대한 흥미로운 연구 결과를 발표했습니다. LIN28B 유전자는 6번 염색체의 긴 팔에 존재하는 유전자입니다. 다양한 기능을 하는 것으로 알려져 있는데, 그중 하나가 바로 소녀의 발달 시점 조절 기능입니다. LIN28B 유전자가 만드는 단백질은 이른바 let-7 microRNA의 형성을 억제하는데, 이 let-7 microRNA는 발달 시점에 중요한 역할을 하기 때문입니다. 예를 들어 LIN28B 단백질이 과다 발현되면 성장이 지연되고 이차성징도 늦게 일어납니다. 즉 느린 생애사적 전략을 추구하게 되는 것이죠.

연구자들은 여러 인종의 데이터를 모았습니다. 초경 연령(AAM, age at menarche)과 아버지 부재 여부, LIN28B 유전자를 분석해서 비교했습니다. rs364663과 rs314273이라는 두 개의 SNP를 이용했습니다. 쉽게 말하면 해당 유전자와 관련된 염기 배열 중에서 사람에 따라 조금씩 다르게 나오는 두 부분을 따로 골라 분석을 한 것입니다. 각각 AA, AT, TT 및 GG, GT, TT 등 세 가지 유전형이 존재합니다.

연구 결과는 상당히 흥미롭습니다. 아버지가 없으면 초경이 약간 당겨지는 현상은 전반적으로 관찰되었습니다. 하지만 그 정도가 크지 않거나 통계적으로 차이가 없었습니다. 몇 가지 복잡한 부분이 있지만, 가장 중요한 사실은 이렇습니다. 아버지 부재에 의해서 초경 연령이 당겨지는 현상은 앞서 말한 두 SNP 중 적어도 하나에서 T/T 유전형을 가지고 있는 경우에만 분명하게 관찰된 것입니다.

쉽게 말해서 아버지 부재에 의해서 이른 성적 성숙을 보이는 현상은 특정한 유전형을 가진 소녀에게만 관찰된다는 것입니다. 이는 반대로 말하면 이른 성적 성숙 경향과 관련된 유전형을 가진 소녀도 아버지가 있으면 성적 성숙이 지연된다고 해석할 수도 있습니다. 환경과 유전형이 모두 관여하는 것입니다.

_____ 아버지가 있든 없든 괜찮아

불가피한 사정으로 아버지가 없는 가정이 있습니다. 아버지 부재 가설을 들으면 상당한 충격을 받을 수밖에 없습니다. 딸에 대한 죄책감과 미안함이 생깁니다. 육아에 크게 신경 쓰지 못한 아버지의 죄책감은 상당합니다. 해외 파병이나 유학, 외국 지사 근무, 장기간의 출장 등으로 딸에게 아버지 역할을 하지 못했다며 속상해하는 아버지가 적지 않습니다. 하지만 유전자

연구 결과에서 알 수 있듯이 소녀 대부분은 아버지가 없어도 큰 문제없이 잘 성장합니다. 소녀 중 80퍼센트 이상이 아버지가 없어도 초경 연령이 크게 바뀌지 않았습니다.

물론 아버지 부재에 취약한 일부 소녀도 있을 수 있습니다. 바로 앞서 말한 유전자형이 T/ T에 해당하는 경우(각각 18퍼센트, 11.7퍼센트)입니다. 하지만 이들도 아버지가 있다면 초경 연령에서 별 차이를 보이지 않습니다. 즉 타고난 유전형이 이른 성숙에 치우쳐진 면이 있다고 해도 안정적인 환경에서 성장한다면 느린 생애사적 전략을 취하게 된다는 것입니다.

아버지는 분명 필요합니다. 최소한 냉장고보다는 '훨씬 더' 말이죠. 하지만 환경이 모든 것을 결정하지 못합니다. 어쩔 수 없는 이유로 아버지가 없는 경우에도 너무 걱정할 필요는 없습니다. 마찬가지로 유전자가 모든 것을 결정하지 못합니다. 우리는 환경을 변화시키는 노력을 통해서 타고난 유전자의 발현을 어느 정도 조절할 수 있습니다. 환경과 유전은 아주 복잡하게 서로 영향을 주고받기 때문입니다.

우생학이란 종의 형질을 인위적으로 육종하여 우수한 종을 만들려는 학문을 말합니다. 유전자의 '질'을 개량하여 인간을 더 나은 존재로 만들려는 것이죠. 교육과 제도가 아니라 보다 직접적인 방법을 동원하여 세상을 좋게 만들겠다는 주장입니다. 물론 과학적 근거가 없는 데다가 윤리적으로도 옳지 못해서 지금 우생학을 주장하는 사람은 거의 없습니다. 그런데 과연 우생학은 정말 사라진 걸까요?

마음의 우생학

보다 나은 인간

우생학이라고 하면 흔히 나치 독일을 떠올립니다. 아무래도 제3제국 치하의 독일에서 일어난 유대인·장애인·집시 등의 학살이 유명하기 때문이죠. 하지만 우생학은 영국이나 독일, 미국 등 당시 여러 국가에서 널리 연구되고 실행되고 있었습니다. 독일의 우생학자 중 일부는 미국에서 우생학을 공부한 학자이기도 했죠.

미국은 우생학을 독일보다 더 먼저 적용했다고 볼 수 있습니다. 정신장애인에 대한 대대적인 임신중절 사업을 벌였기 때문이죠. 임신중절수술을 받아야 정부 보조금을 주는 방식으로 강제하기도 했고, 심지어 결핵균이 든 우유를 주어 직접 제거하기도 했습니다. 여성주의 단체에서도 피임 도구를 무료로 배부하고 임신중절수술을 장려했는데, 주로 경제적으로 어려운 빈민이나 교육 수준이 낮은 여성을 대상으로 했습니다. 우수한 여성은 임신과 출산을 더 많이 해야 한다고 주장했죠.

심지어 인종차별을 겪던 흑인 지도자도 우생학에 적극적으로 동조했습니다. 흑인이 낮은 대우를 받는 것은 흑인의 유전자가 열악하기 때문이라는 것이죠. 따라서 더욱 적극적으로 흑인 스스로 개량되어야 한다는 것입니다. 즉 흑인이 백인보다 못한 것이 아니라 열등한 흑인의 비율이 열등한 백인의 비율보다 더 높다는 것입니다. 우수한 흑인은 적극적으로 '번식'해야 한다고 주장했습니다.

나치 독일의 패망이 우생학의 발전에 부정적인 영향을 미친 것은 사실이지만, 보다 중요한 이유는 따로 있습니다. 우생학이 옳지 않은 학문이었기 때문이죠. 윤리적으로도 그렇지만 과학적으로 잘못된 학문이었습니다.

──────── 우월한 유전자, 열등한 유전자

사실 우생학이 처음 태동하던 때에는 유전자가 무엇인지도 잘 몰랐습니다. 그러나 점점 유전자의 정체가 분명해지면서 인간의 신체와 정신은 유전자에 의해 결정된다는 주장이 득세하기 시작했죠. 형질을 결정하는 것이 유전자이니, 좋은 형질은 좋은 유전자가 결정하고 나쁜 형질은 나쁜 유전자가 결정한다는 것입니다. 언뜻 들으면 당연한 이야기 같습니다.

지난 수십 년간 천문학적인 연구비를 들여서 인간의 유전자에 대한 수많은 연구가 이루어져 왔습니다. 인간의 몸 안에는 유전자가 2만 5000개에서 3만 개 정도 있다고 합니다. 각 유전자에 라벨을 붙일 수 있을 것입니다. 좋은 유전자, 그저 그런 유전자, 나쁜 유전자······, 이런 식으로요. 요즘은 유전자를 마음대로 갖다가 자르고 붙이는 세상이니 이제 좋은 유전자만으로 구성된 맞춤형 인간을 만들 수도 있을 것입니다.

하지만 이는 불가능한 이야기입니다. 일단 어떤 유전자가 좋은 유전자인지 나쁜 유전자인지 결정할 수 없습니다. 예를 들어 불안과 관련된 '나쁜' 유전자가 있다고 합시다. 불안 유전자를 제거하면 편안하게 살아갈 수 있을 것입니다. 그러나 과연 그럴까요? 불안감이 없는 사람이 세상을 잘 살아갈 수 있을 리 만무합니다. 시험 전날도 쿨쿨 잠이나 자고 강도가 칼을 들이대도 태평할 테죠. 사실 '나쁜' 유전자를 규정하는 것은 대단히 어려운 일입니다.

그렇다면 '좋은' 유전자만 강화하는 것은 어떨까요? 비타민 D를 합성하는 유전자를 강화하는 것을 예로 들어 보죠. 하지만 비타민 D 합성과 관련된 일부 유전자는 알츠하이머병의 발병과 관련됩니다. 유전자는 이른바 다면 발현이라는 현상을 가지고 있기 때문에 하나의 유전자가 여러 기능을 합니다. '좋은' 유전자가 항상 '좋은' 것은 아닙니다.

이거 쉽지 않네요. 그러면 차라리 무조건 나쁜 유전자라도 몇 개 추려 볼까요. 질병을 일으키는 유전자라면 분명 나쁜 것이니 일단 그것이라도 제거하면 좋을 것 같습니다. 그러나 그렇지 않습니다. 질병을 일으키는 유전자가 알고 보니 그동안 알지 못했던 다른 이점을 제공한다는 사실이 계속 밝혀지고 있습니다. 수많은 유전자 중에 '인류의 몸에서 반드시 제거해야 할 유전자 목록' 같은 것은 없습니다.

만약 유전자의 상대적인 이득과 손해를 정교하게 계산하여 그 비율을 정할 수 있다면 어떨까요? 그러나 형질은 다양한 생태적 환경에 좌우됩니다. 또한, 집단 내 다른 사람과의 관계에 의해서도 이득과 손해가 결정됩니다. 모든 것은 서로 연관되어 있습니다. 절대적으로 우월하거나 절대적으로 열등한 유전자를 규정하기 어려운 이유입니다.

────────── 생각을 복제하는 밈

리처드 도킨스Richard Dawkins는 밈 이론이라는 아주 기발한 주장을 발표했습니다. 도킨스가 워낙 유명한 과학자이니 그의 밈 이론도 큰 관심을 받았죠. 밈 이론의 기본 구조는 간단합니다. 유전자gene 대신 밈meme을 넣은 것입니다. 즉 유전자라는 복제자를 담고 있는 운반자가 개체라는 주장에서 한발 더 나아가, 생각idea이라는 복제자를 담고 있는 운반자가 인간이라는 것이죠.

우리는 모두 다양한 생각과 주장을 가지고 있습니다. 수십 년 동안 윗세대가 가지고 있던 생각과 주장을 배웁니다. 그런 주장을 읽고 쓸 수 있는 글을 배우고, 그것을 머리에 담고 다시 다른 사람에게 전달합니다. 생존에 유리한 생각을 하는 사람의 생각은 더 잘 퍼지고, 그렇지 않은 생각은 도태됩니다. 이러한 생각·주장·사상·행동 양식 등을 밈이라는 단어로 표현한 것입니다.

사실 밈 이론은 허점이 많습니다. 일단 밈은 유전자와 달리 실체가 없고 밈이 퍼지는 과정도 유전자와는 다릅니다. 밈끼리 서로 분명하게 구분되지도 않습니다. 인지와 행동은 상당히 유전자에 의해 결정되는데, 밈과 유전자가 어떤 관계를 맺는지도 불명확합니다. 그런데도 직관적으로 잘 이해되기 때문에 많은 사람이 밈 이론을 받아들였습니다. 다양한 논문과 책에서 밈 이론을 다루고 있습니다. 그리고 지금 저도 밈 이론을 이야기하고 있습니다. 어떤 의미에서 밈 이론 자체가 경쟁력 있는 밈이었는지도 모릅니다.

─────── 마음의 우생학

사람들은 서로 다른 생각과 다른 가치관을 따르고 있습니다. 일부는 타고난 성격에 의한 것이고 일부는 자라 온 환경에 의한 것입니다. 그리고 다른 일부는 공부나 교류를 통해서 스스로 선택한 것입니다. 다른 신체적 혹은 정신적 형질과 크게 다르지 않습니다. 모든 사람이 다른 얼굴과 다른 성격을 가지고 있는 것처럼, 사람들은 당연히 다른 생각을 가지고 있습니다.

그런데 혹시 적극적으로 사람들의 생각과 주장을 선별하고, 그중 일부는 선택하고, 일부는 장려하려고 한다면 어떨까요?

사실 주변을 둘러보면 '훌륭한 생각'도 있는 것 같고, '허튼 생각'도 있는 것 같습니다. 그리고 '허튼 생각'을 제거하고, '훌륭한 생각'만 남기면 얼마나 좋을까 싶은 생각도 듭니다.

사람을 피부색·성별·인종·교육 수준 등으로 차별하는 것은 금지되어 있습니다. 당연한 일 같지만 사실 얼마 되지 않은 일입니다. 불과 수십 년 전만 해도 사람을 타고난 신분이나 계급, 성별로 차별하는 것이 당연했죠. 그런데 생각에 대해서는 아직 차별이 공고한 것 같습니다. 최소한 '피부색'으로 사람을 공격하는 경우는 드뭅니다. 인종차별주의자라는 이야기를 듣기 딱 좋습니다. 하지만 '생각'으로 사람을 공격하는 경우는 비일비재합니다. 당장 SNS만 보아도 알 수 있습니다.

우리는 어떤 사람이 어떤 '생각'이나 '주장'을 가졌다는 이유로 그를 욕하고 비난합니다. 그러면서 피부색이야 마음대로 바꿀 수 없지만, '생각'은 바꾸면 될 것이 아니냐고 몰아세웁니다. 너의 '허튼 생각'을 버리고 '훌륭한 생각'을 따르라고 합니다. 이는 어떤 의미에서 마음의 우생학이 아닌지 모르겠습니다.

피부색이나 장애를 가진 사람을 차별하지 말라는 것은, 그 사람들의 피부색이나 장애를 가지라는 것이 아닙니다. 흑인은 흑인대로, 백인은 백인대로 타고난 피부를 가지고 살아가라는 것입니다. 우리가 가진 생각이나 주장에 대해서도 같은 이야기를 할 수 있습니다. 분명 어떤 사람은 독특한 생각과 감정을 가지고 있습니다. 그런 생각에 대다수가 동의하기 어려울지도 모롭니다. 하지만 독특한 생각을 가졌다고 해서 차별하고, 생각을 바꾸라고 강요한다면 곤란합니다.

'옳은' 유전자만 가득한 세상을 만들려는 시도는 처참한 비극으로 끝났습니다. '옳은' 생각만 가득한 세상을 만들려는 시도도 아마 크게 다르지 않은 결과를 낳을 것입니다.

생각은 다를 수 있습니다. 다른 이의 생각이 정말 터무니없거나 괴팍하거나 그릇될 수 있습니다. 최소한 우리 자신에게는 말입니다. 아마 루터의 생각을 들은 주교의 마음이 그랬을 것이고, 한글을 만들자는 세종의 생각을 들은 집현전 관리의 마음도 그랬을 것입니다. 노예를 해방하자는 생각도, 겉옷을 달라고 하면 속옷도 주라는 생각도 한때는 정말 터무니없는 주장이요, 정치적으로 올바르지 못한 생각이었죠.

자신의 좁은 주장과 식견을 내세워서 다른 사람의 주장이나 생각을 공박하는 일을 흔히 봅니다. 괜찮습니다. 다른 사람의 생각과 다르다는 것을 누구나 밝힐 수 있어야 합니다. 그러나 거기까지입니다. 다른 이의 주장이 납득하기 어렵다고 해서 '그 생각을 가진 사람'까지 욕하고 비난하고 차별해서는 안 됩니다. 마찬가지로 자신이 볼 때 '옳은 생각'이라고 해서 '그 생각을 가진 사람'까지 우대하고 편애해서도 안 된다고 생각합니다.

나이를 먹어 가면서 옹고집 노인이 되거나 혹은 스크루지 영감처럼 이기적으로 변해 가는 사람들이 있습니다. 젊을 때는 별로 그렇지 않았는데 점차 거만해지거나 무례해지기도 해서 주변 사람들의 눈살을 찌푸리게 합니다. 인터넷에 편견에 가득 찬 악플을 잔뜩 올리는 사람이 있었는데, 알고 보니 지위가 높은 법조인인 경우도 있었습니다. 잘못된 결정을 고집하거나 갑자기 화를 내는 등의 증상을 보이는 노인들이 가족들과 함께 진료실에 옵니다. 치매 검사를 해 보면 일반적인 지적 능력은 별 이상이 없는 경우가 적지 않습니다. 나이가 들면서 성격이 바뀐 것입니다.

고집 센 노인

나이에 따라 점차 기억력이 떨어진다는 것은 누구나 알고 있습니다. 그러나 기억력의 감퇴는 반복 학습이나 혹은 보조 기억술 등을 통해서 충분히 보상할 수 있습니다. 사실 우리의 행복한 삶에 더 큰 문제가 되는 것은 사고의 패턴이나 감정, 판단력 같은 다른 차원의 인지적 능력입니다. 이를 크게 묶어서 이른바 '성격'의 변화라고 할 수 있을지도 모릅니다.

나이가 들면 점차 사회적인 판단을 내리는 방법이 변화합니다. 메이어 Bonnie J. F. Meyer 등의 연구에 의하면 어떤 중요한 결정을 내려야 할 때 젊은 사람은 다양한 정보를 탐색하기 위해 보다 많은 시간을 보냈습니다. 이에 반해 노인은 기존에 이미 알고 있던 정보에 의존해서 빠른 결정을 내리는 경향을 보였습니다. 여러 정보에 입각하여 최종 결론에 이르는 방법을 '상향식 처리 전략'이라고 하고, 그 반대를 '하향식 처리 전략' 혹은 '범주 기반의 판단'이라고 합니다. 노인이 더 많이 선택하는 범주 기반의 처리 전략은 신속한 판단이 가능하고 인지적 노력이 적게 드는 장점이 있습니다. 그러나 기존의 정보가 부정확한 경우, 즉 급변하는 환경에서는 잘못된 기존 전략을 고수하여 틀린 판단을 내리게 됩니다. 점점 고리타분한 결정을 내리는 완고한 성격이 되어가는 것입니다. 이와 같은 인지 처리의 방향성뿐만 아니라, 가치 판단의 유연성도 변화합니다. 노인은 젊은 사람에 비해서 올바른 관점이 단 하나만 존재한다고 생각하는 경향이 더 강합니다.

두 개 이상의 관점에 대해 폭넓게 수용하는 열린 인지 태도는 나이가 들면서 점차 감소하는 경향을 보인다는 연구 결과도 있습니다. 일반적으로 노인은 인지적 판단을 하는 데에 판단에 따른 결과보다는 수반되는 감정 반응을 더 많이 고려합니다. 따라서 어떤 인지적 선택에 따를 것이라고 예상되는 결과가 감정적으로 불편하다면, 예를 들어 현재 처한 상황이 불안하거나 제안자의 태도가 무례하다고 느껴지면 결정을 미루거나 바꾸는 경향을 보입니다.

특히 재미있는 사실은 노인이 어떤 사건에 대한 원인을 추정할 경우, 젊은 사람과는 다른 독특한 인지적 경향을 보인다는 것입니다. 다른 사람의 성공이나 실패 같은 특정 사건을 접할 때, 사람들은 보통 그 사람의 타고난 성향에 의해 그런 결과가 일어났을 것이라고 생각하고는 합니다. 예를 들어 직장 동료가 출근 시간에 지각을 한 경우, 그 친구는 원래 시간관념이 부족한 사람이라고 여깁니다. 그러나 자기 자신에 대해서는 성향 요인보다는 상황 요인을 더 많이 적용하려고 합니다. 예를 들어, 단지 '그날따라 차가 많이 막혔기 때문이다'라고 하면서 편리하게 생각하는 것입니다. 이를 귀인 오류라고 합니다.

그런데 나이가 들면 이러한 귀인 오류가 더 많이 일어납니다. 특히 부정적인 결과에 대해서는 그 일을 저지른 사람의 본래 성격이나 자질이 부족해서 그런 것이라고 속단하는 경향이 심합니다. 더 놀라운 것은 행위자의 나이에 따라서 이러한 판단이 바뀐다는 것입니다. 연구에 따르면 어떤 부정적인 사건과 관련된 사람이 젊은 경우에는 타고난 나쁜 성향을 탓했지만, 행위자의 나이가 많은 경우에는 아마 어쩔 수 없는 상황이라서 그랬을 것이라고 판단했습니다.

생물학적 노화와 인지 기능 변화

이러한 성격의 변화는 어떻게 일어나는 것일까요? 이에 대해서 간단하게 설명하기는 어렵습니다. 하지만 몇 가지 중요한 신경생물학적 노화에 대한 의학적 사실을 짚어 보겠습니다.

나이가 들면 특히 이마 위쪽에 위치한 뇌, 전두엽의 기능이 떨어집니다. 이 부분은 추리·판단·공감·계획 등 고차원적 사고를 하는 부분인데, 특히 예상하지 못한 상황에서 유연한 인지적 판단을 하는 데 아주 중요한 역할을 합니다. 젊은 사람은 어려

●

인간은 다른 동물과 달리
더 이상 생식을 하지 못하는 나이가 되어도
계속 살아갈 수 있도록 진화해 왔습니다.

인지능력의 노화가 일어날 때까지도 살아야만 하는 것은,
자식이 충분히 클 때까지 보살펴야만 하는
부모의 숙명인지도 모릅니다.

운 과제를 만나면 좌측 뇌 활성이 두드러지게 일어나는 데 반해서, 노인은 활성이 잘 일어나지 않습니다. 오히려 충분하지 않은 좌측 전두엽 기능을 보상하기 위해서 우측 전두엽도 같이 활성화되는 일이 일어나기도 합니다.

또한 노화는 전반적인 뇌 기능 저하를 가져옵니다. 앞서 말한 전두엽뿐만 아니라 뇌백질(회백색 뇌 껍질에 둘러싸인 안쪽 뇌)의 부피가 감소하는데, 이는 뇌의 각 부분을 연결하는 신경 다발이 위치하는 곳입니다. 뇌의 여러 부분 간의 정보 교환 속도가 점차 떨어지는 것입니다. 또한 콜린성 신경전달물질(주로 각성과 기억, 학습 등에 작용하는 신경호르몬)의 수준도 많이 떨어집니다. 전처럼 명료한 정신으로 빨리 판단하거나, 많은 것을 기억하기 어려워집니다. 노인성 치매에 사용하는 약물의 기전은 상당히 복잡하지만, 간단히 말하면 부족해진 콜린성 물질을 보충해 주는 것이라고 할 수 있습니다.

이러한 인지적 성격 변화는 왜 일어나는 것일까요? 나이가 들어도 젊을 때처럼, 우수한 인지 기능을 유지하면 좋을 텐데 말입니다. 진화적 연구에 의하면 노화에 의한 인지 기능 저하는 인간 종에서만 관찰되고 다른 동물에서는 찾기 어려운 독특한 현상입니다. 역설적으로, 인지적 노화는 인간이 '너무' 오래 살기 때문에 일어나는 것으로 추정하고 있습니다. 이를 생애사 이론이라고 합니다.

수백만 년 전부터 다른 영장류에 비해서 인간의 뇌는 크기가 계속 증가해 왔습니다. 머리가 너무 크면 엄마가 아기를 낳을 수 없기 때문에, 아직 충분히 성숙하지 못한 채 태어날 수밖에 없었습니다. 게다가 아기가 엄마나 아빠가 되려면, 적어도 15년에서 20년은 걸렸기 때문에 장기간에 걸친 부모의 도움이 필수적이었습니다. 부모는 나중에 손주까지 돌보아야 했고, 또한 사냥 기술이나 도구 제작 기술도 후손에 전달해야 했습니다. 이러한 선택압selective pressure으로 수명은 점점 더 길어졌습니다. 자연계에서 폐경이 끝난 후에도 수십 년을 더 살아가는 포유류는 오직 인간종 외에는 없습니다. 오래 살면 무조건 좋은 것이 아니냐고 따질 수 있을 것입니다. 물론 장수는 좋은 일이지만, 이는 불가피하게 삶의 상당 기간을 노인으로 지내야 하는 결과를 낳았습니다.

치매를 유발하는 유전자 이야기를 들어 본 적이 있을 것입니다. 인간의 몸에는 콜레스테롤 대사와 관련된 세 가지 종류의 Apo E 단백질이 있습니다. 다른 포유류는 Apo E4 형태만 발견되는 데 반해서, 인간만은 예외로 Apo E3와 E2 형태도 같이 관찰됩니다. 아마도 E4 → E3 → E2 의 순서로 진화가 일어난 것으로 추정됩니다. 일반 인구 집단에서 E4의 발현율은 15퍼센트, E3의 발현율은 78퍼센트, E2의 발현율은 7퍼센트 정도입니다. 이러한 변이는 인류의 뇌가 커지고 수명이 길어지는 과정과 같이 일어났습니다. 콜레스테롤 대사를 잘 하지 못하는 E4형은 장수에 적합하지 않고 알츠하이머 치매에 취약하기 때문에, 인류의 유전자 풀에서 E3나 E2로 점차 대치되고 있는 것으로 보입니다. 실제로 E4 유전자를 하나 이상 가진 사람은 수명이 4년 이상 짧아지고, 폐경도 더 일찍 일어납니다. 또한 E3를 가진 사람보다 알츠하이머 치매에 걸릴 확률이 3배 높습니다. 심지어 E4 유전자를 두 개 가진 사람은 치매 확률이 무려 5~10배까지 높아집니다. 반대로 E2를 가진 사람은 치매의 위험률이 상당히 낮아지고, 보다 오래 사는 편입니다.

즉 인간은 다른 동물과 달리 더 이상 생식을 하지 못하는 나이가 되어도 계속 살아갈 수 있도록 진화해 왔습니다. 인지능력의 노화가 일어날 때까지도 살아야만 하는 것은, 자식이 충분히 클 때까지 보살펴야만 하는 부모의 숙명인지도 모릅니다. 그러니 나이 든 분이 조금 고집을 부리시더라도 너무 흉보지는 않는 것이 좋겠습니다.

_____ 성격 변화를 어떻게 막을 수 있을까?

나이가 들면 부정적인 변화만 있는 것일까요? 물론 아닙니다. 노화는 인지적 유연성을 감소시키기도 하지만, 풍부한 경험과 지식, 맥락에 대한 이해 등을 통해서 지혜를 발달시키기도 합니다. 현명함을 측정한다는 것은 아주 어려운 일이지만, 일부 제한적인 연구에 의하면 나이가 들어도 지혜는 감소하지 않고 일부에서는 더 좋아지는 것으로 조사되었습니다. 게다가 노인은 더 긍정적인 편이라는 연구 결과도 있습니다.

케네디Quinn Kennedy와 마더Mara Mather 등의 연구에 의하면 노인은 희망적인 정보에 더 주목하고 낙관적인 태도를 보이는 입장을 보였습니다. 충동성이 줄고 신중함이 늘어나서 성급한 실수도 줄어들었습니다. 또한 대인 관계를 단지 필요한 정보의 획득을 위한 것으로 여기는 젊을 때와 달리, 나이가 들면 관계 자체에서 오는 감정적 교류를 보다 중요하게 여기는 편입니다. 예를 들면, 어린아이와 장시간 즐거운 정서적 관계를 유지할 수 있는 사람은, 젊은 엄마보다는 오히려 연세가 많은 할머니인 경우가 많습니다.

노화에 따른 인지적인 변화는 자연스러우며, 어느 정도는 받아들여만 하는 현상입니다. 하지만 보건 수준의 발전으로 인해 이른바 100세 시대를 맞는 이때, 조금이라도 더 젊은 뇌를 유지하고 싶은 사람이 많을 것입니다. 어떤 방법이 있을까요?

이미 이에 대해서 많은 연구들이 이루어져 있지만 결과는 그리 신통치 않습니다. 컴퓨터 등을 이용한 인지 훈련, 각종 언어 훈련이나 두뇌 훈련 등이 다양하게 시도되었지만 일관성 있는 결과는 나오지 않았습니다. 정교하게 고안된 컴퓨터 훈련 프로그램도 인지능력의 보존에는 확실한 도움이 되지는 않는 것으로 보입니다. 다만 유일하게 큰 효과가 입증된 단 하나의 방법은, 바로 유산소운동입니다. 아직 기전은 불확실하지만, 달리기나 수영과 같은 유산소 운동은 해마(기억을 담당하는 뇌의 부분)의 퇴화를 막고, 다양한 인지 반응 속도를 향상시킵니다. 젊은 뇌를 유지하고 싶다면, 집 안에서 체스를 두는 것보다 야외에서 운동을 하는 것이 바람직합니다.

노화는 인간이라면 겪어야 하는 불가피한 현상이지만, 반드시 부정적인 것만은 아닙니다. 비록 순발력이 필요한 작업은 젊었을 때만큼 잘하지 못하겠지만, 많은 경험과 신중함을 통해서 더 훌륭하게 처리할 수 있는 일도 많습니다. 실제로 어떤 예술가는 생의 마지막 단계에 엄청난 창조성과 유연성을 보이며 믿을 수 없는 업적을 이루기도 합니다. 이러한 제2의 전성기를, 일생 동안 노래하지 않는 백조가 죽기 직전에 아름다운 노래를 한다는 서양 속설에서 따와 '백조의 노래' 현상이라고 합니다. 과학자 수천 명을 대상으로 한 조사에 의하면, 질적으로 우수한 연구 실적은 오륙십 대 이후에도 변함없이 지속되었습니다. 나이가 들어도 하지 못할 것은 없는 것입니다.

모든 인간은 늙습니다. 그리고 나이가 들면 성격도 변합니다. 하지만 이는 자식을 키우기 위해서 오래 살아야만 했던 인류의 적응적 선택에 따른 불가피한 결과입니다. 또한 인지능력의 노화에도 불구하고, 말년까지 생산적인 삶을 사는 사람들도 아주 많습니다. 노화는 두렵고 피하고 싶은 운명이 아니라, 자랑스럽게 받아들이고 기쁘게 누려야 할 축복입니다.

인간 수명이 점점 늘어나고 있다는 주장이 있습니다. 과거 척박하고 힘겨운 환경 속에서 겨우겨우 살아가던 인류였지만, 기술적 혁명과 사회적 발전을 통해서 오래 살게 되었다는 것이죠. 고대사회에서는 고작 스무 살 남짓이면 죽었다는 이야기도 있습니다. 이제 수명이 점점 늘어서 생물학적 수명의 한계까지 이르고 있다는 과감한 주장도 있습니다. 그런데 정말 인류의 수명은 늘어나고 있는 것일까요?

백 세 시대 인류와 원시인

한국인의 평균수명은 몇 살일까요? 2019년 기준으로 83.01세입니다. 물론 이 글을 읽는 여러분이 82세까지 살 수 있다는 것은 아닙니다. 2016년에 태어난 아이는 약 82년을 살 것이라고 '기대'할 수 있다는 것이죠. 세계 최상위권입니다. 그러면 다른 나라는 어떨까요? 아프리카의 마다가스카르의 2019년 기대수명은 62.89세입니다. 즉 한국에서 태어난 사람은 마다가스카르인보다 무려 20년을 더 살 수 있다는 뜻이죠. 그렇다면 마다가스카르에는 80세를 넘기는 사람이 극히 드물 것입니다. 63세가 평균이니 평균수명의 4분의 1을 더 사는 일은 쉬운 일이 아닙니다. 하지만 그렇지 않습니다. 이는 통계의 함정입니다.

수렵채집인의 수명도 비슷한 방식으로 조사하면 21세에서 37세 수준입니다. 보통 21세까지만 살 수 있다고 가정해 보죠. 갑자기 심각한 궁금증이 생깁니다. 16세가 되어야 임신과 출산

4 불완전하기에 기대되는 삶

을 할 수 있는데, 수명이 21세라면 아이를 제대로 키우지도 못하고 죽습니다. 도무지 적응적이지 않습니다. 정말 우리의 선조는 이삼십 대에 명을 다했을까요?

평균수명은 전체 사람의 수명을 모두 더해서 사람 수로 나눈 것입니다. 그래서 어린 시절에 죽는 사람이 많으면 평균수명을 상당히 낮춰 버립니다. 예를 들어 인구가 100명인 나라가 있다고 해 보죠. 모두 100살을 삽니다. 그런데 단 한 명이 태어나자마자 죽으면 모든 국민의 기대 수명을 1년씩 줄이게 됩니다. 그래서 여러 상황을 더욱 잘 보려면 최빈값을 살펴야 합니다.

——————— 수렵채집인의 수명

일반적인 수렵채집인은 평균 72세를 살았습니다. 아니, 정확히 말하면 수명의 최빈값이 72세 전후입니다. 즉 72세를 전후해서 죽는 사람이 가장 많다는 것입니다. 그러면 현대인은 어떨까요? 2008년 기준으로 최빈값은 남성 77세, 여성 82세입니다. 큰 차이가 없죠? 영양 상태의 개선과 의학의 발전, 위생 시설의 보급 등으로 인해서 예전 같으면 '이미 죽었을' 사람이 오래 살아남게 된 것입니다.

사실 현대인의 수명은 그렇게 많이 늘어나지 않았습니다. 생후 몇 년 내의 사망이 크게 줄었고, 백신과 항생제의 보급으로 감염병이 줄었고, 기아가 줄었습니다. 수렵채집 사회의 영아 사망률은 서구 사회의 수십 배에 달합니다. 그래서 마치 평균수명이 늘어난 것처럼 보입니다. 하지만 예나 지금이나 대부분 사람은 70세 넘게 살았습니다.

수렵채집 사회에서는 대략 매년 사람이 1퍼센트 죽습니다. 그리고 40세가 되면 사망률이 갑자기 늘어납니다. 6~9년마다 사망률이 두 배씩 증가합니다. 그렇지만 상당수는 68~78세에 가장 많이 죽습니다. 아마도 70세를 조금 넘는 연령이 가장 이상적인 인간의 수명인지도 모릅니다. 이상적이라는 말이 조금 불편할 수 있겠네요.

수렵채집인의 사망 중 70퍼센트는 질병에 의한 것입니다. 그리고 폭력이나 사고가 20퍼센트, 퇴행성 질환이 9퍼센트입니다. 특히 질병 중 약 절반이 감염성 질환 혹은 위장관 질환이죠. 그런데 구석기시대에는 감염병이 지금보다 훨씬 드물었다는 주장이 있습니다. 치명적인 감염병이 퍼지려면 충분한 수의 숙주가 필요합니다. 숙주가 죽기 전에 다른 숙주로 옮아가야 감염병이 지속할 수 있습니다. 숙주의 수가 부족하면 어떡할까요? 병원체는 치명도를 낮추어서 오랫동안 숙주 내에 머무르도록 진화합니다.

구석기시대에는 모든 사람이 수렵채집 생활을 했고 인구밀도는 아주 낮았습니다. 신종 전염병을 옮길 가축도 없었죠. 감염병이 있었다고 해도 치명도가 낮을 수밖에 없습니다. 물론 지금의 수렵채집인은 주변에 정주 생활이나 유목 생활을 하는 사람이 많으므로 감염병에 걸릴 가능성이 큽니다. 하지만 현생 수렵채집인의 사망 원인 중 70퍼센트를 차지하는, 질병에 의한 사망 위험은 아마 구석기시대에는 상당히 낮았는지도 모릅니다.

게다가 현생 수렵채집인은 주로 척박한 초원이나 극지 등에서 살아갑니다. 살기 좋은 곳은 정주 생활이나 유목 생활을 하는 사람들이 다 차지해 버렸죠. 여러 가지 삶의 조건이 열악할 수밖에 없습니다. 수만 년 전 인류는 온화한 온대 지방에서 수렵채집 생활을 했을 테니 생활 여건이 보다 나았을 것입니다.

게다가 구석기시대에 관한 고고학적 연구에 따르면 전쟁이나 대규모 전투의 흔적이 거의 없습니다. 물론 침팬지 사회에도 전쟁이 있다는 보고가 있지만, 아마도 조직적인 형태의 대규모 전쟁은 신석기 이후에 본격화되었을 것으로 보입니다. 그러므로 폭력적 전투로 인한 사망도 적었을 것입니다.

과도하게 상상의 나래를 펴 보겠습니다. 구석기시대의 조상은 전쟁도 없고 질병도 드물고 먹을 것은 충분하고 기후도 좋은 곳에서 천수를 누리며 살았을지도 모릅니다. 현대인보다 더 오래 살았을까요? 흡연이나 음주도 없었고, 고지방 고탄수화물 식단도 없었고, 육체적 활동을 끊임없이 했을 테니까요.

그래서 이러한 가설을 흔히 '에덴 밖으로 가설out of Eden hypothesis'이라고 합니다. 에덴동산처럼 풍족하고 평화로운 곳에서 행복하게 살던 인류가 문명을 받아들이면서 질병·전쟁·폭력·기아·죽음에 시달리게 되었다는 것이죠. 참고로 '에덴 밖으로 가설'은 창조 과학 이론에서는 아라비아반도 북쪽에 실제로 에덴동산이 있었다는 가설을 뜻하기도 합니다. 이렇게 용어 사용에 혼란이 있기 때문에 요즘은 게놈 지연 가설 혹은 진화적 불일치 가설이라는 말을 더 많이 씁니다.

——————— 인류 역사상 최악의 실수

재레드 다이아몬드Jared M. Diamond는 '그동안 우리를 보다 나은 삶으로 이끈 결정적 단계로 믿었던 농업의 도입이 사실은 여러 면에서 도무지 회복할 수 없는 수준의 재앙적 선택이었다'라고 말합니다. 그는『인류 역사상 최악의 실수The Worst Mistake in the History of the Human Race』라는 글에서 "쿵!족은 음식을 얻기 위해 매주 12~19시간을 사용하고 탄자니아 하드자족은 최대 14시간만을 일한다. 쿵!족의 평균 일일 칼로리 섭취량은 2140칼로리에 달했고 매일 93그램의 단백질을 섭취했다. 75가지 이상의 야생 식물을 먹을 수 있었다. 아일랜드 감자 기근과 같은 일은 일어날 수 없었다."라고 했습니다. 농업을 도입해서 나아진 것은 없고 오히려 상황이 더 나빠졌습니다.

혁명이라는 말을 쓰는 것이 온당한지 의심이 듭니다만, 농업혁명 이후 전에 없던 병이 생겼습니다. 영양실조와 철 결핍성 빈혈, 퇴행성 척추 질환 등입니다. 게다가 전제 사회가 출현했고 성적 불평등도 생겼죠. 유제품·곡물·설탕·식물성 기름 등에 대한 의존이 지나치게 심해졌습니다. 모든 사람이 같은 것을 먹으니까 한번 흉년이 들면 떼죽음을 당합니다. 농사를 지으려면 뼈가 부서져라 일해야 합니다. 한곳에 머물러 살면서 세금도 내야합니다. 전에는 없던 일입니다. 논란이 있긴 하지만, 신석기시대 이후 인류의 건강 상태는 점점 안 좋아진 것으로 보입니다. 인구는 늘어났지만 점점 허약해졌습니다.

인류가 기아와 질병에서 해방된 것은 얼마 되지 않습니다. 그나마도 북반구 지역 일부에 국한된 이야기입니다. 어떻게 보면 질병과 기아, 불평등을 자초했다가 다시 힘겹게 건강과 자유, 평등을 되찾는 중인지도 모르죠.

그래서 일부에서는 원시주의적 이상향을 꿈꾸면서 구석기시대의 삶으로 돌아가자고 합니다. 구석기인처럼 먹고 마시고 지내자는 것이죠. 하지만 불가능합니다. 70억 인류가 어느 날 갑자기 수렵채집을 하겠다고 결심하면 지구상의 동식물은 금세 씨가 마를 것입니다. 집약적인 농업, 특히 대량 생산한 곡물에 의존하는 것 외에는 전 세계 인구를 감당할 방법이 없습니다. 밥이나 빵을 너무 좋아하면 건강에 안 좋지만 지구 생태계를 위해서라면 곡물에 대한 우리의 사랑이 지속되어야 합니다.

_____ 백 년도 안 된 백 세 시대

다이아몬드의 말처럼 농업의 도입은 혁명이라기보다는 재앙이었는지도 모릅니다. 하지만 인류는 기어이 이를 극복해 냈습니다. 구석기 수렵채집인을 능가하는 긴 수명을 다시 얻게 되었습니다. 상당한 수준의 자유와 평등, 건강을 이룩했습니다. 물론 그동안 정말 어려운 일이 많았죠. 그러면 혹시 수천 년 전에 뿌린 씨앗을 이제야 거두는 것일까요?

백 세 시대를 맞았다고 하지만 백 세 시대가 온 것은 수십 년도 채 안 됩니다. 여러 상황을 보면 과연 백 세 시대가 백 년을 갈 수 있을지 의문입니다. 사실 우리 세대가 누리는 풍요는 빚으로 일궈 낸 것입니다. 화석연료를 사용한 기계 농법과 과도한 개간 등에 힘입어 일시적으로 작물 수확량을 늘린 덕분인지도 모르죠. 항생제를 처음 만난 병원균은 맥을 추지 못했습니다. 하지만 개간할 땅은 점점 줄어들고, 내성균은 늘어납니다. 지역적인 분쟁도 증가 추세입니다. 과거로부터 물려받은 유산을 한번에 소진하고, 미래의 세대로부터 자원을 당겨쓴 것입니다. 지속 가능하지 않습니다.

우리에게는 암울한 미래만 있는 것일까요? 미래를 위한 지혜는 뜻밖에도 과거에서 찾을 수 있을지도 모릅니다. 이미 우리의 선조들은 '지속 가능한' 방식으로 현대인에 버금가는 건강을 누리며 장수했습니다. 최소 수십만 년은 말이죠. 흔히 '원시인'이라고 깎아내리던 우리 조상의 인류사적 흔적을 더듬어 가야 하는 이유입니다. 물론 원시의 삶으로 돌아갈 수는 없습니다. 인류학적 지식의 바다에서 미래를 위한 옥석을 가려내어 현대인에게 적용할 수 있는 지혜가 필요합니다. 역사 속에 답이 있다고 합니다. 역사는 신석기시대 이후의 이야기죠. 만약 역사 속에 답이 없다면, 보다 오래된 인류사까지 더듬어 가야 합니다.

마음으로부터 일곱 발자국

내 감정을 똑바로 보기 위한 신경인류학 에세이

1판 1쇄 발행 2019년 4월 26일
1판 2쇄 발행 2019년 12월 9일

지은이 박한선
펴낸이 김영곤
펴낸곳 아르테

책임편집 전민지 인문교양팀 김지은 디자인 이유나
아르테클래식본부 본부장 장미희 영업 한충희 김한성 이광호
마케팅 이득재 오수미 박수진 제작 이영민 권경민

출판등록 2000년 5월 6일 제406-2003-061호
주소 (10881) 경기도 파주시 회동길 201(문발동)
대표전화 031-955-2100 팩스 031-955-2151 이메일 book21@book21.co.kr

ISBN 978-89-509-8088-7 03100
아르테는 (주)북이십일의 문학·교양 브랜드입니다.

(주)북이십일 경계를 허무는 콘텐츠 리더

아르테 채널에서 도서 정보와 다양한 영상자료, 이벤트를 만나세요!

방학 없는 어른이를 위한 오디오클립 〈역사탐구생활〉
페이스북 facebook.com/21arte   클래식클라우드 페이스북 @21classiccloud
블로그 arte.kro.kr   클래식클라우드 네이버포스트 post.naver.com/classic_cloud
인스타그램 instagram.com/21_arte   클래식클라우드 인스타그램 @classic_cloud21
홈페이지 arte.book21.com